信息技术赋能
物理深度教学

金伟 著

甘肃科学技术出版社

甘肃·兰州

图书在版编目（CIP）数据

信息技术赋能物理深度教学 / 金伟著. -- 兰州 ：
甘肃科学技术出版社，2025. 3. -- ISBN 978-7-5424
-3237-7

Ⅰ. G633.72-39

中国国家版本馆CIP数据核字第20246K7T61号

信息技术赋能物理深度教学

金伟　著

责任编辑　史文娟

封面设计　史春燕

出　版　甘肃科学技术出版社

社　址　兰州市城关区曹家巷1号　　730030

电　话　0931-2131575（编辑部）　　0931-8773237（发行部）

发　行　甘肃科学技术出版社　　印　刷　甘肃新华印刷厂

开　本　710毫米×1020毫米　1/16　印　张　18　插　页　2　字　数　300千

版　次　2025年3月第1版

印　次　2025年3月第1次印刷

书　号　ISBN 978-7-5424-3237-7　　定　价　89.00元

前　言

深度教学是素养时代教学方式的期待、抉择与定位。物理深度教学对于提升学生的物理学科核心素养和创新能力具有重要意义。随着大数据、人工智能等先进技术的逐渐成熟和智能教育产品的爆炸式增长，教育领域正经历着一场前所未有的深刻变革。在这场变革中，现代信息技术不仅为教育教学注入了新的活力，也为深度教学的实现提供了崭新的途径和工具。

《普通高中物理课程标准（2017年版2020年修订）》强调要"积极推进信息技术在教学中的融合应用，促进信息技术与学科课程的整合"。持续推动信息技术与学科教学的深度融合，全面提升师生信息素养，推动从技术应用向能力素质拓展，使之具备良好的信息思维，并应用信息技术解决教学、学习、生活中问题的能力，既是教育信息化的时代要求，也是落实课程标准的有益尝试。本书正是在此背景下应运而生，旨在深入探讨信息技术赋能物理深度教学的方法策略，为创设信息化学习环境、变革传统课堂教学结构、实现课堂转型找到实践脚手架。

本书从物理深度教学的内涵出发，厘定物理深度教学的目标和原则。随后，深入剖析信息技术赋能物理深度教学的内涵、优势与意义，从理论、实践和创新等维度揭示信息技术对物理深度教学的赋能作用。在此基础上，重点阐释信息技术赋能物理深度教学的实践方法，包括DIS、NOBOOK虚拟仿真、微课、GeoGebra、几何画板、Tracker、Phyphox、Algodoo等多种教学资源的设计思路和教学实践案例。同时，本书建构信息技术赋能物理深度教学的两种模式，即线上线下相结合的教学模式和智慧课堂模式，并通过具体案例展示信息技术在物理深度教学中的应用成效与优势。本书还对信息技术赋能物理深度教学的评价体系进行了阐述，提出科学的评价方法和流程，为"教—学—评"一致性研究提供理论遵循。

　　本书不仅关注当前信息技术与物理教学的融合应用，还探索现代信息技术赋能未来教育的方法路径。通过对大数据与人工智能辅助、智能化教学及虚拟现实与增强现实技术的展望，对未来的教育教学改革进行前瞻性思考。

　　在未来的教育教学改革中，大数据与人工智能辅助将为教育教学提供强大的支持。通过对学生的学习数据进行分析和挖掘，教师可以准确地了解学生的学习情况和需求，制定更加科学、有效的教学计划。而人工智能技术的应用则为教师提供更加智能化、高效的教学辅助工具，帮助教师更好地完成教学任务。

　　智能化教学将扮演越来越重要的角色。随着人工智能技术的不断发展和应用，智能化教学将能更精准地满足学生的学习需求，提供个性化、智能化的学习体验。虚拟现实与增强现实技术也将为教育教学带来革命性的变革，创造出更加真实、生动的学习环境，使学生能够深入地理解和掌握知识。

　　本书对信息技术与物理融合教学进行理论架构，廓清信息技术赋能物理深度教学的实践框架，勾勒出信息技术支持下物理深度教学的现实图景，全面展示信息技术在物理深度教学中应用的巨大潜力和广阔前景，以期为素养导向的课堂变革提供启示。

金伟

2024 年 12 月

目　　录

第一章　物理深度教学
—— 素养时代教学变革的方向

第一节　物理深度教学的内涵

一、深度学习的定义

深度学习（Deep Learning）理念主张学习者在内在动机的驱使下，全身心地、积极主动地投入到学习过程中。它要求学习者在深入理解的基础上进行学习，同时培养批判性思考能力。在学习过程中，学习者需自主构建知识体系，并及时进行总结与反思，以实现知识的学以致用和灵活应用。通过深度学习，学习者能够发展高阶思维能力，实现有意义的学习。

深度学习以物理学科核心素养为基础，注重在真实且复杂的情境中展开学习。学习者需要积极主动地对这些情境进行分析和应对，将已掌握的知识转化为自身知识体系的一部分。在面对不同情境时，学习者应能够灵活运用所构建的知识解决问题。

深度学习本质上是一种理解性学习，特别适用于高中物理等知识体系庞大、难度高且综合性强的学科。在分析这些知识时，学习者需要具备抽象思维能力，对问题情境或知识内容进行多层次、多水平的加工。同时，深度学习注重学生的认知发展过程，以达成更好的教学效果。

本研究对深度学习的理解主要包括以下三个方面：首先，深度学习强调学生的主动参与，并需要在教师的精心引导下进行；其次，深度学习过程需具备意义性，学习者需在理解知识的基础上，积极建构学科知识体系，并培养批判性思考能力；最后，深度学习要求把握学科本质，重视学科思想方法和价值观念，以促进学习者高阶思维能力的发展。国内外学者针对"深度学习"提出了大量的见解，最具代表性的如表 1-1 所示。

表 1-1　深度学习的定义统计

代表人物	深度学习的定义
詹　森	学生将获得的新内容或者技能进行多层次的学习和多水平的分析加工，改变自身思想，控制力，行为方式来应用这些内容或技能
孙银黎	高级认知技能的获得、分析、解释、合成、综合和评价信息或应用新技能
黎加厚	在理解学习的基础上，学习者能批判性地学习知识和思想，把新的知识和思想融入已有的认知结构中
盛建国	教师指导学生完成某一个特定的"任务"或"产品"而进行深入研究的教学活动

综上所述，深度学习可以被定义为一种学习方式，它强调学生在理解的基础上，通过多层次、多水平的分析和加工，能够批判性地学习并应用知识和技能。这种学习方式鼓励学生积极应对新知识和问题，整合已有的知识，形成自己的知识体系，并在面对新情境时能够灵活迁移应用所学知识，以解决实际问题。深度学习不仅关注知识的获取，更重视知识的内化、转化和应用，旨在培养学生的高阶思维能力和解决问题的能力。

二、物理深度教学的确切内涵

在现代教育体系中，物理深度教学已经逐渐崭露头角，成为培养学生科学素养和创新能力的重要途径。那么，什么是物理深度教学呢？简而言之，物理深度教学是一种超越表层学习、肤浅学习，注重深入研究、透彻理解的教学方式，旨在使学生接近物理现象的本质，促进学生的高阶发展。

首先，物理深度教学强调对物理知识的深入理解。传统的教学方式往往注重知识的灌输和记忆，而忽视了知识的内化和应用。物理深度教学则要求学生不仅要掌握物理概念和公式，更要理解其背后的原理、逻辑和联系。这种教学方式能帮助学生克服对物理知识认知的单一性和局限性，体现知识的关联性和内部完整性。

其次，物理深度教学注重培养学生的学科素养。学科素养不仅是对学科知识的理解和应用，更是一种对学科本质和精神的领悟。物理深度教学通过引导学生从符号学习走向学科素养，使学生在掌握学科知识的同时也能形成智慧生成的能力。这种能力有助于学生综合、创新能力的快速提升，使学生在逻辑思维、发散思维、逆向思维、系统思维等方面得到有效提升。

此外，物理深度教学还注重学生实践能力和探究精神的培养。物理是一门实验科学，只有通过实践才能真正理解和应用物理知识。物理深度教学鼓励学生动手实验、观察现象、分析数据，培养学生的实践能力和探究精神。

由此可见，物理深度教学是一种注重深入理解、培养学科素养和实践能力的教学方式。它克服了传统教学的局限性和单一性，使学生在掌握物理知识的同时也能提升学生的综合素质和创新能力。

三、物理深度教学与深度学习的关系

物理深度教学与深度学习之间相互依存、相互促进。二者都注重知识的逻辑性和深度理解，深度教学策略能够引导学生探索问题解决的合理方式，从而反馈教学效果。深度教学策略通过直观、精准、整体性的方法提高教学质量，帮助学生增加知识储备并提升知识理解能力。

物理深度教学的核心在于对知识逻辑结构的细腻梳理。这种教学方法强调符号表征传递、逻辑形式教学以及知识意义生成的有机统一，帮助学生建立对物理知识的深刻理解，而非仅仅停留在表面的记忆和模仿上。

深度学习则要求学生在知识呈现的严密性、关联性、丰富性与回归性之间达到动态平衡。这种学习模式需要教师在教学过程中注重知识的传授，同时加强对学生思维能力和问题解决能力的培养，使课堂教学在知识呈现方面更加严密、关联和丰富。

例如，在物理教学中，教师通过实验演示和理论讲解相结合的方式，引导学生深入理解物理定律和原理；鼓励学生进行探究性学习，通过自主实验和数据分析，发现物理规律并解决实际问题。这种深度教学策略不仅提高了学生的学习兴趣和积极性，还培养了学生的创新思维和实践能力。

综上所述，物理深度教学与深度学习之间有着紧密的联系。通过实施深度教

学策略，教师可以帮助学生深化对物理知识的理解，并提升他们的思维能力和问题解决能力。这种教学方法不仅有助于提高教学质量，还为学生的全面发展奠定了坚实的基础。

第二节　物理深度教学的目标

一、构建完整的学科知识体系

物理深度教学的核心使命在于引导学生全面、深入地理解物理学的基础知识。这不仅仅是对一系列公式和理论的基本掌握，更是对物理世界本质的深刻领悟。物理学涵盖领域广阔，包括力学、电磁学、光学、热学以及现代物理学的瑰宝——量子力学等。这些领域各自拥有独特的核心概念和原理，它们共同构成了物理学的知识体系。因此，物理深度教学的首要任务是系统地介绍这些基础知识，确保学生能在脑海中建立起清晰的物理概念框架。

在教学过程中，教师应注重知识的连贯性和系统性。这意味着不能孤立地教授某个知识点，而是要将其置于整个物理学知识体系的大背景下进行讲解。例如，讨论力学中的牛顿运动定律时，引导学生思考这些定律如何与电磁学、光学等其他领域的知识相互关联。学生更深入地理解每个知识点，逐渐建立起完整的物理学知识体系。

此外，为了帮助学生更好地理解和应用物理知识，还需强调其在实际生活、科技发展和社会进步中的应用。物理学是一门实验科学，它的许多理论和发现都源于对自然现象的观察和实验。因此，通过引入生动的案例和实验，让学生亲身体验物理学的魅力，并意识到学习物理知识的重要性和价值。

为了进一步提升学生的物理素养，还应鼓励学生积极参与科学研究项目、物理竞赛等活动。这些活动让学生接触到更广阔的物理世界，培养学生的创新思维和实践能力。通过与同龄人的交流和合作，学生不断提升自己的物理学习水平。

总之，物理深度教学不仅要求学生掌握基础知识，更要培养学生的科学素养和思维能力。作为教育工作者，有责任和义务引导学生深入探索物理学的奥秘，为学生的未来发展奠定坚实的基础。

二、培养学生的综合实践能力

在物理学的学习过程中，理论知识的学习固然重要，但仅仅停留在这个阶段是远远不够的。物理深度教学应当致力于培养学生的实践与应用能力，将理论知识与实际操作相结合，使学生能更全面地掌握物理学知识，更好地将其应用于实际生活和科技领域。

首先，实验操作能力是学生实践与应用能力的重要组成部分。通过实验操作，学生能更直观地理解物理原理，掌握实验技能，提高动手能力。在实验过程中，学生亲自观察、记录和分析实验数据，加深对物理原理的理解。此外，实验操作还能培养学生耐心、细心和严谨的科学态度，为将来的科研工作打下坚实的基础。

其次，问题解决能力也是物理深度教学中不可忽视的一环。物理学是一门解决实际问题的科学，因此，教师应当引导学生运用所学知识解决实际问题。通过分析和解决实际问题，学生能更好地理解物理学的应用价值，提高自己的问题解决能力。这也有助于培养学生的创新思维和实践能力，使学生能在面对实际问题时迅速找到解决方案。

最后，创新能力是物理深度教学的核心目标之一。在科技日新月异的今天，创新能力已成为衡量一个人综合素质的重要标准。因此，物理深度教学应当注重培养学生的创新思维和实践能力，鼓励学生在实验操作和问题解决过程中尝试新的方法和思路。通过不断地尝试和创新，学生能不断突破自己的局限，为物理学的发展和科技进步做出贡献。

由此可见，物理深度教学不仅要注重理论知识的学习，更要注重培养学生的实践与应用能力。通过实验操作、问题解决和创新能力的培养，使学生能将物理学知识应用于实际生活和科技领域，为社会的进步和发展做出自己的贡献。

三、发展学生的学科核心素养

物理深度教学，顾名思义，是一种旨在深入探索物理学科内涵与外延的教学方式。其终极追求并非仅仅让学生掌握知识，而是全面培养学生的物理学科综合素质与能力。这包括科学思维、批判性思维、团队协作能力、沟通能力等多个方面，构成了一个立体、多元的能力体系。

首先，科学思维是物理深度教学的核心。物理作为一门自然科学，其学科特性决定了它对科学思维的极高要求。在教学过程中，教师应着重培养学生的逻辑思维、实证精神和创新意识，引导学生在独立思考的过程中发现并解决问题，帮助学生掌握解决物理问题的思维方法。

其次，批判性思维的培养同样不容忽视。在物理深度教学中，教师不仅要传授知识，更要教会学生如何批判地看待问题。通过引导学生对物理现象进行深入的剖析，对理论进行质疑和反思，培养学生的批判性思维和独立思考能力。这样的教学方式不仅有助于提高学生的物理学科素养，更有助于学生在未来的学术研究和职业发展中不断取得突破。

此外，团队协作能力和沟通能力的培养也是物理深度教学的重要任务。在物理学习中，很多问题需要多人合作才能解决。因此，教师应通过小组讨论、团队合作等形式，为学生提供充分的合作机会，培养学生的团队协作精神和沟通能力。这不仅有助于学生在物理学习中取得更好的成绩，更有助于学生在未来的工作和生活中更好地融入团队，发挥个人价值。

在物理深度教学过程中，教师还应注重培养学生的科学素养和人文精神。科学素养包括科学知识、科学方法和科学态度等方面，而人文精神则是指对人类文明的热爱和尊重。通过引导学生形成正确的科学观念和价值观，使学生在掌握物理知识的同时成为一个具有人文关怀和社会责任感的现代公民。

第三节　物理深度教学的原则

一、基本原则

（一）启发性

高中物理教学不仅是传授知识的过程，更是培养学生科学思维、创新能力和探索精神的重要途径。在这个过程中，物理深度教学的启发性原则显得尤为重要。启发性原则强调在教学过程中，教师应通过引导和启发的方式，激发学生的学习兴趣和思维能力，使学生不再是知识的被动接受者，而是成为主动求知、独立思考的探索者。

启发性原则的核心在于激发学生的好奇心和探索欲望，培养学生的科学思维方法。在高中物理教学中，教师通过设计具有挑战性的问题、组织学生进行实验探究、引导学生发现物理规律等方式，教师通过设计具有挑战性的问题，激发学生的学习兴趣。这些问题是关于物理现象的解释、物理规律的应用，或者是基于实验数据的分析和推理。通过这些问题，学生挑战自己的思维极限，提高自己的问题解决能力。实验是物理学科的重要组成部分，也是实现启发性教学的重要途径。教师组织学生进行实验探究，让学生在亲身实践中发现问题、解决问题，更深入地理解物理规律。

物理深度教学的启发性原则对于培养学生的科学素养和创新能力具有重要意义。首先，启发性教学有助于激发学生的学习兴趣和好奇心，使学生更加热爱物理学科；其次，启发性教学培养学生的科学思维方法和创新能力，使学生在面对问题时能独立思考、勇于探索；最后，启发性教学提高学生的动手能力和培养团队合作精神，为学生的未来发展奠定坚实基础。由此可见，物理深度教学的启发性原则在高中物理教学中具有重要地位。通过设计具有挑战性的问题、组织学生进行实验探究、引导学生发现物理规律等方式，教师激发学生的学习兴趣和思维能力，培养学生的科学素养和创新能力。启发性教学提高学生的动手能力和培养团队合作精神，为学生的未来发展奠定坚实基础。因此，在高中物理教学中，教师应充分发挥启发性原则的作用，为学生的全面发展创造有利条件。

（二）生活化

随着教育改革的深入，物理教学已不仅仅局限于传授知识，更重视培养学生的实践能力和创新精神。物理深度教学秉承生活化原则，指的是将物理知识与日常生活紧密结合起来，让学生感受到物理的实用性和趣味性。这种教学方式有助于打破学生对物理的刻板印象，使其认识到物理不仅仅是一门抽象的学科，更是解决实际问题、改善生活的重要工具。在教学过程中，教师引入一些与日常生活相关的物理现象和实例，如摩擦力、重力、电磁波等。通过让学生观察、思考和实践，使学生深入理解这些物理知识的实际应用。例如，在教授摩擦力时，教师引导学生观察自行车刹车时的摩擦现象，或者让学生亲手制作一个小型摩擦实验装置，加深对摩擦力原理的理解。生活化教学还有助于培养学生的观察力和实践能力。当学生意识到物理知识无处不在，学生就会更加关注身边的现象，积极寻找物理原理的应用。这种自主学习和探索的精神，对于学生的综合素质提升具有重要意义。此外，生活化教学还激发学生的学习兴趣和动力。通过将物理知识与生活现象相结合，教师创造出更多引人入胜的教学情境，让学生在轻松愉快的氛围中学习。由此可见，物理深度教学秉承生活化原则对于高中物理教学具有重要意义。通过引入与日常生活相关的物理现象和实例，教师不仅帮助学生理解物理知识的实际应用，培养学生的观察能力和实践能力。这种教学方式激发学生的学习兴趣和动力，促进学生的综合素质提升。因此，高中物理教师应在教学过程中积极探索和实践生活化教学的方法，为培养学生的物理素养和创新精神贡献力量。

二、核心原则

（一）循序渐进

在高中物理深度教学中，循序渐进教学原则占据着举足轻重的地位。这一原则强调在教学过程中，教师应遵循知识的逻辑顺序与学生的认知发展规律，层层递进地展开教学。通过此种方式，不仅有助于学生在稳固的基础上逐步提升，培养学生的逻辑思维能力和科学精神。

首先，循序渐进教学原则要求从基础知识入手。在物理学科中，基础知识就如同建筑的基石，为后续学习打下坚实的基础。因此，在教学过程中，教师应注重学生对基础知识的掌握情况，如力学、电学、光学等基本概念和原理。通过生动有趣的案例和实验，激发学生对物理学科的兴趣，让学生在轻松愉快的氛围中掌握基础知识。

其次，循序渐进教学原则强调逐步引导学生掌握更复杂的物理概念和规律。在掌握了基础知识后，教师应逐步引导学生深入探究物理学科的奥秘。例如，在力学部分，从牛顿运动定律出发，逐步引导学生理解动量守恒、能量守恒等更高级的概念。在此过程中，教师应注重培养学生的逻辑思维能力和分析问题的能力，让学生在探究过程中不断取得新的突破。

此外，循序渐进教学原则还注重确保学生在稳固的基础上不断进步。在教学过程中，教师应关注学生的学习情况，及时发现并纠正学生在学习中存在的问题。根据学生的实际情况，为学生量身定制合适的学习计划和教学方案，让学生在循序渐进的学习过程中不断提高自己的物理水平。

总之，循序渐进教学原则在高中物理深度教学中具有重要意义。它要求从基础知识入手，逐步引导学生掌握更复杂的物理概念和规律，确保学生在稳固的基础上不断进步。通过遵循这一原则，可以更好地培养学生的逻辑思维能力和科学精神，为学生的未来发展奠定坚实的基础。

（二）因材施教

高中物理作为一门基础学科，对于培养学生的逻辑思维、实验能力和科学素养具有重要意义。然而，在物理教学过程中，面临着学生个性差异和学习能力不均等的问题。因此，因材施教教学原则在高中物理深度教学中显得尤为重要。因材施教教学原则是指在教学过程中，教师应根据学生的个性差异和学习能力，采用不同的教学方法和手段，以满足学生的不同需求。这一原则强调教育的个性化，要求教师在教学过程中关注每个学生的学习情况，发现学生的优点和不足，并采取相应的措施进行针对性的指导和帮助。在教学过程中，教师应通过观察、交流等方式，全面了解学生的个性特点、兴趣爱好、学习习惯等，为因材施教提供依据。根据学生的学习能力和需求，设定不同层次的教学目标。对于基础薄弱的学生，设定较低的教学目标，让学生逐步掌握基础知识；对于基础较好的学生，设定更高的教学目标，引导学生进行深入的探究和学习。根据学生的个性差异和学习需求，采用多样化的教学方法和手段。例如，对于喜欢动手实践的学生，通过实验、制作等方式培养学生的实验能力和动手能力；对于喜欢理论学习的学生，通过讲解、讨论等方式引导学生深入理解和掌握知识。

在物理教学过程中，教师应根据学生的实际情况，进行个性化的指导。例如，对于物理概念理解不透彻的学生，教师进行重点讲解和辅导；对于物理实验能力较弱的学生，教师提供更多的实验机会和指导，帮助学生提高实验能力。通过分层教学的方式，满足不同学生的需求。将学生按照学习能力进行分组，针对不同组别的学生制订不同的教学计划和教学内容。这样让每个学生都能在适合自己的教学环境中学习物理，提高学生的学习效率和兴趣。在物理教学中，教师应注重激发学生的学习兴趣。通过引入有趣的物理现象、讲解物理知识的实际应用等方式，让学生感受到物理学的魅力和实用性。教师还应鼓励学生提出问题并思考，培养学生的探究精神和创新意识。由此可见，因材施教教学原则在高中物理深度教学中具有重要意义。

（三）以生为本

以生为本的教学原则强调学生的中心地位，要求教师在教学设计、教学方法、教学评价等方面都要以学生为中心，注重激发学生的学习兴趣和潜能。在高中物理深度教学中，贯彻以生为本的教学原则具有重要意义。首先，这有助于培养学生的自主学习能力和科学探究精神。通过鼓励学生积极参与课堂活动、主动提问和思考、自主进行实验探究等方式，教师帮助学生建立起自主学习的习惯和能力，激发学生的求知欲和探索欲。其次，这有助于关注学生的个性发展和情感需求。每个学生都有自己独特的特点和优势，以生为本的教学原则要求教师在教学中关注学生的个性差异，尊重学生的兴趣和特长，为学生创造一个宽松、和谐的学习环境。在这样的环境中，学生可以更加自由地表达自己的观点和想法，与教师和同学进行深入的交流和讨论，更加全面地发展自己的能力和素质。

为了在高中物理深度教学中贯彻以生为本的教学原则，教师需要采取一系列措施。首先，教师应充分了解学生的个性特点和兴趣爱好，根据学生的实际情况进行教学设计。例如，在教学内容的安排上，结合学生的兴趣和生活经验，选择贴近学生实际的物理现象和案例进行讲解。其次，教师应注重激发学生的学习兴趣和潜能。例如，在实验教学中，让学生自主选择实验课题和实验方法，让学生在实验过程中体验科学探究的乐趣和成就感。此外，教师还应注重培养学生的合作精神和交流能力。通过组织小组讨论、分享交流等活动，让学生在相互合作和交流中共同进步和成长。但是，以生为本的教学原则并不意味着放任学生自由发展。教师仍然需要对学生的学习进行引导和指导，确保学生能掌握必要的物理知识和技能。以生为本的教学原则需要与其他教学原则相结合。例如，与知识为本的教学原则相结合，既注重学生的全面发展，又确保学生能掌握扎实的物理基础知识。

由此可见，在高中物理深度教学中贯彻以生为本的教学原则具有重要意义。这培养学生的自主学习能力和科学探究精神，关注学生的个性发展和情感需求。为了实现这一目标，教师需要充分了解学生的个性特点和兴趣爱好，注重激发学生的学习兴趣和潜能，并与其他教学原则相结合，才能真正实现高中物理深度教学的目标，为学生的全面发展奠定坚实的基础。

第二章　信息技术赋能深度教学的概述

第一节　信息技术赋能深度教学的内涵

一、信息技术概述

（一）信息技术的定义

信息技术是主要用于管理和处理信息所采用的各种技术的总称。它主要是应用计算机科学和通信技术来设计、开发、安装和实施信息系统及应用软件，主要包括传感技术、计算机与智能技术、通信技术和控制技术。

信息技术作为当今先进生产力的代表，已经成为国家经济发展的重要支柱和网络强国的战略支撑。信息技术涵盖了获取、表示、传输、存储和加工信息在内的各种技术。自电子计算机问世以来，信息技术沿着以计算机为核心，到以互联网为核心，再到以数据为核心的发展脉络，深刻影响着社会的经济结构和生产方式，加快了全球范围内的知识更新和技术创新，推动了社会信息化、智能化的建设与发展，催生出现实空间与虚拟空间并存的信息社会，并逐步构建出智慧社会。信息技术的快速发展，重塑了人们沟通交流的时间观念和空间观念，不断改变人们的思维与交往模式，深刻影响人们的生活、工作与学习，已经超越单纯的技术工具价值，为当代社会注入了新的思想与文化内涵。

（二）信息技术的创新应用

信息技术在现代教学中的应用已经逐渐显现出其巨大的潜力和价值。通过利用大数据、虚拟现实、人工智能等先进技术，教学方式和学习体验都得到了革命性的提升。以下是信息技术在教学中的创新应用及其带来的变革的具体体现。

首先，个性化教学成为可能。在传统的教学模式中，教师往往难以针对每个学生的特点和需求进行个性化的指导。然而，随着信息技术的引入，这一情况得到了根本性的改变。通过分析学生的学习数据，包括学习进度、成绩、兴趣爱好等多方面的信息，教师能更准确地了解学生的学习情况和需求。基于这些数据，教师制定个性化的教学计划，为每个学生提供量身定制的学习资源和练习题。例如，智能教学系统根据学生的学习能力和进度，智能推荐适合的学习资料和练习题，帮助学生更好地掌握知识，提高学习效率。

其次，虚拟现实（VR）和增强现实（AR）技术的应用为学生创造了一个更真实、更生动的学习环境。传统的课堂教学往往受限于时间和空间，难以提供丰富多样的学习体验。然而，通过 VR 和 AR 技术，学生可以身临其境地体验各种场景和情境，更加深入地理解学习内容。例如，在物理课上，学生通过 VR 技术模拟实验过程，亲自观察物理现象的变化。

此外，人工智能（AI）在辅助批改作业和评估方面也发挥了重要作用。传统的作业批改和评估往往需要耗费教师大量的时间和精力，而且容易出现疏漏和误判。然而，通过 AI 技术，作业和试卷的批改可以自动完成，大大提高了批改效率和准确性。AI 还提供详细的反馈和建议，帮助学生更准确地了解自己的学习情况，及时发现和纠正错误。这不仅减轻了教师的负担，还提高学生的学习效果和自信心。

由此可见，信息技术在教学中的创新应用为教育事业的发展带来了革命性的变革。通过个性化教学、虚拟现实和增强现实技术的应用以及人工智能辅助批改作业和评估等手段，教学方式和学习体验都得到了极大的提升。

二、信息技术赋能深度教学的内涵

信息技术赋能深度教学就是通过将信息技术有效地融合于各学科的教学过程来营造一种信息化教学环境，实现一种既能充分发挥教师主导作用又能突出体现学生主体地位的以"自主、探究、合作"为特征的新型教与学方式，从而把学生的主动性、积极性、创造性较充分地发挥出来，使传统的课堂教学结构发生根本性变革——由"以教师为中心"的教学结构转变为"主导—主体相结合"的教学结构。

上述定义包含三个基本属性，即营造信息化教学环境，实现新型教与学方式，变革传统的课堂教学结构。只有紧紧抓住这三个基本属性才有可能正确理解信息技术与学科教学深层次整合的确切内涵，才能真正把握信息技术与学科教学"深度融合"的实质。这一定义所包含的三个基本属性并非平行、并列的，而是彼此相关、逐步递进的。

营造信息化教学环境是信息技术赋能深度教学的基本内容。所谓信息化教学环境是指能够支持真实的情境创设、启发思考、信息获取、资源共享、多重交互、自主探究、协作学习等多方面教与学要求的教学环境，也就是能支持新型教与学方式的教学环境。实现以"自主、探究、合作"为特征的新型教与学方式则是深度教学要达到的部分目标。有了新型的教与学方式，再加上正确教育思想观念的指导和相关学习资源的支持（这种支持体现在为学习者提供认知探究工具、协作交流工具和情感体验与内化的工具上），才有可能最终实现下述"深度教学"的整体目标。

"深度教学"的整体目标则是要变革传统的课堂教学结构，将教师主宰课堂的"以教师为中心"的传统课堂教学结构，改变为既充分发挥教师主导作用，又能突出体现学生主体地位的"主导—主体相结合"教学结构，而课堂教学结构的变革，应当是"教育系统结构性变革"的最重要、最核心的内容，这正是信息技术赋能深度教学的实质与落脚点，也是"深度教学"的确切内涵。

第二节　信息技术赋能深度教学的优势

随着科技的不断进步，信息技术已经深入到生活的方方面面，其中，教育教学领域更是受益良多。信息技术在教育教学中的应用，凭借其独特的优势，正在改变着传统的教学方式，引领着教育教学的革新与发展。

首先，信息技术的引入极大地提高了教学的效率和质量。传统的课堂教学方式往往单调乏味，难以激发学生的学习热情。而信息技术的应用，如多媒体教学、网络课程等，使得教学变得生动、直观，富有趣味性，大幅提升了学生的学习兴趣和积极性。比如，通过虚拟现实技术，学生身临其境地体验历史事件，感受科学原理的实际应用，这样的教学方式无疑比单纯的文字讲述更能引起学生的共鸣，提高教学效果。

其次，信息技术为个性化教学提供了可能。在传统的教学模式中，教师往往难以充分顾及每个学生的独特特点，进而实施个性化的教学策略。然而，随着信息技术的深入应用，这一难题得以有效破解。通过深入分析学生的学习数据，教师可以深入了解每个学生的学习习惯、优势领域以及潜在不足，从而制定出更加精准、有针对性的教学方案，以最大限度地满足学生的个性化学习需求。这种方式不仅提升了教学效果，也使学生能够在更加适合自己的学习环境中取得更好的成绩。例如，智能教学系统根据学生的学习进度和成绩，自动调整教学难度和节奏，为每个学生提供最适合的学习路径。

此外，信息技术也促进了教育资源的共享和公平性。在传统的教育模式下，优质的教育资源往往集中在少数学校或地区，使得许多学生无法享受到公平的教育机会。而信息平台如在线教育平台、MOOC（大型开放式在线课程）等，使得教育资源跨越地域和学校的限制，让更多的学生享受到优质的教育资源。这种资源共享的方式，不仅提高了教育的公平性，也推动了教育的普及和发展。

再者，信息技术的便捷性和灵活性为学习提供了极大的便利。传统的课堂教学往往受到时间和地点的限制，而信息技术使得教学不再受这些限制。学生可以随时随地进行学习，无论是在家中、学校还是其他任何地方，只要有网络和设备，就可以进行学习。这种学习方式极大地提高了学习的便捷性和灵活性，使得学习变得更加轻松和高效。

最后，信息技术为评估和反馈提供了及时的工具。在传统的教学模式下，教师往往难以及时了解和掌握学生的学习情况。随着信息技术的广泛应用，教师现在能够借助教学平台高效地收集并深入分析学生的学习数据，包括学习成绩、学习进度、学习行为等多个维度。这种及时的评估和反馈机制，不仅使学生能够更清晰地了解自身的学习状况，从而灵活调整学习策略，同时也为教师提供了宝贵的教学参考，有助于他们更精准地优化教学策略和方法，提升教学质量。

由此可见，信息技术在教育教学中的应用具有广泛的应用范围、创新的应用方式和显著的应用优势。随着技术的不断进步和普及，相信信息技术将在教育教学中发挥更大的作用，推动教育教学的改革和发展。

第三节　信息技术赋能物理深度教学的意义

一、提高学生的学习兴趣

在信息技术的赋能下，物理教学得以焕发新的活力，极大地提高了学生的学习兴趣与参与度。传统的物理教学方式往往侧重于理论知识的传授，而信息技术则能将抽象的物理概念转化为生动有趣的互动体验，激发学生的学习兴趣。例如，通过虚拟现实技术，学生身临其境地参与物理实验，感受物理现象的魅力，这种沉浸式的学习体验让学生更加深入地理解物理原理，同时也增强了学生的学习动力。

信息技术提供丰富的教学资源，包括在线视频、互动模拟实验、物理游戏等，这些多样化的学习方式满足了不同学生的学习需求，提高了学生的学习参与度。据统计，使用信息技术的学生物理学习时长普遍增加了30%以上，且学习效果也有显著提升。此外，信息技术实现个性化学习与辅导，根据学生的学习进度和能力水平提供定制化的学习路径和反馈，进一步提高了学生的学习兴趣与参与度。

二、锻炼学生的思维能力

信息技术为物理教学带来了革命性的变革，特别是在增强学生的物理实践能力和创新思维方面。通过引入虚拟现实、增强现实等先进技术，学生在仿真的环境中进行物理实验，更加直观地理解物理现象和原理。以虚拟现实技术为例，学生在虚拟的实验室中可以进行各种复杂的物理实验，如碰撞实验、光学实验等。通过调整实验参数、观察实验现象，学生更加深入地理解物理规律，增强学生的实践能力，激发学生的创新思维。

三、促进物理教学的改革创新

信息技术为物理教学带来了前所未有的创新机遇。随着教育信息化的推进，传统的物理教学模式正在经历深刻的变革。信息技术的引入，不仅丰富了教学手段，更在教学内容、教学方法和教学评价等方面带来了革命性的变化。例如，智能教学平台根据学生的学习进度和反馈，提供个性化的学习资源和辅导，实现因材施教，提升物理教学的效果和质量。

信息技术的引入也促进了物理教学的改革。传统的物理教学往往注重知识的灌输，而忽视了学生的主体性和实践性。信息技术的应用，使得物理教学更加注重学生的参与和体验，让学生在实践中发现问题、解决问题，培养学生的创新能力和实践能力。例如，通过大数据分析，教师能够更加准确地了解学生的学习情况和需求，调整教学策略，实现更加精准的教学。这种以学生为中心的教学模式，不仅提高了学生的学习兴趣和参与度，也为物理教学的创新与发展提供了新的思路。

四、增强物理实验的仿真体验

随着信息技术的深入发展，其在教育领域的应用日益广泛。特别是在物理教学中，信息技术为物理实验带来了前所未有的仿真体验。传统的物理实验受限于时间、空间和资源等因素，往往难以充分展示物理现象的本质和规律。而信息技术的应用，则能打破这些限制，为学生提供更加真实、生动的实验体验。

以虚拟现实技术为例，通过模拟真实的物理环境，学生在虚拟世界中进行各种物理实验。这种仿真实验不仅具有高度的真实感和沉浸感，而且能随时调整实验参数和条件，让学生更加深入地探索物理规律。相关研究数据显示，使用虚拟现实技术进行物理实验的学生，其学习效果和兴趣均得到了显著提升。

此外，信息技术通过数据分析模型，对物理实验数据进行实时处理和分析。这帮助学生更加准确地理解实验结果，培养学生的数据分析和处理能力。例如，在探究牛顿第二定律的实验中，学生通过信息技术实时观察和分析不同质量、不同力作用下的加速度变化，更加深入地理解加速度与力、质量之间的关系。

爱因斯坦曾说："想象力比知识更重要。"信息技术为物理实验带来的仿真体验，正是激发学生想象力的重要手段。通过信息技术，学生在虚拟世界中自由探索、大胆尝试，培养自己的创新思维和实践能力。这种基于信息技术的物理实验仿真体验，不仅有助于提高学生的物理学习兴趣和参与度，更能为其未来的科学研究和创新实践打下坚实的基础。

五、优化学生的自主学习

在信息技术的赋能下，高中物理教学正逐步实现个性化学习与辅导。个性化学习强调根据学生的个体差异和学习需求，提供定制化的学习资源和路径。而信息技术，尤其是大数据分析和智能教学平台，为个性化学习提供了强大的支持。

以智能教学平台为例，这些平台通过收集学生的学习数据，如学习时长、答题正确率、学习进度等，运用大数据分析技术，对学生的学习情况进行深度挖掘和精准分析。基于这些数据，平台能为学生推荐适合的学习资源、习题和辅导策略，实现真正的个性化学习。

此外，智能教学平台为学生提供及时的反馈和辅导。当学生在学习过程中遇到问题时，平台能迅速识别并提供相应的解决方案，帮助学生及时纠正错误、巩固知识。这种即时的反馈和辅导机制，极大地提高了学生的学习效率和兴趣。

个性化学习与辅导不仅关注学生的个体差异，还注重培养学生的自主学习能力和创新思维。在信息技术的支持下，学生根据自己的兴趣和需求，自主选择学习内容和路径，实现自我驱动的学习。

六、拓展学生的学习时空

首先，信息技术的广泛应用为学生提供了丰富多样的学习资源。通过在线课程、教育 APP、网络讲座等形式，学生接触到更加广泛的知识领域，不再局限于传统的教材和课堂。这种多样化的学习方式激发学生的学习兴趣，帮助学生更全面地了解世界，拓宽视野。

其次，信息技术使得学习更具灵活性。学生可以根据自己的时间安排，选择合适的学习时间和地点。无论是在家中、学校，还是旅途中，只要有网络连接，学生就可以随时进行学习。这种学习方式不仅让学生能充分利用碎片化时间，更好地适应个人的学习节奏和习惯，提高学习效率。

最后，信息技术有助于提高学生的时间管理能力。在传统课堂中，学生的学习时间和节奏往往受到老师和课堂的限制。而在信息技术的支持下，学生可以自主安排学习时间和进度，更好地平衡学习和其他活动的关系。这种时间管理的方式让学生更加高效地利用时间，培养学生的自律能力和责任感。

第三章 信息技术赋能物理深度教学的实践困境

第一节 信息技术赋能物理深度教学的现实问题

一、技术应用层面的问题

随着科技日新月异的发展，信息技术与教育领域的紧密结合已成为推动教育改革的关键所在。在这一过程中，物理教学作为自然科学教育的重要组成部分，如何利用信息技术提升教学效果与学习体验，成为当前教育领域亟待解决的课题。

技术层面的应用是实现深度融合的关键所在。目前，VR、AR 等前沿技术在物理教学中的应用尚处于探索阶段。这些技术能为学生营造一个身临其境的学习环境，有助于学生更深入地理解物理概念和原理。然而，如何充分发挥这些技术的优势，同时避免其局限性，仍需要教育工作者进行深入研究与实践。

要实现信息技术与物理教学的深度融合，教学内容与方法的创新同样重要。例如，通过开发互动式物理教学软件，让学生在虚拟环境中进行实验操作，可以有效提高学生的实践能力与激发科学探究精神。

此外，政策支持和社会环境也是影响信息技术与物理教学深度融合的重要因素。政府应增加对教育信息化的投入，推动相关技术的研发与应用；社会各界也应加强对教育领域的关注与支持，为教育事业的可持续发展营造良好的社会环境。

综上所述，实现信息技术与物理教学的深度融合是一项系统工程，需要教育工作者、政策制定者以及社会各界的共同努力。通过不断优化技术应用、创新教学内容与方法、加强政策支持与社会环境建设等措施，有望为学生提供更加优质、高效的物理教学体验。

二、教学内容与技术融合的问题

随着科技的日新月异，信息技术已深度融入教育的方方面面。在物理教学中，如何将信息技术与教学内容巧妙融合，保持知识的系统性与连贯性，同时实现教学方法的创新，已成为教育者需面对的关键课题。

首先，在整合信息技术时，保持物理教学的系统性与连贯性至关重要。物理作为一门系统性极强的学科，其知识点间存在紧密的逻辑联系。在引入信息技术时，不仅要关注其新颖性与吸引力，更要注重其是否能有效助力学生理解并掌握核心知识。例如，在阐释力学、电磁学等基础概念时，研究小组利用信息技术制作动画、模拟实验等，以提供更直观的理解方式。然而，这些信息技术所传达的内容必须与教材知识体系保持高度一致，避免产生任何偏差或遗漏。

其次，充分挖掘信息技术的潜能，推动物理教学方法的创新也至关重要。信息技术具备信息量大、交互性强、可视化效果优越等特点，为物理教学提供了无限的可能性。例如，通过虚拟现实技术，学生在虚拟环境中进行物理实验，这增强了学生的实践能力，有效解决实验室资源不足或安全问题。此外，结合大数据与人工智能技术，研究小组可实时监控并分析学情。然而，在整合信息技术的过程中，也需警惕潜在的问题。例如，过度依赖信息技术可能导致学生忽视对基础知识的掌握；信息技术的使用也可能增加学生的学习负担。因此，在融合信息技术时，必须始终以学生为中心，以提高学生的物理素养和创新能力为目标，确保信息技术在物理教学中发挥积极的作用。

综上所述，教学内容与技术的融合是物理教学中不容忽视的问题。在整合信息技术的过程中，应关注如何保持物理教学的系统性与连贯性，同时充分利用信息技术的优势，推动物理教学方法的创新，才能更好地应对科技发展的挑战，培养出既具备扎实物理基础又具备创新精神的优秀人才。

三、教师与学生适应性的问题

在信息化浪潮席卷全球的今天，教育领域与信息化技术的深度融合已成为必然趋势。然而，在这一变革的征途上，教师与学生的适应性问题逐渐凸显，成为深化融合的关键挑战。

对于教师而言，学生必须紧跟信息技术快速发展的步伐，持续学习、更新知识，掌握新型教学工具和方法。这要求学生不仅具备扎实的学科素养，还需具备良好的信息素养和技术应用能力。学生才能将传统教学方法与信息技术巧妙结合，创造出富有创意和活力的教学环境，有效引导学生实现全面发展。

学生的适应性问题亦不容忽视。在新的教学方式下，学生需逐步适应自主学习、探究学习的模式，培养自我驱动的学习能力。这要求学生不仅要掌握学科知识，还需学会运用信息技术进行高效学习，包括信息获取、筛选、整合以及同伴间的合作与交流。对于习惯了传统教学方式的学生而言，这无疑是一场巨大的挑战。

因此，促进教师和学生的适应性成为深化融合的核心任务。这需要教育机构、教师、学生三方携手共进。教育机构需为教师提供信息技术运用能力的培训与支持，同时为学生提供丰富的学习资源和指导。教师则需不断更新教学理念和方法，注重培养学生的自主学习和探究学习能力。学生则应积极拥抱变革，主动适应新的学习方式，全面提升自身综合素质。

在此过程中，需关注个体差异。每位教师和学生都有独特的学习方式和习惯，因此在推动深度融合时，应尊重个体差异，提供多样化的学习路径和支持方式。唯有如此，方能真正实现教育公平与优质，让每个人都享受信息化时代带来的教育红利。

总之，教师与学生的适应性问题是教育领域信息化转型深化过程中的重要挑战。在教育机构、教师、学生三方的共同努力和持续探索下，全面推进现代信息技术与教育教学的融合发展，为培养新时代具备创新精神和实践能力的人才贡献力量。

四、资源与设备的问题

随着科技日新月异的发展，信息技术已经全面渗透到日常生活与工作中。在物理教学中，信息技术的运用为教学活动注入了新的活力与可能性。然而，要想实现物理教学与信息技术的紧密融合，除了需要在教学理念与方法上进行创新与改革外，资源与设备的问题亦是不容忽视的重要方面。

在深度融合的进程中，硬件与软件的支持是基石与关键。这些资源既涵盖了计算机、投影仪、实验器材等硬件设施，也包括了各类教学软件、在线资源以及信息化教学平台。这些资源的配备对于提升教学质量、实现个性化教学具有举足轻重的意义。

然而，现实情况表明，部分学校在这方面仍面临一定的挑战。设备不足、资金匮乏等问题成为深度融合的瓶颈。特别是在偏远地区或经济条件相对落后的学校，难以享受到先进的信息教学资源，这不仅影响了教学质量，也限制了学生的学习与发展。

因此，如何合理配置资源、提高设备利用率，成为深度融合过程中亟待解决的关键问题。这不仅需要政府和社会各界的重视与支持，更需要学校和教育工作者的创新与努力。

针对这一问题，研究小组从以下几个方面着手解决：

首先，政府应加大对教育的投入力度，特别是在信息教育资源方面的投入。通过制定相关政策，引导企业和社会资本进入教育领域，为学校提供更多的优质资源。

其次，学校应加强与企业和科研机构的合作与交流，共同开发与利用信息教学资源。通过校企合作，实现资源共享、优势互补，推动信息教育资源的普及与应用。

再次，教育工作者应不断更新教育观念，提升信息技术应用能力。只有掌握了先进的信息教学技术和方法，才能更好地利用现有资源，实现物理教学与信息技术的深度融合。

最后，还需关注学生的实际需求和学习特点。在资源配置和设备利用方面，要充分考虑学生的个体差异和学习需求，确保每个学生都能享受到公平而优质的教育资源。

综上所述，实现物理教学与信息技术的深度融合是一项长期而艰巨的任务。需要从多个方面入手，共同解决资源与设备问题，为教育事业的发展注入新的活力与动力，才能真正实现教育的现代化与普及化，为培养更多优秀人才奠定坚实的基础。

五、伦理与隐私的问题

在物理深度教学与信息技术紧密结合的过程中，伦理与隐私议题成为不可回避的关键点。随着信息技术的日新月异，其在教育领域，尤其是物理教学中所扮演的角色愈发重要，不仅丰富了教学内容的呈现方式，革新了教学方法，更提升了学生的学习体验。然而，随之而来的是学生个人信息与隐私保护问题的凸显，这在一定程度上阻碍了物理教学与信息技术的深度融合。

必须清晰地认识到，学生的个人信息与隐私是一项基本权利，其神圣不可侵犯。在物理教学与信息技术相结合的过程中，涉及学生个人信息的收集、存储、传输和使用等多个环节。若这些环节存在漏洞，可能会导致学生信息的泄露或被滥用，进而对学生的身心健康和成长造成潜在威胁。因此，建立相应的伦理规范和隐私保护措施显得尤为重要。

在制定这些规范时，应遵循以下原则：首先是合法性原则，确保所有涉及学生个人信息的行为均符合国家法律法规；其次是最小必要原则，即仅收集和使用与物理教学直接相关的学生信息；再次是安全性原则，采取有效措施保障学生信息安全，防止信息泄露和滥用；最后是透明性原则，向学生和家长明确说明个人信息的使用情况，保障其知情权和选择权。

为确保这些原则的有效实施，研究小组从以下几个方面着手：一是完善相关法律法规，明确信息技术在物理教学中的应用边界和各方的权利义务；二是加强技术研发，提升信息技术在保护学生信息方面的能力，如研发更安全的数据存储和传输技术；三是加强教育培训，提高师生对信息保护的认识，通过专题讲座、教育读本等形式普及相关知识；四是建立监督机制，全程监控学生信息的收集、存储、传输和使用，对违规行为及时予以纠正和处罚。

除了伦理与隐私问题外，物理深度教学与信息技术融合还需综合考虑技术应用、教学内容融合、师生适应性、资源与设备等多个方面，例如，探索信息技术在物理教学中的应用方式和方法，实现物理知识与信息技术的有机结合；关注师生对信息技术的接受程度和使用能力；加大对信息技术硬件和软件资源的投入等。

第二节 信息技术赋能物理深度教学的挑战

一、教师信息技术应用能力不足

随着科技的日新月异，信息技术已逐步深入到生活的方方面面，其中也包括了教育领域。在物理教学中，信息技术的作用日益凸显，它丰富教师的教学手段，助力学生更好地理解和掌握物理知识。然而，现实中，观察到，虽然许多物理教师对信息技术有一定的了解，但在实际应用上却存在明显的不足，这在一定程度上制约了信息技术在物理教学中的效能。

这一现象的产生，原因众多。一方面，部分物理教师可能并未接受过系统的信息技术训练，仅对基本的软件操作有所了解，难以将信息技术有效融入教学实践中。另一方面，由于教学任务的繁重，一些教师难以抽出足够的时间和精力去深入学习和掌握新的信息技术。

为了充分发挥信息技术在物理教学中的优势，有必要采取一系列措施来解决这一问题。首先，教育部门应加大对教师信息技术培训的力度，提供系统的培训课程和教材，帮助教师全面、深入地理解和掌握信息技术的基本原理和应用方法。教育部门还应通过组织教师参与相关的学术交流和研讨活动，以拓宽教师的视野，激发其创新精神。

其次，物理教师也应主动拥抱新技术，积极学习和掌握新的信息技术。在教学过程中，教师应根据教学内容和学生的需求，灵活运用各种信息技术工具，如虚拟现实、动画模拟等，以丰富教学内容和形式。例如，通过虚拟现实技术，学生更加直观地观察物理现象，加深对物理知识的理解。此外，教师利用信息技术制作在线课程、教学视频等，为学生提供更加多元化的学习方式。

还应关注信息技术在教学中的实际应用效果。通过收集和分析学生的学习数据、调查反馈等方式，研究小组了解信息技术在物理教学中的实际效果，进而调整教学策略和方法，以进一步提高教学质量。

综上所述，信息技术在物理教学中具有巨大的潜力。为了充分发挥这种潜力，需要加强对教师的信息技术培训，提升其应用能力。物理教师也应积极学习和掌握新的信息技术，以更好地服务于物理教学。才能让信息技术成为物理教学的得力助手，帮助学生更好地理解和掌握物理知识。

二、信息技术应用效果不佳

在教育的丰富领域中，物理学以其深奥性和实用性持续吸引着大量学生。然而，科技的日新月异使得传统的物理教学方式逐渐暴露出无法满足现代学生需求的问题。近年来，尽管有教师尝试将信息技术融入物理教学中，但结果并未达到预期。这促使物理教师深入反思信息技术在教学中的应用情况。

信息技术的初衷是为了使物理教学更加生动、直观，有助于学生更好地理解和掌握物理概念。然而，实际效果却往往与初衷相悖。这背后的原因值得深入探究。

首先，信息技术应用方式的问题不容忽视。部分教师可能过于依赖信息技术，而忽视了传统教学方法的优势。学生过于追求技术的炫目效果，却未能紧抓教学的本质——即帮助学生理解和掌握知识。这种形式主义的做法，不仅未能提升教学效果，反而可能使学生感到困惑和迷茫。

其次，信息技术与教学内容的结合问题也需引起关注。一些教师在应用信息技术时，未能充分考虑学生的实际需求和学习特点。教师只是简单地将信息技术应用于教学中，而未能进行深入的研究和思考。这样的做法，自然难以取得理想的教学效果。

为了改善这一状况，教师需要深入研究信息技术的应用方式和策略，应明确信息技术在物理教学中的定位和作用，避免过度依赖或忽视它；还需根据学生的实际需求和学习特点，选择适合的信息技术工具和应用方式，才能确保信息技术与教学内容紧密结合，真正提升学生的学习兴趣和效果。

此外，关注学生的反馈和需求也至关重要。教师应定期收集学生的意见和建议，了解学生对信息技术在物理教学中的看法和感受。然后，根据这些反馈和需求，不断调整和优化信息技术的应用方式。才能真正实现信息技术与物理教学的有机融合，使物理教学焕发出新的生机和活力。

综上所述，信息技术在物理教学中的应用是一项复杂而重要的任务。需要充分认识到信息技术的潜力和价值，同时正视其在实际应用中存在的问题。只有深入研究和实践，才能找到适合的信息技术应用方式和策略，使物理教学更加生动、直观、有趣，有助于激发学生的学习兴趣和动力，提升学生的学习效果和综合素质。这需要教育工作者共同努力，探索信息技术与物理教学的最佳结合点，为培养更多的物理人才贡献的智慧和力量。

三、信息技术应用与教学目标不符

在探讨物理深度教学与信息技术融合的过程中，不得不正视信息技术应用与教学目标之间的潜在矛盾。信息技术的新颖性和趣味性固然能吸引学生的注意力，但若未得到妥善应用，则可能偏离教学初衷，影响学生的学习效果。

首先，需要认识到信息技术在教育领域的巨大潜力。例如，VR、AR 和交互式模拟等信息技术，能为学生创造直观、生动的学习环境，有助于其更好地理解和掌握物理概念。然而，这些技术的娱乐性和新颖性也可能导致教师过度追求技术的炫酷效果，而忽视教学目标的实质内容。

为妥善解决这一问题，教师在应用信息技术时，需明确教学目标，确保技术的运用服务于这些目标。例如，在设计物理课程时，教师应首先确定期望学生通过该课程掌握的知识和技能，然后思考如何运用信息技术来实现这些目标。信息技术应被视为实现教学目标的工具，而非目标本身。

此外，教师还需对信息技术的应用进行定期评估和调整。随着技术的不断进步和更新，教师应密切关注技术的最新发展，并根据教学目标的需要调整技术的使用。教师还应收集学生的反馈意见，了解学生对信息技术在教学中的接受程度和效果，以便及时发现问题并进行改进。

尽管物理深度教学与信息技术融合面临诸多挑战，但只要不断探索和实践，相信定能找到有效的解决策略。

第四章　信息技术赋能物理深度教学的理论基础

第一节　教学理论

一、TPACK 整合理论

整合技术的学科教学知识（Technological Pedagogical Content Knowledge，简称 TPACK），是由美国密歇根州立大学的密舒拉（Mishra）和科勒（Koehler）教授于 2006 年正式提出的理论框架。该框架旨在构建一种"整合技术的教师知识体系"，它以舒尔曼（Shulman）提出的学科教学知识（PCK）为基础，并融入技术知识维度，从而形成了一种全新的知识形态。TPACK 聚焦于"学科内容、教学法和技术"三者之间的深度交融与互动，体现了这三者相互渗透、相互作用的复杂关系。

为便于学术界的拼读和记忆，TPACK 这一术语在后续的研究中逐渐被广泛采用，取代了原有的 TPCK 表述。这一知识框架对于指导教师有效地运用技术辅助教学活动具有重要意义。其中，学科内容、教学法和技术三种知识要素之间的互动关系如图 4-1 所示，它们相互支持、相互制约，共同构成了教师技术整合能力的核心。

全美教师教育学院协会（简称 AACTE）于 2008 年精心编纂并出版了一本旨在介绍和推广以 TPACK 为核心的理论手册——《整合技术的学科教学知识：教育者手册》（以下简称《手册》），这本手册为中小学教师提供了信息技术与课程整合的明确要求和实用建议，极大地推动了 TPACK 的普及与应用。

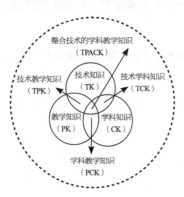

图 4-1　TPACK 框架及其知识要素

在《手册》的第 9 章中，特别强调了中学科学课程中整合技术的学科教学知识的重要性。它指出，关键在于明确在哪些环节运用技术、选择何种技术以及如何有效地运用这些技术进行教学。

首先，关于"在何处使用技术"的问题，《手册》提出了两个关键点：一是要识别教学中的难点，利用技术来克服这些难点，提升教学效果；二是要识别那些特别适合运用技术的课程主题，让技术成为这些主题教学中不可或缺的一部分。

其次，对于"使用何种技术"的问题，教师需要了解并掌握可用的技术资源，并根据教学需求选择最适合的技术。

最后，在"如何使用技术"的阶段，教师需要结合自身的科学知识、对学生认知的了解以及教学原理，充分挖掘技术的潜力。同时，教师还需要预测和准备在使用技术过程中可能出现的各种情况，确保教学的顺利进行。

根据《手册》提出的 TPACK 在中学科学学科中的应用要求和建议，可以将便携式信息技术有效地应用于高中物理实验教学中。具体而言，通过便携式信息技术来解决实验教学中的难点问题，如测量传统实验器材无法精确测量的物理量；同时，教师需要了解并掌握便携式信息技术的构成、原理和功能，以便选择最适合的技术进行教学；最后，在实际应用过程中，教师应详细展示如何利用便携式信息技术完成实验，并提前预见和应对可能出现的问题。

二、泛在学习理论

泛在学习，作为一种广泛而深入的学习方式，其核心观念在于通过利用适宜的工具与环境，使学习者能够随时随地获取所需信息与资源，从而实现终身学习的宏伟目标。作为泛在计算环境下所孕育的未来学习范式，它赋予了任何人、任何地点、任何时间通过任何设备获取知识的可能性，因此被形象地誉为 3A（Anywhere，Anytime，Anydevice）学习。泛在学习的随时性、随地性、随设备性特质，凸显了自主学习的灵活性与便捷性，为智能化学习环境的构建提供了坚实支撑，并对传统教育观念和思维模式产生了深远影响。

其宗旨在于打造一个无缝对接的学习环境，使学生得以充分利用各类泛在终端设备，随时随地展开学习活动。如今，学习已不再受限于固定的校园空间，学生可以借助身边的设备，进行自由灵活的学习。特别是在高中阶段，鉴于实验场地与器材的局限性，传统的物理实验教学往往难以充分施展。然而，基于泛在学习理念，物理教师可以积极探索便携式信息技术与高中物理实验教学的融合应用，突破各种条件束缚，为学生创造更为便捷的学习条件，使他们能够随时随地开展数字化实验。通过这种方式，学生可以反复进行课堂实验，借助便携式信息技术深入探索生活中的各种物理现象，这无疑是泛在学习在高中物理实验教学中的生动实践与体现。

三、情境教学理论

情境教学作为一种教学方法，其核心在于教师在教学过程中巧妙地构建具有形象性、情感色彩和具体活动特征的情境，并以此作为教学的支撑点，激发学生的智力和情感需求，促使学生积极参与教学活动。通过情境所传递的信息，情境教学旨在激发学生的认知和态度体验，协助学生构建知识意义，并推动其心理机能的发展。

情境教学的目的在于创设包含真实事件或问题的情境，使学生在探究和解决这些问题的过程中，能够自主地理解知识、建构意义。实施情境教学，不仅有助于学生获得丰富的感性认识，深化对知识的理解，更能有效培养他们的物理学科核心素养。

新课标强调在教学实施过程中应高度重视情境的创设。然而，在高中物理教学中，教育工作者面临着传统实验器材难以有效创设情境、情境创设效果不佳等挑战。因此，基于情境教学理论，有必要在高中物理教学中加强情境创设，并积极探索便携式信息技术与高中物理实验教学的有机融合，以实现便捷地创设实验情境，进而提升实验效果的目标。

以自由落体运动教学为例，引导学生利用 Phyphox 程序和智能手机直接测量重力加速度，从而使学生能够更直观、更便捷地认识自由落体运动的加速度特性。此外，借助小型实验室设备，可以轻松地获取弹簧振子做简谐运动的位移时间图像，为学生提供更为生动、具体的实验体验，进一步促进学生对物理知识的深入理解和应用。

第二节 实践理论

一、建构主义理论

建构主义理论作为认知学习理论的重要分支，其起源可追溯至西方哲学思想，如苏格拉底、柏拉图和康德等伟大思想家的理论贡献。尽管建构主义理论存在多种流派，但其核心观点始终保持一致：知识并非简单的传授与接收过程，而是学生在原有认知结构的基础上，通过主动加工处理信息，逐步构建和完善自身知识体系的过程。

建构主义学习理念包含六个核心指标：建构、积累、目标导向、积极性、诊断与反思。该理念针对传统教学中的问题，为现代教育变革提供了重要指引，有助于推动教育实践的深入发展。

首先，深度学习与建构主义理论在过程与结果上呈现出高度的统一性。深度学习的过程体现了典型的建构特征，学生在原有知识结构的基础上同化新知识，处理新旧知识间的矛盾与冲突，实现知识体系的主动双向建构。同时，深度学习旨在建构复杂的知识体系，发展学生的深度思维能力，这与建构主义理论关于知识网络建构的观点相契合。

其次，建构主义与深度学习在环境要求上也呈现出一致性。深度学习的实现需要内外部条件的共同作用，包括学习者自身的知识经验和认知水平以及外部学习环境。建构主义理论将学习环境划分为语境、协商、对话和意义建构等要素，为优化深度学习环境提供了理论支持。通过创造有利于深度学习的背景，加强学习过程中的互动与合作，可以进一步促进深度学习的实现。

综上所述，建构主义理论与深度学习在多个方面表现出高度的统一性。这种统一性有助于教育工作者深入理解学习过程，优化学习环境，提升学习效果，为现代教育变革提供有力的理论支持和实践指导。

二、情境认知理论

情境认知理论，作为20世纪80年代末基于维果斯基社会文化理论与认知科学理论的重要成果，其核心在于揭示知识并非孤立地存在于个体内部，而是社会环境与学习者共同构建的产物。在这一理论框架下，学习者无法脱离环境而独立构建完整的知识体系。情境认知理论所强调的情境行动、边缘参与和理论实践等要素，与深度学习的特性紧密契合，从而为实现深度学习提供了有力的理论指导。

首先，情境认知理论与深度学习在情境行动层面相互呼应。深度学习的核心目标是解决现实问题，这就要求学习者能够将既有的知识体系灵活运用于多样化的情境中。在知识构建过程中，关注情境的生成与条件分布显得尤为重要。情境认知理论为深度学习提供了有益的启示，即通过营造更具成效的学习环境，能够有效促进深度学习的实现。

其次，边缘参与作为情境认知理论与深度学习共同关注的特点，反映了学习者从观摩到实践的渐进过程。新手学习者通过观摩学习逐渐融入活动，随着技能的提升和专业知识的积累，最终成长为核心参与者。这一过程正是深度学习发展路径的生动体现，即学习者通过持续投入和思维深化，实现从浅层学习到深度学习的转变。

最后，理论与实践的紧密结合是深度学习的终极目标，旨在形成解决复杂情境问题的实际能力。然而，这一目标对于众多学习者而言颇具挑战。情境认知理论强调创造有利于知识形成与运用的环境，激发学习者的兴趣与积极性，促进他们之间的交流与协作。通过理论与现实的交融碰撞，推动深度学习迈向新的高度。

三、元认知理论

元认知理论，作为认知心理学的重要分支，最初由弗莱维尔于 20 世纪 70 年代提出。这一理论聚焦于认知过程的自我监控与调整，展现了个人学习与思维的高级发展阶段。根据元认知理论，学习者能够有效管理自身的思考模式和学习进程，通过深入的反思来增强学习的深度与广度。

深度学习与元认知理论之间存在着紧密的共生关系。一方面，元认知学习对于推动学生的深度学习具有重要意义。在深度学习的过程中，反思与建构成为不可或缺的一环。学习者可以依托元认知知识与策略，灵活调整学习方法和思维模式，及时发现并纠正自身存在的问题和不足，从而实现对复杂知识的深入理解和应用，达成真正意义上的深度学习。

另一方面，深度学习同样有助于提升学习者的元认知能力。元认知能力的提升需要学习者在解决问题时运用策略性、条件性、程序性的方法。深度学习强调知识的主动探索与建构，而非被动接受，这有助于培养学习者的自我监控与自我调整能力，进而推动元认知能力的发展。

综上所述，深度学习与元认知理论相互补充、相互促进，共同作用于学习者本体，有助于提升学习效果与反思能力。

第三节 结构理论

一、认知结构理论

认知结构理论主要研究人类大脑如何组织和处理信息。它认为，人的认知过程是一个主动构建知识结构的过程，而不是简单地接受外界信息。认知结构理论强调，人的认知结构是由个体的经验、知识、信念和思维方式等因素共同构建的。在教育领域，认知结构理论为教学方法、学习策略和学习者的个体差异提供了理论解释。

认知结构理论认为："认知结构是学习者已有知识的全部内容及其组织，而学习则是学习者认知结构的组织与重构过程"。新知识的获取，需要学习者利用已有认知结构对新知识进行加工改造，并最终形成新的认知结构。新知识的学习可以理解为是学习者在原有认知结构的基础上，通过分析比对新知识的性质、结构，将其纳入原有认知结构中，或者替换原有认知结构中的旧知识，或者适度调整原有认知结构使新知识得以加入。

依据认知结构理论，教学的核心任务是帮助学生理解学科知识逻辑并形成新的知识结构。为此，学生的学习过程就是遵循专业课程体系，以课程为单位进行一系列专业知识的学习，不断扩展并完善专业知识结构，逐步构建起完整的专业知识结构的过程，并最终达成专业人才培养目标所设定的毕业要求。认知结构理论强调学习应是学习者主动发现的过程，即学生利用外部环境提供的资料，基于自身知觉系统，对新知识通过独立思考加以选择、分析、归类，理解新知识的原理和规律，发现知识间的相互联系，并最终将外部事物内化为自身的知识系统。为此，认知结构理论倡导教学过程在注重引导学生主动探索的同时重视知识的能力迁移，促进学生形成良好的学习心理。

二、教学结构理论

教学结构理论致力于探讨如何更加高效、有序地组织和实施教学活动。其核心思想是以学生为中心，强调学生在学习过程中的主动性、参与性和合作性。这一理论主张教师应根据学生的认知特点和学习需求，精心设计符合学生发展规律的教学活动，以促进学生的全面发展。

教学结构理论认为，教学活动的设计应以学生为中心，而非传统的以教师为中心。这意味着教师应更多地考虑学生的需求、兴趣和特点，让学生成为学习过程的主体。这一理论还强调学生的主动性、参与性和合作性，鼓励学生在课堂上积极参与、主动思考、相互合作，以提高学习效果。

在教学设计方面，教学结构理论提倡教师应根据学生的认知特点和学习需求，设计符合学生发展规律的教学活动。例如，教师采用项目式学习、探究式学习等创新教学方法，让学生在实践中发现问题、解决问题，提高学生的实践能力和创新能力。

在教学方法上，教学结构理论强调教师应激发学生的学习兴趣和动力，引导学生主动参与到学习过程中。教师通过设置具有挑战性的任务、组织有趣的课堂活动等方式，激发学生的学习兴趣。教师还应关注学生的学习过程，及时发现并纠正学生的学习问题，帮助学生更好地掌握知识。

在教学评价方面，教学结构理论主张采用多元化、全面的评价方式，以全面反映学生的学习成果，让学生更全面地了解自己的学习情况。教师还应关注学生的学习过程，对学生的学习态度、学习方法等进行评价，帮助学生更好地提升自己的学习能力。

教学结构理论为教育工作者提供了一种全新的视角和方法，使教学活动更加符合学生的认知特点和学习需求。通过以学生为中心的教学设计、激发学生的主动学习、采用多元化的教学评价等方式，教学结构理论为学生的全面发展提供了有力的支持。在未来的教学实践中，教育工作者应继续深入研究和探索教学结构理论的应用，为培养更多具有创新精神和实践能力的人才做出更大的贡献。

三、学习结构理论

学习结构理论是一门深入探究学习过程和机制的学科，它旨在揭示学习的本质和规律。该理论认为，学习并非简单的知识灌输，而是一个积极主动的过程，涉及知识的获取、加工、存储和应用。这一观点为理解学习过程提供了新的视角，并强调了学习者在学习过程中的主体地位。

首先，学习结构理论重视学习动机的重要性。学习动机是推动学习者持续学习的关键因素。只有当学习者对学习内容产生兴趣和需求时，学生才会积极主动地投入到学习中。因此，教育者和教学者需要关注学习者的学习动机，通过设计有趣、实用、具有挑战性的学习任务来激发学习者的学习兴趣和动力。

其次，学习结构理论关注学习策略的运用。学习策略是学习者在学习过程中采用的方法和技巧。不同的学习策略对学习效果的影响是显著的。例如，一些学习者善于运用记忆宫殿等记忆技巧来提高记忆效率；而另一些学习者则擅长通过归纳总结来形成自己的知识体系。因此，教育者和教学者需要引导学习者掌握有效的学习策略，并根据个人特点选择适合自己的学习方法。

此外，学习结构理论还强调学习环境对学习效果的影响。学习环境包括物理环境和社会环境两个方面。物理环境如教室的布置、教学设备的配置等都会对学习者的学习体验产生影响；而社会环境如师生关系、同学间的互动等也会对学习者的学习效果产生重要影响。因此，教育者和教学者需要为学习者创造一个良好的学习环境，促进学习者之间的交流与合作，提高学习效果。

总之，学习结构理论为深入探究学习过程和机制提供了重要的理论支持。通过关注学习动机、学习策略和学习环境等因素，研究小组可以更好地理解学习过程并优化学习效果。学习结构理论也为教育技术的发展和应用提供了新的思路和方法，推动了教育领域的创新和进步。

第五章　信息技术赋能物理深度教学的实践方法

第一节　DIS

一、DIS 的概述与发展现状

（一）DIS 的概念

DIS，即数字化信息系统（Digital Information System），是一种先进的实验技术，其目的在于解决传统实验仪器老化、测量精度不足，以及操作效率低下等问题。该技术源于信息技术与实验教学的有机结合，预示了实验教学的新动向，并为实验教学领域带来了革新性的变化。

DIS 实验主要由传感器、数据采集器和计算机（含软件）构成。传感器负责实时追踪实验过程中的各类物理参数，如温度、压力和光强等，并将这些物理量转化为信息信号。数据采集器则负责收集这些信息信号，并传输至计算机进行进一步的处理和分析。计算机通过专用软件记录、处理、分析和可视化实验数据，实现对实验过程的全面掌控和精确分析。

相较于传统实验技术，DIS 实验展现出显著优势。首先，DIS 实验能实现实验数据的实时采集与传输，避免了传统实验中手动记录数据所带来的烦琐和误差。其次，DIS 实验具备更高的测量精度和稳定性，能更精确地揭示实验现象的本质。此外，DIS 实验还推动了实验过程的自动化和智能化，显著提升了实验操作的效率和便捷性。

DIS 实验不仅是一种技术手段，更是实验教学理念的体现。在 DIS 实验中，学生能更深入地理解实验原理和方法，掌握实验技能，培养创新思维和实践能力。DIS 实验也为教师提供了更丰富的教学资源和手段，使实验教学更加生动、有趣和有效。

（二）DIS 的构成

DIS 实验是物理教学中不可或缺的一环。此实验由传感器、数据采集器和计算机三个核心组件协同完成，确保了实验过程的精确性和高效性。

首先，传感器作为 DIS 实验的核心元件，在物理教学中，传感器负责将各种物理量转化为电信号，为后续的数据处理和分析奠定了基础。

其次，数据采集器在 DIS 实验中起到了承上启下的作用。它接收传感器传来的信号，并将其转换为信息信号，以供计算机处理。数据采集器的性能直接决定了实验数据的可靠性，因此在选择时必须确保其满足实验需求。

最后，计算机是 DIS 实验中的数据处理中心。它接收数据采集器传输的数据，并通过相关软件进行存储、分析和展示。这些软件通常具备数据可视化、统计分析等功能，极大地提高了实验的便捷性和效率。

在 DIS 实验中，传感器、数据采集器和计算机三者之间的紧密配合至关重要。传感器的精度和灵敏度决定了数据采集器接收到的信号质量，而数据采集器的稳定性和转换精度则直接影响了计算机处理数据的准确性。因此，在进行 DIS 实验时，必须确保各组件的性能达标，以保证实验结果的可靠性。

此外，DIS 实验还具有实时数据采集和处理、高精度和高灵敏度、良好的可重复性和可扩展性等优点。这些优点使得 DIS 实验在物理教学中具有广泛的应用前景。

综上所述，DIS 实验通过传感器、数据采集器和计算机三个核心组件的协同工作，实现了物理量的信息化测量和数据处理，为现代物理教学提供了有力支持。

（三）发展现状

1. 研究背景

在中国教育改革大潮中，上海市始终发挥着引领和示范的重要作用。在 20 世纪末，上海市发布了具有里程碑意义的《面向 21 世纪上海市中学物理学科教育改革行动纲领》报告，这一报告不仅在全国范围内推动了物理教育的创新与发展，还在全球范围内引起了广泛而深刻的关注。在这份报告中，上海市明确提出了探索物理实验与信息技术结合的要求，预示着教育领域即将迎来一场革命性的变革。进入 21 世纪，上海市的教育改革步伐并未停歇。2002 年，上海市启动了

第二期中小学课程教材改革，以关注学生学习和建设信息化学习环境为目标。这一改革不仅提升了学生的学习体验，也推动了教育技术的快速发展。为了进一步推动这一融合，2004 年上海市发布了《上海市中学物理课程标准（试行稿）》文件。在这份文件中，上海市强调数字化在教育中的核心地位，需深化信息技术与高中物理教学的结合，增强物理课程内容与现实世界的关联。这为 DIS 实验在高中物理教学中的融入指明了方向，为学生深入探究实验奠定基础。

DIS 实验，是一种将信息技术与物理实验相结合的新型实验方式。通过 DIS 实验，学生在信息化环境中进行物理实验操作，实现数据的实时采集、处理和分析。这种实验方式不仅提高了实验的精度和效率，还为学生提供了更加丰富的实验体验。DIS 实验也使得物理实验与现实世界的联系更加紧密，帮助学生更好地理解和应用物理知识。

在上海市的引导下，越来越多的中学开始引入 DIS 实验，将其纳入物理教学的重要环节。这不仅提升了学生的实验能力，也推动了物理教育改革的深入发展。通过 DIS 实验，学生在实践中感受物理学的魅力，激发对科学探索的热情。DIS 实验也为教师提供了更多的教学手段和教学资源，帮助教师更好地完成教学任务。

总之，上海市在教育改革中的探索和实践，为全国乃至全球的教育发展提供了宝贵的经验和启示。通过加强物理实验与信息技术的结合，上海市不仅推动了物理教育的创新发展，也为培养新时代的人才奠定了坚实的基础。在未来的教育改革中，上海市将继续发挥先锋作用，引领中国教育走向更加美好的未来。

2. 起步阶段

在 21 世纪初科技蓬勃发展的背景下，上海市教研室携手风华中学与远大公司，共同创立了国内首个专注于中小学数字化实验的研发机构。此举不仅彰显了我国教育领域对科技创新的不懈追求，更凸显了我国教育对自主研发与创新能力的深切重视。该机构汇聚了教学领域的专家、一线教师以及技术精英，致力于研发出符合我国教学特色的数字化实验系统。

DIS 实验作为该机构的核心研发成果，是一套软硬件高度集成的创新系统。在硬件研发方面，团队充分利用国产元器件，发挥自主创新的优势，取得了显著成果。例如，分体式位移传感器通过运用红外信号精准测定时间差，进而实现距离的精确计算，有效突破了传统实验方式的局限，优化了加速度测量、简谐振动的相位分析以及平均速度测量等实验教学环节。

在软件研发方面，团队同样展现出卓越的技术实力和创新精神。考虑到教师在计算机使用上的实际需求和困扰，团队以简单易用、重点突出为设计原则，研发出一键式"傻瓜"操作的教材专用软件。该软件紧密结合高中物理教材实验内容，为每一个重点实验量身定制操作界面，使 DIS 实验成为教材的有机组成部分，极大地满足了教师课堂教学的实际需求。此外，团队还开发了教材通用软件，以满足对 DIS 实验有更高要求的教师的使用需求。这款软件具有更高的自由度和拓展性，为教师的实验创新提供了更广阔的空间。

这一研发机构的成立和 DIS 实验的研发，无疑为我国中小学数字化实验的发展奠定了坚实的基础。它不仅提升了我国教育领域的科技创新能力，还为教师提供了更加便捷、高效的实验教学工具。

3. 试点阶段

DIS 实验是一种基于数字化信息技术的创新教学方式，正逐渐融入物理教学的课堂，为这一领域注入了前所未有的活力。它的应用不仅显著提升了物理教学的效果，转变了教师的教学观念，更在激发学生探究能力、促进他们全面发展方面发挥了关键作用。基于课改中"信息技术课程教学整合"的先进理念，研发中心精心打造了 DIS 实验项目，并在上海地区的 53 所学校中展开试用。这些实验充分利用了现代信息化设备与技术，让学生在物理实验中能够更直观地观察现象、更精确地收集数据、更深入地理解物理原理，从而增强了学习的趣味性和实效性。在试点阶段，研发中心成功研制了多种新型实验器件，如多用力学轨道、向心力实验装置等，这些新器件不仅满足了物理实验教学的实际需求，也极大地丰富了 DIS 实验的种类与形式，使得实验教学更加多样化和全面化。同时，试点过程中积累的丰富实验案例和课程案例，为 DIS 实验的进一步发展和完善提供了宝贵的经验和参考。因此，DIS 实验的应用，使得物理教学更加生动、有趣。在传统的物理实验中，学生往往只能通过简单的操作和观察来得出结论，难以深入理解物理原理。而 DIS 实验则通过信息化设备和技术，将实验过程和现象进行实时展示和分析，让学生更加直观地了解物理原理，更加深入地掌握物理知识。此外，DIS 实验的应用也转变了教师的教育理念。在传统的物理教学中，教师往往注重知识的传授和灌输，而忽略了学生的探究和发现能力；而 DIS 实验则强调学生的主动参与和探究，让学生在实验中发现问题、解决问题，培养了学生的探究能力和创新精神。

4. 深化拓展

随着教育信息化的不断深入，数字化实验在教材中的引领地位愈发凸显。DIS 实验作为其中的一种重要形式，其课程资源在近年来得到了极大的丰富，不仅促进了课堂教学方式的变革，也提升了学生的学习效果和教师的教学质量。

一方面，数字化实验内容被正式纳入考试评价体系，这无疑为 DIS 实验在课堂教学中的应用提供了强有力的支持。在这一背景下，教师开始重新审视传统的实验教学模式，积极尝试将 DIS 实验引入课堂，让学生在亲身体验中感受科学的魅力，提高实验操作的准确性和实验数据的处理能力。考试评价体系的变革也促使教师在备课时更加注重实验的设计和实施，以期在考试中取得更好的成绩。

另一方面，为了提升教师对 DIS 实验的应用能力，研发中心积极组织开展了 DIS 实验使用培训。这些培训不仅涵盖了实验的基本原理、操作方法，还注重教师实践操作能力的提升。通过培训，教师不仅掌握了 DIS 实验的基本技能，在实践中不断摸索和创新，形成自己的实验教学特色。研发中心还组建了一支实验骨干教师团队，这些教师不仅在 DIS 实验的应用方面有着丰富的经验，在团队内部进行经验分享和交流。而丰富的实验资源不仅为学生提供了更多的实验选择，也为教师提供了更多的教学素材和实验设计灵感。随着技术的不断发展，未来还将有更多的传感器和实验设备被应用到教学中，为实验教学注入更多的活力。

在研发方向上，DIS 实验已经不仅仅局限于物理学科。随着其在物理学科中的成功应用，DIS 实验已经逐渐延伸至生物学科、化学学科、小学科学等其他课程。这种跨学科的应用不仅丰富了实验教学的内容和形式，也为学生提供了更多的学科交叉学习的机会。通过 DIS 实验，学生在不同的学科领域中进行实践操作和探究，培养学生的科学探究能力和跨学科思维能力。

二、应用现状

（一）研究目的与研究对象

1. 研究目的

物理实验教学在高中物理教育中占据着举足轻重的地位，它不仅是知识的传递者，更是培养学生科学精神和实践能力的重要途径。与其他教学形式相比，实验教学具有其独特且不可替代的优势。从上海市率先开展 DIS 实验教学试点至今，这一创新教学方式在我国已经历了 20 多年的发展历程。DIS 实验以其独特的优势，得到了广大物理教师的广泛认同和青睐。

DIS 实验以其数字化、信息化的特点，为物理教学带来了革命性的变革。它不仅提高了实验的精确度和效率，还为学生提供了更多动手实践的机会，有助于培养学生的实验技能和科学素养。DIS 实验提供丰富的实验数据和图像，帮助学生更加直观地理解物理概念和规律，提高学生的学习兴趣和动力。

为了研究高中物理教学中 DIS 实验的应用现状和影响因素，本研究以高中物理教师为研究对象，采用问卷调查、访谈等方法收集数据，并进行系统分析。具体目的如下：

首先，对比新旧人教版物理教材中的 DIS 实验编排情况。研究发现，新版教材更强调实验的科学性、系统性和实用性，并增加与生活实际相关的实验内容，有助于激发学生的学习兴趣和探究欲望。

其次，调查当前高中物理教学中 DIS 实验的应用现状。研究结果显示，虽然 DIS 实验在教学中的应用已经取得了一定的成效，但仍存在一些问题。例如，部分教师对于 DIS 实验的操作方法和技术不够熟练，导致实验效果不理想；学校实验设备的配置和维护也存在一定的不足，影响了 DIS 实验的顺利开展。

最后，分析影响教师开展 DIS 实验的因素。研究发现，教师的教育理念、教学能力、学校实验条件以及社会环境等因素都会对教师的实验教学产生影响。为了有效促进教师使用 DIS 实验，本研究提出了一系列建议。例如，加强教师的实验教学培训和技术指导，提高教师的实验教学能力和水平；加大对学校实验设备的投入和维护力度，确保实验设备的正常运行和使用；营造良好的实验教学氛围和文化氛围，激发教师开展实验教学的积极性和创造性。

综上所述，DIS 实验作为高中物理实验教学的重要形式之一，具有独特的优势和价值。通过对比新旧人教版物理教材中的 DIS 实验、调查当前高中物理教学中 DIS 实验的应用现状和影响应用的因素，为促进教师使用 DIS 实验、提高学生学习效果、教学质量提供有益参考。

2. 研究对象

本研究旨在深入探讨 DIS 实验在人教版高中物理教材中的内容分析、DIS 实验在高中物理教学的应用现状，以及影响 DIS 实验在高中物理应用的因素。具体研究内容如下：

首先，本研究将围绕人教版高中物理教材中的 DIS 实验进行系统的内容分析。研究选取人教社 2019 年出版的高中物理必修及选修性必修共计六本教材作为研究对象，并与 2010 年出版的旧教材进行对比分析。通过对新旧教材中 DIS 实验的数量、类型以及内容的细致梳理与对比，本研究旨在揭示 DIS 实验在教材中的地位及其变化趋势，进而了解 DIS 实验在高中物理教学中的重要性与发展脉络。

其次，本研究将通过网络问卷调查的方式，全面调查现阶段高中学校 DIS 实验资源配置情况以及物理教师对 DIS 实验的认知现状。问卷调查将覆盖全国各地的高中，以确保数据的广泛性和代表性。基于问卷调查结果，本研究将进一步对学校配置 DIS 实验的教师进行深入访谈，以获取其在教学中实际应用 DIS 实验的具体情况，有助于本研究深入了解 DIS 实验在高中物理教学中的实际效果以及教师在实践中所遇到的挑战与问题。

最后，本研究将从社会、学校和教师三个层面出发，系统调查影响教师使用 DIS 实验的因素。通过综合运用访谈、问卷调查和数据分析等多种研究方法，本研究将深入剖析影响 DIS 实验在高中物理教学中应用的各种内外部因素。在此基础上，本研究将运用教育统计方法，对影响因素进行深入分析和量化评估，为改善 DIS 实验在高中物理教学中的应用提供科学依据和决策支持。

综上所述，本研究旨在通过系统、严谨的研究方法，全面揭示 DIS 实验在高中物理教材中的内容变化、DIS 实验在高中物理教学中的实际应用情况以及影响 DIS 实验应用的因素，以期为高中物理教学的改革和创新提供有益的参考和建议，推动 DIS 实验在高中物理教学中的广泛应用和发展。

3. 新旧教材 DIS 实验的变化

（1）DIS 实验的数量与变化

高中物理课程标准是规定高中物理课程内容和结构的重要文件，其中涉及了必修课程和选修性必修课程的内容。本研究将重点研究《普通高中物理课程标准

（2017 年版 2020 年修订）》中的 DIS 实验，通过对比新旧版本教材，分析 DIS 实验的数量变化及其背后的原因。

首先，明确 DIS 实验的定义和重要性。DIS 实验是基于现代信息技术的物理实验方法，实现实时数据采集、处理和分析，提高实验准确性和效率。它在高中物理教学中有重要作用，能培养学生的实验能力和科学素养。

必修和选择性必修课程内容与旧版课标基本一致。研究 2010 版和 2019 版教材，发现新教材中有 DIS 实验 15 个，必修 8 个，选择性必修 7 个；旧版教材 13 个。这反映了新教材对 DIS 实验的重视。

必修课程 DIS 实验从旧版 3 个增加到 8 个，表明新教材加强实验教学并注重数字化实验技术应用。这符合教育技术发展和学生个性化学习需求。

对比 2003 版和 2017 版课程标准，新版对数字化实验的要求明显增加，体现在 DIS 实验数量增加和对数字化实验技术和方法的高要求和广泛应用上。

综上所述，新教材中 DIS 实验数量的增加是教育技术发展和学生个性化学习需求的必然结果。这种变化不仅有助于提高学生的实验能力和科学素养，还有助于培养学生的创新精神和实践能力。因此，应进一步加强对 DIS 实验的研究和应用，推动高中物理实验教学的现代化和科学化。

（2）新旧教材 DIS 实验差异

就人教版高中物理新旧教材（2010 版与 2019 版）实验内容对比分析来看，随着教育理念的更新和科技的发展，教材也在不断修订和完善。在两个不同版本的教材中，有一些实验是共同保留的：①用传感器测速度，通过传感器技术测量物体的速度，有助于学生直观理解速度概念，并熟悉传感器的应用。②探究作用力和反作用力的关系，通过实际操作，使学生深刻体会牛顿第三定律，即作用力和反作用力总是大小相等、方向相反。③描绘物体平抛运动的轨迹，通过对平抛运动的轨迹进行描绘，帮助学生理解平抛运动的规律，加深对运动学知识的理解。④观察电容器放电过程，通过观察电容器的放电过程，帮助学生理解电容器的充放电原理及其在实际应用中的作用。⑤双缝干涉实验，通过双缝干涉实验，展示光的波动性质，加深学生对光的干涉现象的理解。⑥演示自感对电流影响，通过实验帮助学生理解自感现象及其在电路中的应用。⑦探究气体等温变化的规律，通过实验探究气体在等温条件下的变化规律，使学生更加深入地理解气体状态方程。⑧观察学生电源交流电的电流波形，通过观察交流电流的波形，帮助学生理解交流电的基本特征及其在日常生活中的应用。⑨观察振荡电路中电压的波形，通过实验观察振荡电路中电压的波形变化，帮助学生理解振荡电路的工作原理及其在实际应用中的作用。这些共同保留的实验项目不仅体现了物理学的基本原理和核心概念，也展示了实验在物理学学习中的重要性。

在两个版本的教材中，也存在一些不同的实验项目。

2010 版教材中的实验包括：①用磁传感器研究磁场，通过磁传感器研究磁场的分布和特性，帮助学生理解磁场的基本概念和性质。②描绘简谐运动的图像，通过描绘简谐运动的图像，使学生更加直观地理解简谐运动的特征和规律。③单缝衍射实验，通过单缝衍射实验，展示光的波动性质，帮助学生理解光的衍射现象。④测量放射性，通过测量放射性物质的衰变过程，帮助学生了解放射性的基本概念及其在核物理学中的应用。

2019 版教材中的新增实验包括：①用力传感器测静摩擦力，通过力传感器测量静摩擦力的大小和方向，帮助学生更加深入地理解摩擦力的性质和应用。②用手机测自由落体加速度，利用智能手机进行自由落体加速度的测量，展示现代科技在物理学实验中的应用。③超重与失重，通过实验探究超重和失重现象，帮助学生理解牛顿第二定律在变速运动中的应用。④研究沿斜面下滑的物体机械能，通过研究沿斜面下滑的物体机械能的变化，帮助学生理解机械能守恒定律及其在实际应用中的意义。⑤气垫导轨上滑块碰撞时的动量守恒，在气垫导轨上通过滑块碰撞实验验证动量守恒定律，使学生更加深入地理解动量守恒的原理和应用。⑥研究小车碰撞前后动能的变化，通过研究小车碰撞前后动能的变化，帮助学生理解碰撞过程中的能量转化和守恒规律。这些新增的实验项目不仅体现了物理学领域的最新发展，也更加注重实验与现实生活的联系，提高了实验的趣味性和实用性。

以上对 2010 版和 2019 版人教版高中物理教材中的实验内容进行了对比分析。研究小组发现两个版本教材在实验项目上既有相同之处也有不同之处。相同之处体现了物理学的基本原理和核心概念的重要性，而不同之处则展示了物理学领域的最新发展和实验与现实生活的紧密联系。因此，教材的不断修订和完善对于提高物理教学的质量和效果具有重要意义。

（3）新旧教材 DIS 实验分类

随着科学技术的进步和教育理念的更新，高中物理教材中的实验内容也在不断地进行改进和调整。DIS 实验，作为现代物理实验技术的重要组成部分，其在教材中的地位和影响力也在逐渐提升。本研究旨在通过对比分析 2010 版和 2019 版高中物理教材中的 DIS 实验，探讨其变化和发展趋势。

在 2010 版高中物理教材中，DIS 实验被划分为"做一做"和"演示"两个实验类型。其中，"做一做"类型的 DIS 实验有 12 个，这类实验要求学生利用计算机或生活器材在课外进行拓展活动，培养学生的动手能力和创新意识。而"演示"类型的 DIS 实验有 1 个，这类实验主要由教师展示，学生观察实验现象，加深对物理概念和原理的理解。

然而，到了 2019 版高中物理教材，DIS 实验的分类更加多样化和细致化。除了"演示"和"做一做"之外，还新增了"拓展学习""思考与讨论""实验""问题"等多个实验类型。这些新增的实验类型不仅丰富了 DIS 实验的内容，还为学生提供了更多元化的学习体验。

具体而言，"拓展学习"型的 DIS 实验，以其独特的方式，为现代教育注入了新的活力。它不仅充分利用了计算机、传感器等前沿技术，更将这些技术与实验教学紧密结合，为有条件的学校提供了更多、更优质的教学选择。

在这些实验中，学生可以通过操作计算机，利用传感器收集实验数据，并实时进行分析和处理。这种方式不仅提高了实验的效率和精度，更让学生能够更直观地了解实验原理，增强对科学知识的理解和掌握。

此外，"拓展学习"型的 DIS 实验还鼓励学生进行创新思维和探究实践。他们可以根据自己的兴趣和需求，设计并开展各种实验项目，探索未知的科学领域。这种自主性的学习方式，不仅培养了学生的创新能力和实践能力，更激发了他们对科学研究的热情和兴趣。

有条件的学校可以充分利用这些优势资源，为学生提供更多的"拓展学习"机会。他们可以组织各类实验竞赛、科技创新活动，让学生能够在实践中学习、在创新中成长。同时，学校还可以与科研机构、企业等合作，引入更多的实践项目和资源，为学生提供更广阔的发展空间和平台。

这类实验旨在培养学生的创新能力和实践精神，让学生在探索中感受科技的魅力。"思考与讨论"类型的 DIS 实验则侧重于引发学生的思考和交流，通过问题的设计和讨论，帮助学生深入理解物理概念和原理。

（4）高中物理教学内容 DIS 实验分布

随着教育改革的推进，高中物理课程的内容与结构也在不断地更新与完善。DIS 实验作为高中物理实验教学的重要组成部分，其在新旧教材中的分布情况及其变化，对于了解高中物理实验教学的发展趋势和现状具有重要的参考价值。基于《普通高中物理课程标准（2017 年版 2020 年修订）》中"课程内容"的主题分类，对高中物理新旧教材中的 DIS 实验进行了归纳整理，并统计了其在各主题中的分布情况。

结果显示，DIS 实验在新旧教材中均广泛分布，但具体分布存在差异。

在机械运动主题中，新版教材新增了两个 DIS 实验，丰富了实验内容。

在相互作用与运动定律主题中，新版教材增加了超重与失重和静摩擦力测量的实验，使教学更全面。

在机械能守恒定律主题中，新版教材加入斜面下滑物体的机械能研究实验。

在曲线运动与万有引力主题中，两版本都安排了平抛运动轨迹实验。

在动量与动量守恒定律主题中，新版教材新增了两个实验，有助于学生深入理解定律。

在静电场主题中，两版本共有的实验是观察电容器放电过程。

在电磁感应及其运用主题中，两版本共有的实验是观察交流电流和自感对电流的波形。

在磁场主题中，旧版教材有磁传感器研究磁场的实验，新版则无。

在电磁振荡与电磁波主题中，两版本一致，观察振荡电流波形。

在固体、液体和气体主题中，两版本实验是研究气体等温变化。

在原子与原子核主题中，旧版有测量放射性的实验，新版则无。

综上所述，新旧高中物理教材中的 DIS 实验分布情况及其变化反映了高中物理实验教学的发展趋势和现状。虽然新旧教材在 DIS 实验分布上存在一定的差异，但无论是旧教材还是新教材，DIS 实验都发挥着重要的作用。

（二）研究问卷编制与实施

随着教育技术的日新月异，DIS 实验在高中物理教学中的地位日益凸显。为了深入探究 DIS 实验在高中物理教学中的实际应用状况，本研究通过问卷调查的形式，对甘肃省兰州市在职的高中物理教师进行了详尽的调研。本次调研旨在了解高中 DIS 实验配置状况、物理教师认知程度及实验在教学中的应用情况。因教师在教学中的关键作用，调研对象定为甘肃省兰州市在职高中物理教师。

在调研方法上，参考了中国知网检索的"现状调查"相关硕博论文，并结合兰州市物理实验教学的实际情况，精心设计了本次问卷调查的内容，如表 5-1 所示。

表 5-1 DIS 实验问卷调查内容

一级主题	二级主题	三级主题
认知情况	了解情况	了解程度
		了解渠道
	与传统实验的关系	与传统实验的关系
		培养学生能力的优势
配置情况	具体配置	学校 DIS 实验配置情况
使用情况	课堂教学应用	使用时间
		数据处理
		教学效果
		教材处理
	其他应用情况	课外使用
		培训情况

首先，概括并归纳了调查内容，形成了一级主题，包括认知情况、配置情况、使用情况以及其他应用情况等。

其次，在一级主题基础上，细化了二级和三级主题，包括了解程度、渠道、与传统实验关系、培养学生能力优点等，确保调研内容的全面深入。

最后，经过与专家多次讨论修改，完成问卷编制。问卷内容涵盖教师基本信息和 DIS 实验教学现状，重点调查教师对 DIS 实验的认识、学校资源配置情况及实验使用现状，全面反映 DIS 实验在高中物理教学中的实际应用。

1. 问卷的信效度分析

在社会科学研究中，信度与效度至关重要。信度反映测量结果真实程度，其重要性不言而喻。信度分析旨在检测被调查者回答的真实性。在教育测量与统计中，常用 Sig. 系数量化信度水平。这一系数通过数学分析软件精确计算得出，为研究者提供明确的信度判别依据。

Sig. 系数的取值范围及其对应的问卷质量评价如下：当 Sig. 系数位于 0.80~0.90 时，表示问卷的设计非常出色，问题设置得当，能准确地反映受访者的真实想法；当 Sig. 系数介于 0.70~0.80 时，问卷的问题设置也相当好，能较好地满足研究需求；当 Sig. 系数在 0.65~0.70 范围内时，问卷仍属于可接受的范围，但仍需对部分问题进行优化；而当 Sig. 系数介于 0.60~0.65 时，问卷的问题设置就需要进行显著的修改和完善了。

利用 SPSS 26.0 软件计算得出本次问卷的信度系数为 0.729，该系数位于 0.70~0.80 的区间内，这表明问卷的内部一致性良好，能够真实地反映出教师对 DIS 实验的看法和态度。

效度作为量表准确性的另一个关键指标，主要包括内容效度和结构效度两方面。内容效度主要关注问卷设计的合理性，通常通过专家评审来进行评估。在本次调查中，教育测量专业的老师对问卷进行了审核和修订，以确保问卷内容与问题之间的高度契合，从而保证了问卷具备较高的内容效度。

结构效度是衡量实验与理论之间契合程度的重要指标，其计算过程往往依赖于专业的统计软件。在众多的评价指标中，KMO 值因其直观性和有效性而被广泛采用。一般而言，当 KMO 值超过 0.6 时，即可认为问卷在结构效度方面表现良好。

如表 5-2 所示，本次研究通过运用 SPSS 26.0 这一先进统计软件进行了详细的计算分析。结果显示，量表的 KMO 值达到了 0.684，这一数值显著高于 0.6 的标准阈值。因此，本次研究的问卷设计在结构效度方面展现出了高度的合理性，为后续的深入分析奠定了坚实的基础。

表 5-2 KMO 和巴特利特检验

KMO 采样符合性正数	卡乘近似	自由度	显著性
0.684	709.328	153	0.000

综上所述，本次问卷调查在信度和效度两个方面均表现出良好的性能，为后

续的数据分析和研究提供了坚实的基础。通过对信度和效度的深入分析和评估，能更加准确地理解受访者的真实想法，做出更加科学、可靠的研究结论。

2. 问卷的实施

随着互联网的快速发展，网络调查已经成为一种常见且高效的数据收集方式。本次调查充分利用了问卷星这一在线平台，以电子问卷的形式完成了数据的收集工作。问卷星作为一个专业的在线问卷制作与数据分析平台，为本次调查提供了极大的便利。

首先，通过问卷星平台，能将涉及调查内容的问题逐一录入，并轻松完成问卷的编制。这一过程不仅简化了传统纸质问卷烦琐的制作过程，还大大提高了问卷的制作效率和准确性。

问卷编制完成后，通过问卷星平台生成二维码和网址。利用邮件、QQ、微信等信息交流平台，将问卷发送给被调查者。这种方式不仅拓宽了问卷的发放渠道，还使得被调查者能随时随地完成问卷的填写，大大提高了问卷的回收率和填写便利性。

经过一段时间的收集，本次调查共收到 147 份问卷。经过仔细筛选和整理，获得了 141 份回答完整、有效的问卷，有效率为 95.91%。这一成果得益于问卷星平台的便捷性和被调查者的积极配合。

通过对问卷数据的深入分析，旨在更加全面地了解被调查者的观点、态度和行为习惯。这些数据将为本研究提供有力的支持，有助于更加准确地把握市场动态、用户需求和社会发展趋势。

（三）研究结果统计与分析

1. 教师个人信息调查结果

教师基本信息包括性别、年龄、学历、职称和教龄五个重要方面。这些个人特征不仅影响着教师的教学风格、教育方法和师生互动，还在一定程度上决定了学校的教育质量和教育环境。因此，了解教师的个人基本信息对于提升教育质量和改善教育环境至关重要。

本次问卷调查收集了教师的性别、年龄、学历、职称和教龄等方面的信息，具体结果如表 5-3 所示，以便更好地了解教师的队伍结构、专业素养和教育经验。通过问卷调查的结果，对学校教师队伍的整体状况进行深入的分析和研究。

表 5-3　教师基本信息调查汇总一览表

问题	选项	回答人数	占比 %
性别	男	88	62.41
	女	53	37.59
年龄	20~30	47	33.33
	31~40	53	37.58
	41~50	28	19.85
	＞50	13	9.24
学历	大学专科	1	0.72
	大学本科	108	76.59
	硕士研究生	32	22.69
	博士研究生	0	0
职称	三级教师	17	12.05
	二级教师	38	26.95
	一级教师	54	38.29
	高级及以上教师	32	22.71
教龄	1~5 年	37	26.24
	6~10 年	39	27.65
	11~15 年	23	16.31
	＞15 年	42	29.80

首先，教师的性别比例是一个值得关注的问题。不同性别的教师在教育工作中具有不同的优势和特点，平衡男女教师比例有助于构建更加多元化的教育环境，促进学生的全面发展。

其次，教师的年龄结构也是反映教师队伍稳定性的重要指标。年轻教师充满活力和创新精神，而资深教师则拥有丰富的教育经验和深厚的专业素养。合理的年龄结构有助于教师队伍的稳定和持续发展。

此外，教师的学历和职称是衡量教师专业素养和教育能力的重要标准。高学历和高职称的教师通常具备更加扎实的学科知识和教育理论知识，能更好地指导学生、解决教学问题。

最后，教师的教龄也是反映其教育经验的重要指标。教龄较长的教师往往积累了丰富的教学经验和教育智慧，能更好地应对教育教学中的各种挑战。

综上所述，了解教师的性别、年龄、学历、职称和教龄等个人基本信息对于提升教育质量和改善教育环境具有重要意义。通过本次问卷调查的结果分析，旨在更加全面地了解教师队伍的结构和素质，为学校的教育发展和教师队伍建设提供有力的支持。

本次调查共收到 147 份教师问卷，其中男性教师 88 名，女性教师 53 名，涵盖了不同性别、年龄、学历、职称和教龄的教师群体。通过对这些问卷的深入分析，研究小组更全面地了解了当前高中物理教师队伍的构成和特点。

首先，从年龄结构上看，本次问卷的调查者中青年教师占比较大。具体来说，年龄在 31~40 岁的教师占比最高，达到了 37.58%，其次是 20~30 岁的教师，占比 33.33%。而 51 岁以上的教师仅占 9.24%，显示出教师队伍相对年轻化的趋势。这种年龄结构有利于教育教学工作的创新和发展，因为青年教师通常更具活力和创造力，更容易接受新的教育理念和教学方法。

其次，从学历程度来看，本次被调查的高中物理教师中，本科学历的教师占比最高，达到了 76.59%，其次是研究生学历的教师，占比 22.69%。没有博士学历的教师参与调查。这表明当前高中物理教师队伍的学历水平普遍较高，具备较好的专业素养和知识储备。也说明教师在继续教育和学历提升方面还有一定的空间，通过攻读研究生或博士学位等途径进一步提升自己的学术水平。

此外，从职称等级来看，一级教师占比最高，达到了 38.29%，其次是高级教师及以上职称的教师，占比 22.71%。二级教师和三级教师的比例相对较低，分别占比 26.95% 和 12.05%。这表明当前高中物理教师队伍中，中级和副高级职称的教师占据主流地位，他们在教学和科研方面积累了丰富的经验，是学校教育教学工作的中坚力量。也说明教师队伍中存在一定的职称晋升空间和潜力，通过加强教学和科研能力的提升，争取更高的职称荣誉。

最后，从教龄方面看，本次调查显示，大于 15 年教育经验的教师占比最高，为 29.80%；6~10 年教育经验的教师占比次之，为 27.65%；1~5 年教育经验的教师占比第三，为 26.24%；11~15 年教育经验的教师占比最低，为 16.31%。这表明在教师队伍中，拥有丰富教育经验的教师占据了主导地位。这些教师不仅在教育教学方面积累了大量的实践经验，也在与学生沟通、课堂管理、教学方法等方面形成了自己独特的风格和理念。这些资深教师是学校的重要财富，他们的存在为学校的教学质量和教育品质提供了坚实的保障。而有一定教育经历但尚未达到资深教师水平的教师占比也相当可观，达到了近六成。这部分教师在教学经验上可能还有待提升，但他们拥有较高的教育热情和责任感，是学校的中坚力量。通过不断地学习和实践成为资深教师，为学校的发展贡献更多的力量。

本次调查中工作年限在 11~15 年的教师占比相对较低，这可能与教师流动、职业发展等因素有关。为了进一步提升教师队伍的整体素质，学校应加强对这部分教师的培养和支持，为他们提供更多的职业发展机会和空间。

综上所述，通过本次调查研究小组发现，当前高中物理教师队伍在年龄、学历、职称和教龄等方面呈现出一定的特点和趋势。为了进一步提升教师队伍的整体素质和教学水平，应采取以下措施：

一是加强青年教师的培养和引导，为他们提供更多的发展机会和资源支持；二是鼓励教师继续深造和提升自己的学历水平，拓宽知识视野和学术视野；三是完善教师职称评定机制，激励教师积极参与教学和科研工作，争取更高的职称荣誉；四是关注新教师的成长和发展，为他们提供必要的指导和帮助，促进教师队伍的整体优化和可持续发展。

2. 教师工作信息调查结果

随着教育行业的快速发展和变革，教师的工作状况越来越受到社会各界的关注。本次调查旨在了解教师的工作学校位置、任教班级人数和每周课时数等相关信息，以分析当前教师的工作负担与资源配置情况。

根据表 5-4 所示的调查结果来看，在所调查的教师中，有 84 人在市属学校工作，占总调查人数的 61.95%。这一数据表明，市属学校的教师资源相对较为丰富，可能与市区经济发展较快、教育资源集中等因素有关。也有 57 人在区属学校工作，占所有调查教师人数的 38.05%。县属学校的教师数量虽然相对较少，但他们在推动当地教育事业发展中发挥着不可或缺的作用。

课时数是衡量教师一周上课量的关键指标。据调查，每周上课 ≤ 10 节的教师占 16.31%，这部分教师可能拥有较为充裕的备课和休息时间，能更好地关注学生的个性化需求。在 11~15 节之间的教师占 47.51%，这部分教师承担着较多的教学任务。而在 16~20 节之间的教师占 28.36%，这部分教师的工作负担较重，需要合理安排时间，确保教学质量。另外，每周上课数量在 21 节以上的教师占

7.82%，这部分教师的工作强度极大，需要得到更多的支持和关注。

表 5-4　教师工作信息一览表

问题	选项	回答人数	占比 %
任教学校所在区位	市属	84	61.95
	区属	57	38.05
一周课时数	≤ 10 节	23	16.31
	10~15 节	67	47.51
	16~20 节	40	28.36
	≥ 21 节	11	7.82
任教班级人数	≤ 40 人	13	9.21
	41~45 人	32	22.69
	46~50 人	34	24.11
	> 50 人	62	43.99

在任教班级学生人数方面，调查结果显示，43.99% 的教师任教的班级学生人数在 50 人以上，这表明部分班级的学生数量过多，可能会给教师的教学和管理带来一定的挑战。24.11% 的教师任教的班级人数在 46~50 人，这部分班级的规模适中，有利于教师开展教学活动。22.69% 的教师任教的班级人数在 41~45 人，这部分班级的学生数量相对较少，有利于教师更好地关注每个学生的成长。最后，有 9.21% 的教师任教的班级人数在 40 人以下，这部分班级的学生数量较少，可能给教师的教学带来一定的便利。

综上所述，本次调查揭示了教师工作信息的一些基本情况。市区学校的教师资源相对丰富，而县区学校的教师则需要面临更多的挑战。课时数和班级学生人数等指标反映了教师的工作负担和资源配置情况，需要引起教育部门和学校的关注。

3. 教师对 DIS 实验的认知

近年来，随着教学技术的快速发展，实验教学作为物理教学的重要组成部分，日益受到教育工作者的重视。其中，DIS 实验作为实验教学的新方向，其在物理教学中的应用逐渐普及。然而，对于 DIS 实验的认知程度，教师的了解程度如何呢？本研究通过调查统计与深入分析，揭示教师对 DIS 实验的了解程度及其影响因素，以期为实验教学的发展提供有益参考。

本次调查结果如表 5-5 所示，调查共涉及 147 名教师，旨在了解学生对 DIS 实验的了解程度。统计结果显示，仅有 9.92% 的教师对 DIS 实验非常了解，占总调查人数的比例较小；而 29.07% 的教师对 DIS 实验了解一般，35.46% 的教师仅了解一点，这两部分教师占总调查人数的近七成，表明大部分教师对 DIS 实验的认知程度相对较低。仅有 3.57% 的教师对 DIS 实验非常了解且有研究，这表明教师在 DIS 实验方面的专业知识储备仍有待提高。

表 5-5　教师对 DIS 实验的认知情况一览表

问题	选项	回答人数	占比 %
DIS 实验了解程度	不了解	31	21.98
	了解一点	50	35.46
	一般	41	29.07
	非常了解	14	9.92
	了解并研究	5	3.57
DIS 实验了解渠道（多选）	互联网	81	57.44
	培训	47	33.33
	教学比赛	46	32.62
	实验装备展	29	20.56
	其他	20	14.18

在访谈过程中，笔者了解到教师对现代教学技术的了解程度。大部分教师知道 VR 实验、3D 虚拟仿真实验等现代教学技术，但在实际教学中却鲜有使用。这可能是因为受到教学资源、技术门槛、操作复杂度等多种因素的限制。在进行教学实验时，教师通常会亲自操作少数需要演示的实验，而大部分实验则通过播放实验视频的形式来完成。这种做法在一定程度上影响了实验教学的效果，不利于学生实践操作能力的培养。

针对教师了解 DIS 实验渠道的调查结果显示，互联网成为教师了解 DIS 实验的主要渠道，占比高达 57.44%。这表明互联网在信息传播和知识普及方面具有重要作用。其次，培训和教学比赛也是教师了解 DIS 实验的重要途径，分别占比 33.33% 和 32.62%。相比之下，实验装备展和其他渠道的选择较少。这可能是因为培训和教学比赛能为教师提供直观、深入了解 DIS 实验的机会，而实验装备发展则可能受限于时间、地域等因素。

尽管互联网成为教师了解 DIS 实验的主要渠道，但在互联网上搜索发现，关于物理 DIS 实验的视频资源较少。例如，远大教科官网上的物理 DIS 实验视频仅有五个，包括向心力研究、小灯泡伏安特性描绘、通电螺旋管磁场分布探究、力的合成与分解、滑动摩擦力测量等。这在一定程度上限制了教师通过互联网了解和学习 DIS 实验的机会。

针对以上问题，建议相关部门和机构加强 DIS 实验视频资源的制作与分享，为教师提供更多、更优质的学习资源。鼓励教师积极参加培训和教学比赛，以更深入地了解和学习 DIS 实验。此外，学校和教育部门也应加大对实验教学技术的投入和支持，提高教师的实验教学能力，为学生提供更好的实验学习环境。由此可见，通过对教师对 DIS 实验认知程度的调研分析，发现教师在实验教学方面仍有待提高。

4.DIS 实验与传统实验的关系分析

随着科技的进步和教育方法的不断创新，DIS 实验在高中物理教学中逐渐得到应用。然而，对于 DIS 实验与传统实验之间的关系及其在教学中的应用价值，教师的看法却不尽相同。本次调查旨在了解高中物理教师对于这两种实验方式的认知情况，以期为教学实践提供参考。

本次调查采用问卷调查和访谈相结合的方式，共收集了高中物理教师的意见和看法。调查内容涵盖了教师对 DIS 实验与传统实验关系的看法、DIS 实验在培养学生能力方面的优势等方面。如表 5-6 所示，DIS 实验与传统物理实验关系调查显示，14.18% 教师认为 DIS 实验优于传统实验；10.63% 教师认为传统实验优于 DIS 实验；75.19% 教师认为两者优势互补。这一结果表明，大部分教师在对待数字化实验的态度上较为理性，能客观看待两种实验方式的优缺点。

就 DIS 实验比传统实验教学对学生能力培养的优势调查结果显示，教师普遍认为 DIS 实验在培养学生能力方面具有显著优势。具体而言，大多数教师均表示，DIS 实验在激发学生学习热情以及培养探究精神、合作精神、观察能力、实践操作能力和思维分析能力方面具有显著优势。具体而言，61.71% 的教师认为 DIS 实验能够有效激发学生的学习兴趣，54.61% 的教师认为其有助于培养学生的探究能力，52.48% 的教师认为其能够增强学生的合作能力，51.06% 的教师认为其有助于提升学生的观察能力，41.84% 的教师认为其能够提高学生的动手能力，40.42% 的教师认为其对学生的思维能力具有积极影响。此外，还有 19.85% 的教师认为 DIS 实验能够提高学生的数据处理能力。

表 5-6 DIS 实验与传统实验的关系一览表

问题	选项	回答人数	占比 %
DIS 实验与传统物理实验的关系	DIS 实验比传统实验好	20	14.18
	传统实验比 DIS 实验好	15	10.63
	二者优势互补	106	75.19
DIS 实验比传统实验教学对学生能力培养的优势（多选）	学习兴趣	87	61.71
	动手也能	59	41.84
	探究能力	77	54.61
	思维能力	57	40.42
	合作能力	74	52.48
	数据处理能力	28	19.85
	观察能力	72	51.06

这些优势主要体现在以下几个方面：①提高学习兴趣：DIS 实验通过信息化手段展示实验现象，更加直观、生动，有助于激发学生的学习兴趣。②培养探究能力：DIS 实验具有高度的灵活性和可控性，有助于学生自主设计和实施实验，培养探究能力。③培养合作能力：DIS 实验往往需要学生分组合作完成，这有助于培养学生的团队合作精神和沟通能力。④培养观察能力：DIS 实验可以实时记录实验数据并生成图表，有助于学生观察和分析实验现象，提高观察能力。⑤培养思维能力：DIS 实验要求学生运用所学知识分析实验数据并得出结论，有助于培养学生的逻辑思维能力和创新能力。然而，值得注意的是，虽然大部分教师认为 DIS 实验在培养学生能力方面具有优势，但也有部分教师持保留意见。学生普遍认为，传统实验在教学过程中的价值同样不可忽视。两种实验方式各具优势，应当相互融合、相辅相成，以更好地发挥其在教学中的积极作用。

由此可见，本次调查结果显示大部分高中物理教师对于 DIS 实验与传统实验的关系持有理性的看法，认为二者之间可以实现相互融合，从而实现优势互补的效果，教师普遍认同 DIS 实验在培养学生能力方面的显著优势，尤其是在提高学习兴趣、培养探究能力和合作能力方面。

5.DIS 实验配置结果分析

在当今教育环境中，DIS 已成为科学教育领域的一股新兴力量。DIS 实验以其独特的优势，如精确的数据采集、实时的数据分析和丰富的互动体验，为学生提供了全新的学习方式。然而，尽管 DIS 实验具有诸多优点，其在学校中的普及程度却参差不齐。为了深入了解这一现象，研究小组对教师任教学校的 DIS 实验资源配备情况进行了广泛的调查。

表 5-7 的调查结果显示，仅有 24 名教师所在学校配置了专门的 DIS 实验室，占总调查人数的 17.02%。这表明 DIS 实验在这些教师所在学校中得到了较好的应用和推广。然而，也有 28 名教师所在学校采取了 DIS 实验与传统实验共存的模式，占总调查人数的 25.53%。这种共存模式可能是学校对 DIS 实验的一种尝试和探索，也可能是因为学校资源有限，无法全面推广 DIS 实验。

表 5-7　被调查教师所在学校的 DIS 实验配置情况一览表

问题	选项	回答人数	占比 %
所在学校 DIS 实验室配置情况	全部配备 DIS 实验	24	17.05
	与传统实验室共存	36	25.53
	尚无 DIS 实验室	81	57.42

令人遗憾的是，仍有 81 名教师所在学校没有配置 DIS 实验资源，占总调查人数的 57.42%。这一信息揭示了教育资源分配不均的问题，也让研究小组看到了教育公平面临的挑战。DIS 实验作为现代化教育装备的重要组成部分，其缺失无疑会影响学生的学习体验和科学探究能力。

教育装备不仅是学校办学的基础保障，更是推动教育公平的重要工具。经过深入调查发现，当前仅有 42.58% 的学校配备了 DIS 实验资源，而高达 57.52% 的学校尚未配备。这种资源配置的不均衡现象，不仅可能使学生对于 DIS 实验的认知程度受到局限，更可能在一定程度上制约了学生科学素养和创新能力的培育与发展。

为了改善这一状况，需要加大对 DIS 实验的宣传和推广力度，让更多的学校和教师了解其优势和价值。政府和教育部门也应加大对教育装备的投入，确保每一所学校都能拥有先进的实验设备和资源。此外，学校之间可以加强合作与交流，共享 DIS 实验资源，提高资源利用效率。

由此可见，DIS 实验资源的配备情况反映了当前教育资源的差异和公平性问题。为了促进教育的均衡发展，需要关注并改善这一现象，让每一个学生都能享受到优质的教育资源。通过加大对 DIS 实验的宣传和推广力度、增加教育装备投入以及加强学校间的合作与交流，研究小组逐步缩小教育资源差距，为培养更多具有科学素养和创新能力的优秀人才创造良好条件。

在上述调研的基础上对配置了 DIS 实验室学校的 60 名教师进行了详尽且深入的调查工作，旨在全面而准确地了解 DIS 实验在教学实践中的实际运用现状及效果。通过分析表 5-8 所示的详细数据，获得了关于 DIS 实验在教学中的使用情况及其影响的全面认识。

表 5-8　DIS 实验在学校的实际应用情况一览表

问题	选项	回答人数	占比 %
DIS 实验教学方法	教师演示，学生观看	14	23.33
	先讲原理，生再实验	25	41.67
	边做实验，边讲原理	21	35.00
	其他	0	0.00
教材中 DIS 实验的完成方式	DIS 实验	17	28.33
	结合传统实验改进	15	25.00
	实验视频	19	31.67
	其他	9	15.00
课堂 DIS 实验使用时间	0~5min	18	30.00
	6~10min	26	43.33
	11~15min	11	18.33
	16~20min	5	8.34
	> 20min	0	0.00
DIS 实验数据是否引导学生采用多种处理方法	没有	16	26.66
	偶尔	35	58.33
	经常	9	15.01

续表：

问题	选项	回答人数	占比 %
DIS 实验教学成效	非常不好	0	0.00
	不好	0	0.00
	一般	23	38.33
	比较好	28	46.66
	非常好	9	15.01
学生课外时间是否开展 DIS 实验	没有	42	70.00
	有	18	30.00
学校 DIS 实验实验培训	经常开展	8	13.33
	偶尔开展	28	46.66
	没有开展	24	40.01

首先，关注到教师在"DIS 实验教学方法"方面的情况。结果显示，23.33%的教师倾向于采用"教师演示，学生观看"的方式；41.67%的教师则选择"先讲原理，再实验"的方式；而 35.00%的教师倾向于"边做实验，边讲原理"的方式。这表明教师在使用 DIS 实验时，教学方法的选择呈现出多样化的特点。

其次，经过对教师"教材中 DIS 实验的完成方式"的深入调查，收集到以下统计数据：28.33%的教师选择通过 DIS 实验方式来完成教材中的相关实验；25%的教师则倾向于采用"结合传统实验改进"的方法；另有 31.67%的教师倾向于利用"实验视频"的方式来完成教材中的相关实验；还有 15%的教师选择了其他方法。这一数据结果表明，教师在完成 DIS 实验时，能够根据实际情况和需要，灵活选择并应用适合的方法。"这样的表述既准确又清晰。

在与教师的深入交流中，了解到实验教学在教学内容中的重要性以及教学时间充裕程度对于是否开展实验具有决定性的影响。在多数实际情况下，教师需要投入大量时间准备期中、期末等重要考试，导致教学时间相对紧张，因此，许多教师倾向于利用实验视频作为替代方案，以弥补无法进行真实实验的遗憾。

关于"课堂 DIS 实验使用时间"的调查数据显示，30.00%的教师将 DIS 实验时间控制在 5 分钟以内；43.33%的教师则在 6~10 分钟之间展开实验；18.33%的教师实验时间介于 11~15 分钟；另有 8.34%的教师实验时间长达 16~20 分钟；没有教师超过 21 分钟。这一数据揭示了一个显著现象，即八成以上的教师均将实验时间限定在 10 分钟以内，这很可能与教学时间的限制密切相关。

对于"DIS 实验数据是否引导学生采用多种处理方法"的探究结果显示，26.66% 的教师并未要求学生运用多种方法处理实验数据；58.33% 的教师只是偶尔提出此要求；仅有 15.01% 的教师经常强调此点。这反映出教师在培养学生实验数据处理能力方面的重视程度仍有待加强。通过文献研究和教师访谈，发现 DIS 实验的智能化问题成为讨论的焦点。部分教师担忧，DIS 实验的过度智能化可能不利于培养学生的数据计算、作图等技能，并可能使学生过度依赖计算机。相关调查结果表明多数教师均对 DIS 实验在培养学生数据处理能力方面的作用持保留态度。

然而，从"DIS 实验教学成效"的反馈来看，38.33% 的教师认为使用 DIS 实验的教学效果一般；46.66% 的教师认为其效果较好；另有 15.01% 的教师认为效果非常显著。这显示出大部分教师对 DIS 实验的教学效果持肯定态度。这种肯定可能源于 DIS 实验器材的便携性，使其能够方便地应用于课外探究性活动。然而，关于"学生课外时间是否开展 DIS 实验"的调查却揭示了一个令人担忧的现象：高达 70.00% 的教师反馈称，学生在课外时间并无机会使用 DIS 实验设备，这无疑限制了 DIS 实验在课外教学活动中的广泛应用。

在探讨实验室器材和课外实验问题时，通过访谈了解到，部分学校并未配备专职的物理实验员，这导致教师在使用实验室器材时需提前与实验室人员沟通并按时归还，这无疑增加了教师使用器材的难度。此外，当前教育环境下，学生主要以考试为导向，课外活动相对较少，且鲜有学生主动提出开展课外实验的想法。这反映出当前对课外实验活动的重视程度仍有待提升。

最后，调查"学校 DIS 实验培训"的情况。结果显示，40.01% 的教师表示学校从未开展过针对学生的 DIS 实验相关培训；46.66% 的学校只是偶尔进行此类培训；仅有 13.33% 的教师表示学校会经常进行此类培训。这一数据凸显出学校在 DIS 实验培训方面的不足，反映出学校对 DIS 实验教学的关注程度有待加强。这种不足可能导致教师在使用 DIS 实验时缺乏必要的技能和支持，进而影响教学效果和学生对实验的兴趣。

综上所述，本次调研发现，DIS 实验在教学中的使用现状呈现出多样化的特点但也存在一些问题和挑战。为了提高 DIS 实验在教学中的应用效果和质量，建议学校加强对教师的培训和支持以提高教师使用 DIS 实验的技能和信心；同时鼓励教师创新教学方法，结合传统实验和 DIS 实验的优势提高实验教学的效果和质量；此外还应加强课外实验活动的设置和开展以培养学生的实验兴趣和科学探究能力。

经过调查，高中物理教师对 DIS 实验的了解程度普遍较低，缺乏清晰和准确的认知。这可能与 DIS 实验在国内高中物理教学中的普及度不足有关。因此，当务之急是加强对高中物理教师的 DIS 实验培训，以提高学生对 DIS 实验的认知和应用能力。

在 DIS 实验与传统物理实验的关系上，大多数教师能保持理性和中立的态度。大多数教师认为实验和传统物理实验各有优势，应根据具体的教学内容和学生的需求来灵活选择。这种认识有助于教师在实际教学中充分发挥两种实验手段的长处，提升教学效果。

在培养学生能力方面，教师普遍认为，DIS 实验相较于传统物理实验，在激发学习兴趣、提升探究能力、促进合作交流和增强观察能力等方面更具优势。DIS 实验的直观性、生动性和互动性等特点，使其能更好地激发学生的学习热情和积极性，进而提升学生的实验探究能力和观察能力。

然而，在 DIS 实验资源配置方面，调查显示少数学校拥有完整 DIS 实验室，多数学校缺乏相关资源，这限制了 DIS 实验在高中物理教学中的应用。因此，建议学校加大对 DIS 实验资源的投入，建立完善的 DIS 实验室，为教师和学生提供良好的实验教学环境。

在教学过程中，教师主要采用随堂实验的形式进行 DIS 实验教学。这种教学方式能让学生在实验过程中直观地理解物理知识，提高实验教学效果。然而，调查结果显示，超过八成的教师开展 DIS 实验的时间在 10 分钟以内，这在一定程度上影响了实验教学效果。因此，建议教师在实际教学中适当延长 DIS 实验的时间，确保学生能充分参与实验过程，提高实验教学效果。

在数据处理能力培养上，教师较少要求学生采用多种方法处理数据。这可能是因为教师对数据处理方法的掌握不够熟练，或者担心过多的数据处理方法会增加学生的学习负担。然而，数据处理能力是科学实验中不可或缺的一部分。因此，教师应加强对数据处理方法的教学和训练，以提高学生的数据处理能力。

在教学效果方面，教师对 DIS 实验的评价积极。多数教师认为其教学效果良好。这进一步证明了 DIS 实验在培养学生能力方面的优势。

在教材中 DIS 实验的应用情况方面，部分教师使用 DIS 实验装置，部分结合 DIS 和传统器材，多数则通过 DIS 实验视频教学。这种多样化的应用方式有助于充分发挥 DIS 实验在教学中的优势，提高教学效果。

然而，由于部分学校缺乏 DIS 实验资源，一些教师无法顺利开展 DIS 实验。因此，再次强调，学校应加大对 DIS 实验资源的投入，确保教师能顺利开展 DIS 实验教学。

此外，在培训方面，学校对教师的 DIS 实验培训严重不足。这可能是因为学校对 DIS 实验的重视程度不够，或者缺乏专业的培训师资。因此，建议学校加强对教师的 DIS 实验培训，提高学生的 DIS 实验应用能力。教育部门也可以组织专门的 DIS 实验培训活动，邀请专家进行授课和指导，为教师提供更多的学习机会。

教育实验装备展需要设有实验讲解员，教师可直接观看、使用 DIS 实验，有效获取相关知识。然而，调查结果显示，很少有教师通过这一途径了解 DIS 实验。因此，建议学校和教育部门加大对教育实验装备展的宣传力度，让更多的教师了解并参与其中。也可以利用其他渠道如网络、专业期刊等向教师传递 DIS 实验的相关知识和技术动态。

综上所述，当前高中物理教师对 DIS 实验的认知和应用情况存在一定的问题。为了更好地发挥 DIS 实验在培养学生能力方面的优势，提高高中物理教学质量，需要采取一系列措施，包括加强对教师的培训和指导、加大对 DIS 实验资源的投入和宣传力度等，才能为教师和学生提供更好的实验教学环境和学习机会。

四、影响因素

（一）教师应用 DIS 的影响因素框架

在上述调查研究中，发现教师偶尔会使用 DIS 实验来开展教学活动。为了更深入地了解这一现象，进一步开展了研究，为深入剖析影响 DIS 实验应用的关键因素，进而为推动 DIS 实验的广泛推广与普及提供策略支持，并助力物理课堂的改革与发展，本研究在综合考量李丽芳、刘京宜、李凤、程杜新、蒋永贵等诸位学者研究成果的基础上，从社会、学校及教师三个维度进行了系统的探讨与分析。教师 DIS 实验应用影响因素指标体系如表 5-9 所示。

表 5-9　教师 DIS 实验应用影响因素指标体系一览表

一级指标	二级指标	三级指标
社会	新课标	认知水平
	教材	实验内容设计
学校	教师	同校教师影响
	学生	班级人数、实验熟悉情况
	学校	实验室资源配置、对实验教学关注度
教师	现有认知	对 DIS 实验的了解、关注、喜爱
	教育理念	DIS 实验教学的必要性与重要性
	实验教学技能	操作能力、设计能力、继续学习意愿
	实验动机	提成绩、降难度、减时间、提升数据分析精度和速度

首先，从社会层面来看，新课标和教材是影响教师应用 DIS 实验的重要因素。新课标的制定和教材的编写，往往决定了教师的教学方法和教学内容。如果新课标和教材中明确提出了 DIS 实验的要求，或者将 DIS 实验作为重要的教学内容，那么教师就会更加倾向于使用 DIS 实验进行教学。

其次，从学校层面来看，学校的教学环境、教学设施、教学资源以及教育理念等因素也会影响教师应用 DIS 实验的情况。例如，如果学校拥有先进的实验室和充足的实验器材，那么教师就更容易开展 DIS 实验。如果学校重视实验教学，鼓励教师使用 DIS 实验进行教学，那么教师也会更加愿意尝试使用 DIS 实验。

最后，从教师层面来看，教师的教育理念、实验教学能力、使用动机以及对 DIS 实验的现有认知等因素也会影响其应用 DIS 实验的情况。如果教师持有先进的教育理念，重视实验教学，具备较高的实验教学能力，那么教师就更有可能使用 DIS 实验进行教学。如果教师对 DIS 实验有深入的了解和认识，明白其优势和价值，那么教师也会更加倾向于使用 DIS 实验进行教学。

综上所述，影响教师应用 DIS 实验的因素是多方面的，包括社会、学校和教师三个层面。为了促进 DIS 实验的推广和普及，需要从多个层面入手，提高教师的实验教学能力，加强 DIS 实验的教学资源建设，推动学校的教学改革，以及完善新课标和教材编写等方面的工作，才能更好地发挥 DIS 实验在物理教学中的作用，推动物理课堂变革，提高学生的学习效果。

在具体实践中，研究小组通过以下几个方面来推动 DIS 实验的应用：

一是加强教师培训。针对教师的实验教学能力不足的问题，研究小组开展针对性的培训活动，提高教师的实验教学能力和对 DIS 实验的认知水平。通过培训，让教师了解 DIS 实验的原理、操作方法和教学价值，掌握 DIS 实验的教学方法和技巧，提高教师应用 DIS 实验进行教学的信心和能力。

二是完善实验教学资源。学校应加大对实验教学资源的投入，购置先进的实验器材和设备，建设完善的实验室，为教师开展 DIS 实验提供必要的条件。学校与相关企业合作，共同开发适合教学使用的 DIS 实验器材和软件，提高实验教学的趣味性和实用性。

三是推动学校教学改革。学校应转变传统的教学观念，重视实验教学在培养学生科学素养和实践能力方面的重要作用。通过制定相关政策和措施，鼓励教师使用 DIS 实验进行教学，推动物理课堂的变革和创新。

四是完善新课标和教材编写。新课标和教材是教学的重要指导文件，应明确提出 DIS 实验的教学要求和内容。在编写教材时，应注重 DIS 实验的应用和实践，将 DIS 实验作为重要的教学内容进行呈现，为教师开展 DIS 实验提供有力的支持和指导。

通过以上几个方面的努力，相信可以推动 DIS 实验在物理教学中的广泛应用，促进物理课堂的变革和创新，提高学生的科学素养和实践能力，为培养更多的优秀人才做出贡献。

（二）不同影响因素相关性分析

本节旨在全面而深入地剖析影响 DIS 实验应用效果的多重因素，从社会、学校、教师三个层面进行系统的考察与分析。通通过相关性分析可深入探究各变量之间的内在联系及紧密程度，并能利用相关系数这一量化指标来精确衡量变量间关联性的强弱。在本研究中，采用了皮尔逊相关系数作为核心分析工具，该系数取值为 $-1\sim1$，其绝对值的大小能够直观反映变量间关联性的强弱程度。表 5–10 详细列出了相关系数值及其所代表的变量间关联程度的具体对应关系，为后续的深入分析与讨论提供了有力的数据支持。

表 5-10　相关系数范围及其大小

相关系数范围	变量关联性
1.00	完全相关
0.70~0.99	高度相关
0.40~0.69	中度相关
0.10~0.39	低度相关
< 0.10	微弱或无相关

　　在进行 SPSS 软件的相关性分析之前，首要且关键的步骤是检验变量间的相关系数是否具有显著性。这一步骤的重要性不言而喻，因为只有确定了变量间存在显著的相关关系，才能进一步探讨它们之间的具体联系和影响机制。

　　具体来说，可采用问卷调查的方式，针对社会、教师及学校三个维度设计一系列问题，收集相关的数据和信息。通过对这些数据的统计分析，得到变量间的相关系数。

　　若变量间的相关系数呈现出显著性，即意味着这些变量之间存在某种程度的相关关系。这种相关关系可能是正相关，也可能是负相关，具体取决于相关系数的正负值。例如，社会支持度与 DIS 实验应用的普及程度可能呈现出正相关关系，即社会支持度越高，DIS 实验应用的普及程度也越高。相反，教师使用 DIS 实验的经验与学生的学习效果可能呈现出负相关关系，即教师使用 DIS 实验的经验越少，学生的学习效果反而越好。

　　然而，若变量间的相关系数不显著，则这些变量间无显著相关关系。这并不意味着这些变量之间完全没有关系，而是说它们之间的关系可能受到了其他因素的影响，或者它们之间的关系并不明显，需要进一步的研究和分析。表 5-11 详细展示了具体的调查量表检验结果。通过表格，研究小组可以清晰地看到各个变量之间的相关系数、显著性水平以及相关的统计指标。这些数据提供了宝贵的参考信息，有助于更深入地理解 DIS 实验应用的影响因素及其相互之间的关系。

表 5-11　调查量表相关性检验结果

DIS 实验应用的影响因素	r	Sig.（双尾）
对高中物理新课标的理解程度	0.256**	0.006
教材编写 DIS 实验使得我开展 DIS 实验	0.418**	0.000
DIS 物理实验了解情况	0.241*	0.012
DIS 物理实验关注度	0.362**	0.000
实验喜好程度	0.562**	0.000
DIS 实验对高中物理有着十分重要的作用	0.591**	0.000
DIS 实验对物理教学使用十分必要	0.651**	0.000
愿意深入学习 DIS 实验使用方法	0.561**	0.000
熟练掌握 DIS 实验时的使用意愿更强	0.492**	0.000
能设计更有效的 DIS 实验案例时的使用意愿更强	0.393**	0.000
应用 DIS 实验能提升学习成绩时的使用意愿更强	0.591**	0.000
应用 DIS 实验能降低实验操作难度时的使用意愿更强	0.533**	0.000
应用 DIS 实验能快速处理和分析实验数据是我主要使用的原因	0.401**	0.000
DIS 实验能缩短实验教学时间是我主要使用的原因	0.491**	0.000
本校其他教师采用 DIS 促使我采用 DIS	0.374**	0.000
应用 DIS 实验的根本因素是班级人数	0.261**	0.005
应用 DIS 实验的根本因素是学生熟练实验器材	0.187*	0.047
应用 DIS 实验的根本因素是学校配备了实验资源	0.375**	0.000
应用 DIS 实验的根本因素是学校对实验教学的关注度	0.427**	0.000

注：** 表示 0.01 级别双尾时的相关性显著；* 表示 0.05 级别双尾时的相关性显著；r 代表皮尔逊相关性；Sig. 代表显著性。

1. 问卷赋分设计

在进行 DIS 实验应用影响因素的相关分析之前，为确保分析结果的精准性，必须对问卷数据进行严谨的量化处理，进而计算出影响 DIS 实验应用的总得分。以下是详细的操作流程。

首先，根据表 5–11 中列出的三级指标，逐项对问卷中的每一道题目进行得分统计。接着，将每位教师针对每道题的得分进行累加，从而得出每位教师的总分。以"教材中编选 DIS 实验是我开展 DIS 实验的主要原因"这一题目为例，为每个选项分配了相应的分值：A 选项"非常不赞同"得 1 分，B 选项"不赞同"得 2 分，C 选项"一般"得 3 分，D 选项"比较赞同"得 4 分，E 选项"非常赞同"得 5 分。若某位教师选择了 C 选项，则其在该题目上的得分为 3 分。以此类推，将对每位教师在问卷上的所有回答进行赋值并累加得分，进而得出在社会、教师和学校三个维度上的总分。

最后，将这三个维度的总分进行汇总，得出影响 DIS 实验应用的总得分。得分越高，意味着问卷中列举的各因素对 DIS 实验应用的影响程度越大。

完成问卷数据的量化处理后，运用 SPSS 26.0 软件进行深入的数据分析，以探究各因素与 DIS 实验应用总分之间的相关性，从而提供更准确、更有价值的分析结果。

2. 社会层面

经过对数据的深入分析，表 5–12 详尽地呈现了社会层面与 DIS 实验应用之间的关联性。根据表中所示数据，社会层面对 DIS 实验应用的显著性 P 值达到了 0.000，这一统计结果充分表明社会层面与 DIS 实验应用之间存在显著的相关性。同时，皮尔逊相关系数值为 0.494，该值位于 0.4~0.69 范围内，进一步证实社会层面的影响与 DIS 实验应用之间存在中等强度的相关关系。这一发现对于理解两者之间的关系以及可能的互动机制具有重要意义。

表 5–12　社会层面与 DIS 实验应用之间的相关性

	r	Sig.（双尾）	个案数
社会层面	0.494**	0.000	141

DIS 实验是现代科技与教育结合的产物，旨在通过技术手段提高学生的学习效果和实验能力。然而，在实际应用中，DIS 实验的应用受到多种因素的影响。社会层面主要从《普通高中物理课程标准（2017 年版 2020 年修订）》和教材两个方面，深入探讨社会层面对 DIS 实验应用的影响因素。高中物理新课标作为指

导物理教学的纲领性文件，对 DIS 实验的应用具有重要影响。新课标强调了学生的主体地位和科学探究能力的培养，提倡使用现代科技手段辅助教学。然而，从表 5-13 所示的教师对高中物理新课标的了解程度调查统计结果来看，仅有 3.56% 的教师对高中物理新课标有深入的了解和研究，大部分教师（57.44%）对高中物理新课标的了解程度一般。这表明教师在日常教学中对高中物理新课标的重视程度不够，缺乏对高中物理新课标深入学习和研究。

表 5-13　教师对高中物理新课标的了解程度调查统计结果

问题	选项	回答人数	占比 %
教师对高中物理新课标的了解情况	不了解	1	0.71
	了解一点	23	16.31
	了解	81	57.44
	比较了解	31	21.98
	了解并有研究	5	3.56

根据表 5-14 所展示的调查数据，教材中关于 DIS 实验内容的编排对其在教学实践中的应用影响如下：仅有 0.71% 的教师明确表示非常不赞同这一编排方式会对其开展 DIS 实验产生影响；而持不赞同态度的教师占比为 16.31%；另有 57.44% 的教师认为影响程度一般；此外，21.98% 的教师表示比较赞同这一编排对其教学具有积极影响；最后，3.56% 的教师非常赞同教材 DIS 实验内容的编排有助于其在教学中更好地实施 DIS 实验。

表 5-14　教师对高中物理新课标的了解程度调查统计结果

问题	选项	回答人数	占比 %
教材 DIS 实验内容设计对 DIS 实验应用有很大影响	非常不赞同	1	0.71
	不赞同	23	16.31
	一般	81	57.44
	比较赞同	31	21.98
	非常赞同	5	3.56

由此可见，教材实验内容的设置确实在一定程度上影响了教师的选择和教学

决策。教材内容在编排上体现了时代性和前沿性，对于拓宽师生教育视野、推动教育教学改革具有积极的促进作用。因此，教材编写者应当充分考虑教师的实际需求和教学实践的特点，科学合理地编排实验内容，以促进 DIS 实验在物理教学中的广泛应用和深入发展。

2. 学校层面

学校层面也是影响 DIS 实验应用的重要因素。学校的办学理念、教学资源、教学设施、师资力量等都会对 DIS 实验的应用产生影响。例如，教学资源丰富的学校可能更容易引入 DIS 实验，而教学设施落后的学校则可能面临更多的困难。此外，学校的师资力量也是关键因素。教师的教育理念、教学技能、对 DIS 实验的认知和态度等都会直接影响 DIS 实验的应用效果。DIS 实验作为一种新型的教学工具，已经在许多学校得到了应用。为了深入了解学校层面对 DIS 实验应用的影响，本研究进行了一系列的分析和调查。

首先，从学校层面与 DIS 实验应用的相关性分析来看，得到表 5-15 所示的结果。结果显示两者在 0.01 水平上相关性显著，皮尔逊相关系数值为 0.683，属于中等程度相关。这表明学校层面的因素，如教育理念、教学设施、政策支持等，对 DIS 实验的应用具有一定的影响。

表 5-15　学校层面与 DIS 实验应用的相关性

	r	Sig.（双尾）	个案数
学校层面	0.683**	0.000	141

然而，具体到教师个体对 DIS 实验应用的态度和行为，又呈现出不同的特点。根据调查统计得到表 5-16 所示的结果，发现本校其他教师使用 DIS 实验对个体选择观点的影响程度呈现出明显的分布差异。其中，仅有极少数教师对此表示非常赞同，占比仅为 4.05%；而相对较多的教师持比较赞同的态度，占比达到14.18%；然而，大部分教师对此持中立或一般看法，占比高达 56.02%。不赞同和非常不赞同的教师分别占 16.31% 和 8.51%。这表明教师在选择是否使用 DIS 实验时，虽然会受到周围环境的影响，但更多的是根据自己的教学理念、教学方法和学生需求来决定。

表 5-16　同校其他教师对 DIS 实验应用的态度和行为的调查统计结果

问题	选项	回答人数	占比 %
同校其他教师认为 DIS 实验应用的影响较大	非常不赞同	12	8.51
	不赞同	23	16.31
	一般	79	56.02
	比较赞同	20	14.18
	非常赞同	7	4.98

此外，学校的实验资源及重视程度对 DIS 实验应用有显著影响。如表 5-17 所示，近六成教师认为学校实验资源配置直接影响学生实验活动。合理配置实验资源是确保教师顺利进行实验教学的前提，充足的器材条件有助于教师开展实验教学。因此，学校对实验的关注程度也会影响教师的实验教学开展情况。然而，从调查结果来看，仍有部分教师对学校的实验资源和关注程度表示不赞同或非常不赞同，这可能与学校实际情况有关，需要进一步深入研究。

表 5-17　学校实验资源和对实验教学的关注度对 DIS 实验应用产生影响

问题	选项	回答人数	占比 %
学校实验资源和对实验教学的关注度对 DIS 实验应用的影响较大	非常不赞同	3	2.12
	不赞同	11	7.80
	一般	45	31.91
	比较赞同	60	42.55
	非常赞同	22	15.62

除了上述因素，班级规模以及学生对 DIS 实验器材的操作熟练程度同样对 DIS 实验的应用具有显著影响。根据调查统计结果，如表 5-18 所示，有 8.51% 的教师坚决反对班级人数和学生对 DIS 实验器材的熟练程度会对学生利用 DIS 实验进行教学产生影响的观点。这部分教师可能认为，无论班级规模大小或学生技能水平如何，学生都能灵活运用 DIS 实验器材来提高学生的学习效果。学生可能拥有丰富的教学经验和技能，能应对各种教学挑战，因此不太受外界因素的干

扰。然而，也有 33.33% 的教师表达了与上述观点相反的态度，教师非常不赞同班级人数和学生对 DIS 实验器材的熟练程度会影响教学。这部分教师可能认为，DIS 实验器材是一种辅助教学的工具，其效果受到多种因素的影响，包括学生的个体差异、教学资源的分配以及教师自身的教学能力。因此，教师可能更倾向于根据具体情况调整教学策略，而不是过分依赖 DIS 实验器材。还有 34.75% 的教师认为班级人数和学生对 DIS 实验器材的熟练程度对教学的影响一般。这部分教师可能持有一种中立的观点，教师认为虽然这些因素会对教学产生一定的影响，但并不是决定性的因素。教师可能会根据实际情况灵活运用 DIS 实验器材，同时也注重其他教学方法的运用，以达到最佳的教学效果。

表 5-18　学校实验资源和对实验教学的关注度对 DIS 实验应用产生影响

问题	选项	回答人数	占比 %
班级人数和学生对 DIS 实验器材的熟练程度对 DIS 的应用影响较大	非常不赞同	12	8.51
	不赞同	47	33.33
	一般	49	34.75
	比较赞同	17	12.05
	非常赞同	16	11.36

此外，分别有 12.05% 和 11.36% 的教师，明确表示支持或非常支持班级规模以及学生对 DIS 实验器材的熟练程度会对学生使用 DIS 实验进行教学产生影响的观点。这部分教师可能认为，班级人数过多或学生对 DIS 实验器材不够熟练可能会导致教学效果不佳。因此，教师可能更倾向于在班级规模较小的或学生具备较好的技能水平的情况下使用 DIS 实验器材，以确保学生能充分理解和掌握相关知识。

综上所述，教师对于使用 DIS 实验器材开展教学的态度呈现出多样化的特点。不同教师对于班级人数和学生对 DIS 实验器材的熟练程度是否会影响教学的看法存在差异。这种差异可能源于教师的教学经验、教学风格以及教学环境等多种因素。因此，在实际教学中，教师应根据具体情况灵活运用 DIS 实验器材，并结合其他教学方法，以最大限度地提高教学效果。教育部门也应加强对教师的培训和支持，帮助学生更好地掌握和运用 DIS 实验器材，为学生提供更加优质的教育服务。

3. 教师层面

教师是影响 DIS 实验应用的关键因素，学生在 DIS 实验的应用过程中起着至关重要的作用。作为 DIS 实验的直接实施者，教师的教学理念、教学技能、对 DIS 实验的认知和态度等都会对 DIS 实验的应用产生深远的影响。

首先，教师的教学理念对 DIS 实验的应用至关重要。具有创新精神的教师往往更愿意尝试新的教学方式，包括使用 DIS 实验进行教学。教师敢于挑战传统的教学方式，积极探索数字化信息系统在实验教学中的潜力。相比之下，保守的教师可能更倾向于维持传统的教学方式，对 DIS 实验持谨慎或抵触的态度。这种教学理念上的差异会直接影响到 DIS 实验在教学中的应用程度和效果。

其次，教师的教学技能也是影响 DIS 实验应用效果的关键因素。只有具备足够教学技能的教师，才能充分发挥 DIS 实验的优势，实现教学效果的最大化。DIS 实验作为一种新型的教学方式，需要教师掌握一定的技术操作能力和教学设计能力。例如，教师需要熟悉 DIS 实验系统的操作，灵活运用各种实验工具，同时还需要具备将 DIS 实验与课程内容有效结合的能力，设计出符合学生认知特点的实验方案。

此外，教师对 DIS 实验的认知和态度也会影响其在教学中的应用。如果教师能深刻理解 DIS 实验的内涵和价值，认识到它在培养学生实践能力、创新能力和信息素养方面的重要作用，那么学生就更可能积极应用 DIS 实验进行教学。相反，如果教师对 DIS 实验的认知不足或存在误解，就可能会对其应用产生负面影响。

为了推动 DIS 实验在教学中的广泛应用，需要加强对教师的培训和引导。一方面，通过举办培训课程、研讨会等形式，提升教师的教学理念和技能水平，使学生更好地适应数字化信息系统实验教学的需求；另一方面，也通过制定相关政策、激励机制等，鼓励教师积极尝试使用 DIS 实验进行教学，为数字化信息系统实验教学的发展营造良好的环境。

首先，从统计数据来看，教师层面对 DIS 实验应用的影响在 0.01 级别上呈现出显著的相关性。这一结论是基于大量样本数据的统计分析得出的。具体来说，由表 5-19 可知，教师层面对 DIS 实验应用影响的显著性 P 值为 0.000，这意味着在统计学的意义上，教师层面的因素与 DIS 实验应用效果之间存在极强的关联。

表 5-19　教师层面与 DIS 实验应用的相关性

	r	Sig.（双尾）	个案数
教师层面	0.928**	0.000	141

由表 5-19 可知皮尔逊相关系数值高达 0.928，这一数值位于 0.7~0.99 的区间内。这一发现进一步证实了教师层面与 DIS 实验应用之间存在着显著且高强度的相关性。因此，教师在 DIS 实验应用过程中起着至关重要的作用，教师的教学理念、技能水平、使用态度等因素都会直接影响到 DIS 实验的教学效果。

那么，为什么教师层面对 DIS 实验应用的影响如此显著呢？这背后涉及多个方面的因素。首先，教师的教学理念直接影响着学生对 DIS 实验的认知和应用。如果教师能充分认识到 DIS 实验在培养学生科学素养、实践能力等方面的优势，就会更加积极地将其应用于教学中。其次，教师的技能水平也是影响 DIS 实验应用效果的重要因素。只有掌握了一定的信息化教学技能，教师才能更好地运用 DIS 实验进行教学，取得更好的教学效果。此外，教师的使用态度也是关键之一。如果教师能积极主动地学习和使用 DIS 实验，那么 DIS 实验的应用效果就会更加显著。

本研究通过调查教师对于 DIS 实验的认知情况和相关性分析，结果如表 5-20 所示，发现教师对 DIS 实验的认知程度与其应用影响之间的显著性 P 值为 0.000，这意味着两者之间存在显著的相关性。相关性系数为 0.474，位于 0.4~0.69 范围内，说明两者之间的相关性属于中等强度。这一结果提示，教师对于 DIS 实验的认知情况对其应用具有重要影响。

表 5-20　教师认识与 DIS 实验应用的相关性

	r	Sig.（双尾）	个案数
教师认知	0.474**	0.000	141

在探讨学校实验教学资源的配置对教师关注程度的影响时，采用独立样本 T 检验的方法进行了统计分析。这一方法的核心在于比较两组独立样本的平均值是否存在显著差异，推断出实验教学资源配置是否会影响教师的关注程度。以下是详细的检验过程及结果分析。

首先，表 5-21 中的 F 数值，即方差齐性检验的结果为 5.301，对应的 P 值为 0.023，小于 0.05 的显著性水平。这意味着研究小组拒绝原假设，即认为两组数据之间的方差是不相等的。然而，由于采用独立样本 T 检验，即使方差不等，只要达到显著性水平，仍可以继续分析 T 检验的结果。

表 5-21　实验室资源配置对 DIS 实验关注度的独立样本 t 检验

	F	p	t	自由度	Sig.（双尾）
假定等方差	5.301	0.023	-2.177	111	0.032
不假定等方差			-2.348	95.041	0.021

其次，"假定等方差"一行中的 t 值为 -2.177，对应的 Sig 值为 0.032，同样小于 0.05 的显著性水平。这表明两组样本的平均值存在显著差异。具体来说，配置了 DIS 实验资源的教师群体对 DIS 实验的关注程度（平均值）显著高于未配置 DIS 实验资源的教师群体。

由此可见，学校配置 DIS 实验资源可能为教师提供了更多的教学机会和实验条件，激发了学生对 DIS 实验的兴趣和关注。这种资源配置的差异可能导致教师在教学过程中的态度和行为发生变化。在配置了 DIS 实验资源的学校中，教师可能需要更多的专业知识和技能来充分利用这些资源。这种需求可能促使学生更加关注 DIS 实验，以提高自己的教学水平和满足学生的需求。DIS 实验作为一种创新的教学方式，可能有助于提高学生的学习效果和兴趣。教师在关注 DIS 实验的过程中，可能会发现其在教学中的潜力和优势，更加积极地应用和推广。因此，通过独立样本 T 检验的结果分析，得出以下结论：学校实验教学资源的配置确实会影响教师对其的关注程度。具体而言，配置了 DIS 实验资源的教师群体对 DIS 实验的关注程度显著高于未配置 DIS 实验资源的教师群体。这一结果对于优化实验教学资源配置、提高教师的教学质量以及促进学生学习效果的提升具有重要意义。

在高中物理教学中，DIS 实验作为一种新兴的教学工具和方法，在高中物理教学中具有广阔的应用前景。应充分利用其优势，发挥其在提高学生学习效果、培养学生科学素养等方面的积极作用。表 5-22 展示了这次调查的结果统计，揭示了教师对 DIS 实验的不同态度。其中，有 5.67% 的教师非常喜欢 DIS 实验，这些教师可能已经深刻体验到了 DIS 实验在教学中的优势，如提高实验效率、增加学生参与度等。教师对 DIS 实验持有非常积极的态度，愿意在课堂上大力推广和应用。有 38.29% 的教师比较喜欢 DIS 实验，这部分教师虽然对 DIS 实验的喜爱程度不如前者强烈，但仍然看到了 DIS 实验的一些潜在价值，教师可能正在尝试将 DIS 实验融入自己的教学中，或者正在探索如何更好地利用 DIS 实验来提升学生的学习效果。另外，有 56.04% 的教师对 DIS 实验的喜爱程度一般，这部分教师可能对 DIS 实验了解不够深入，或者对其在教学中的应用前景持保留态度。对于这部分教师，需要进一步加强 DIS 实验的宣传和培训，帮助教师更好地理解和应用 DIS 实验。值得注意的是，在所有受访的高中物理教师中，并没有教师表示对 DIS 实验持有不喜欢或非常不喜欢的态度。这一结果表明，尽管教师对 DIS 实验的认知程度相对较低，但并未因此而产生对 DIS 实验的排斥心理。这是一个积极的信号，说明 DIS 实验在高中物理教学中的推广和应用具有一定的可行性和潜力。

表 5-22　学校实验资源和对实验教学的关注度对 DIS 实验应用产生影响

问题	选项	回答人数	占比 %
教师对 DIS 喜欢程度	非常喜欢	8	5.67
	比较喜欢	54	38.29
	一般	79	56.04
	不喜欢	0	0.00
	非常不喜欢	0	0.00

在现代教育体系中，教师的教育理念对其教学实践有着至关重要的影响。而 DIS 实验，作为一种科学的教学方法，旨在帮助学生通过动手实践的方式深入理解和掌握科学知识。那么，教师的教育理念与 DIS 实验应用之间是否存在某种

关联呢？本研究调研后得到表 5-23 所示的数据，经过严谨的统计分析，教师教育理念与 DIS 实验应用之间的显著性 P 值达到了 0.000。这一显著性的数据结果，充分且有力地证明了教师的 DIS 实验教学理念与其在实际教学中的应用之间存在着极为显著的关联性，对深化教育教学改革、提升实验教学质量具有重要意义。

表 5-23　教育理念与 DIS 实验应用的相关性

	r	Sig.（双尾）	个案数
教育理念	0.727**	0.000	141

具体来说，这种关联在 0.01 级别上达到了显著性水平，这意味着研究小组有 99% 的把握认为，教师的教育理念与 DIS 实验应用的相关性显著。进一步观察表中的数据，研究小组看到皮尔逊相关系数值为 0.727。这个值位于 0.7~0.99 之间，说明教师的教育理念与 DIS 实验应用影响之间存在着高度的相关性。换句话说，教师的教育理念对其在实际教学中应用 DIS 实验的方式和程度有着直接且显著的影响。那么，为什么教师的教育理念会对其应用 DIS 实验的方式产生如此大的影响呢？这可能与教师的教育观念有关。持有积极、创新教育理念的教师，更可能倾向于尝试新的教学方法，如 DIS 实验，以激发学生的学习兴趣和创新能力。相反，那些持有保守或传统教育理念的教师，可能会对新的教学方法持怀疑态度，在实际教学中较少应用。此外，教师的教育理念还可能影响其对 DIS 实验的理解和应用方式。例如，一些教师可能认为 DIS 实验仅仅是一种辅助教学的工具，而另一些教师则可能将其视为培养学生科学素养和探究能力的重要途径。这种对 DIS 实验的不同理解，可能会导致教师在实际应用中产生不同的效果和影响。

因此，教师的教育理念与 DIS 实验教学应用存在显著的高度相关性。这种相关性不仅反映了教师的教育观念对其教学实践的影响，也揭示了教师在应用 DIS 实验时可能存在的不同理解和应用方式。因此，为了充分发挥 DIS 实验的教学优势，应重视教师的教育理念，鼓励其持有开放、创新的教育观念，并积极探索和实践新的教学方法。

为了研究 DIS 实验在教学中的重要性、必要性以及教师学习意识，并解析这些因素如何塑造教师教育理念，进行相关调研，得到表 5-24 所示的结果。首先，就 DIS 实验在教学中的重要程度对高中物理教师进行了调查，获得了关于 DIS 实验重要性的统计数据。仅有 9.97% 的教师不赞同 DIS 实验在高中物理教学中的重要性，而有 22.69% 的教师认为其重要性一般。相比之下，54.25% 的教师比较赞同 DIS 实验的重要性，甚至有 14.89% 的教师非常赞同其在高中物理教学中的价值。

表 5-24　DIS 实验在教学中的重要性

问题	选项	回答人数	占比 %
DIS 实验在教学中很重要	非常赞同	21	14.89
	比较赞同	74	52.48
	一般	32	22.69
	不赞同	14	9.97
	非常不赞同	0	0.00

这主要得益于 DIS 实验能帮助学生更直观地理解和掌握物理概念和原理，提高学生的学习兴趣和积极性。其次，DIS 实验能培养学生的实验能力和科学探究精神，提高学生的动手能力和解决问题的能力。最后，DIS 实验帮助学生建立科学的世界观和方法论，培养学生的科学素养和创新能力。除了重要程度外，DIS 实验的必要程度也是不容忽视的。新时代信息化教学已成为趋势。DIS 实验作为信息化教学的重要组成部分，对于提高高中物理教学质量和效率具有至关重要的作用。DIS 实验能为学生提供更加真实、生动的实验环境，帮助学生更好地理解和掌握物理知识。DIS 实验促进师生互动和生生互动，营造更加积极的学习氛围。然而，要实现 DIS 实验在教学中的最大价值，还需要教师的积极参与和不断学习。教师的学习意识对于 DIS 实验在教学中的应用和推广具有重要影响。只有具备学习意识的教师，才能不断更新自己的知识和技能，更好地应用 DIS 实验进行教学。因此，教师需要不断学习和探索 DIS 实验的新方法和新技术，以更好地满足学生的学习需求和提高教学质量。

表 5-25 展示了关于 DIS 实验在教学中使用必要性的调查结果。从数据中，研究小组看到，对于 DIS 实验在教学中的必要性，不同教师持有不同的看法。具

体来说，2.15% 的教师非常不赞同在教学中使用 DIS 实验，认为传统的教学方式已经足够，无需引入新的实验教学手段；而 4.25% 的教师则不赞同在教学中使用 DIS 实验，认为这些实验可能过于复杂，不适合所有学生，或者与教学内容关系不大。

中_____，而____ 22.69%，_____一般_____，_____，54.25%，_____ DIS_____，_____ 14.89% _____

表 5-25 DIS 实验在教学中应用的必要性

问题	选项	回答人数	占比 %
DIS 实验在教学中很有必要	非常赞同	16	11.34
	比较赞同	78	55.31
	一般	38	26.95
	不赞同	6	4.25
	非常不赞同	3	2.15

然而，有 26.95% 的教师认为 DIS 实验在教学中的必要性一般。这部分教师可能对于 DIS 实验持保留态度，或者对于其在教学中的具体作用和应用方式还不太了解。因此，对于这些教师，可通过更多的培训和介绍让其了解 DIS 实验的优点和应用方法，更好地发挥其在教学中的作用。

另外，有 55.31% 的教师比较赞同在教学中使用 DIS 实验。这部分教师认为，DIS 实验可以帮助学生更好地理解和掌握科学知识，提高学生的实验能力和科学素养。DIS 实验也可以丰富教学内容，激发学生的学习兴趣和积极性。

最后，有 11.34% 的教师非常赞同在教学中使用 DIS 实验。这些教师可能已经在自己的教学中广泛应用了 DIS 实验，并深刻体会到了其带来的好处，认为 DIS 实验能提升学习效果，培养创新精神和实践能力，所以这部分教师普遍认为在教学中使用 DIS 实验是必要的。

虽然仍有部分教师对于 DIS 实验持保留态度或者不太了解，但随着科学技术的不断发展和教育改革的深入推进，相信 DIS 实验将会在教育领域得到更广泛的应用和推广。

根据表 5-26 所展示的关于教师对于深入学习 DIS 实验意愿的调查数据，研究小组进行如下分析：在受调查的教师群体中，有 14.18% 的教师表达了非常强烈的意愿，希望深入学习 DIS 实验。这一比例显示出有一部分教师已经对 DIS 实验产生了浓厚的兴趣，并愿意投入时间和精力去深入研究。

表 5-26　教师 DIS 实验深入学习意愿的调查结果

问题	选项	回答人数	占比 %
	非常愿意	20	14.18
	比较愿意	90	63.84
愿意深入学习 DIS 实验	一般	31	21.98
	不愿意	0	0
	非常不愿意	0	0

另外，有 63.84% 的教师表示学生比较愿意学习 DIS 实验。这一占比较大的群体进一步证明了 DIS 实验在教育领域具有广泛的接受度和潜在的应用价值。学生的积极态度为 DIS 实验在教育实践中的推广和应用提供了有力的支持。

值得注意的是，有 21.98% 的教师持一般态度，对于深入学习 DIS 实验的意愿并不强烈。这可能是由于学生对 DIS 实验的了解还不够深入，或者对其效果和应用前景存在疑虑。然而，令人欣慰的是，这一群体中并没有教师表示不愿意学习 DIS 实验，说明 DIS 实验仍具有一定的吸引力和潜力。大部分教师是愿意深入学习 DIS 实验的。这一积极反馈为 DIS 实验在教育领域的进一步推广和应用提供了有力的依据。因此，应为教师提供更多接触、了解和学习 DIS 实验的机会，帮助学生更好地掌握这一教学方法，并鼓励将其应用于实际教学中，以提升教学质量，激发学生的学习兴趣和积极性。

高中物理教学中，实验教学能力至关重要。这包括教师的实验技能和实验教学技能。实验技能涉及实验操作、数据处理和研制能力；实验教学技能则涵盖实验设计和组织学生实验的能力。这些技能不仅关系到教师能否顺利进行实验，还直接影响着学生的学习效果。为了探讨实验教学能力与 DIS 实验应用之间的关系，本研究对教师的实验教学能力进行了深入的调查和分析，收集数据并运用统计学方法，发现实验教学能力与 DIS 实验应用之间存在显著相关性。从表 5-27 可知，显著性 P 值为 0.000，显示两者关系非常显著。皮尔逊相关系数值为 0.500，表明两者存在中等程度的相关。因此，教师的实验教学能力对教学中选择使用 DIS 实验有一定影响。

表 5-27　实验教学能力与 DIS 实验应用的相关性

	r	Sig.（双尾）	个案数
实验教学能力	0.500**	0.000	141

那么，这种相关性具体体现在哪些方面呢？首先，实验教学能力强的教师通常能更好地理解和运用 DIS 实验，将其与教学内容紧密结合，提高实验教学效果。其次，实验教学能力强的教师更有可能在实验教学中引入 DIS 实验，利用其优势创新实验教学方法，激发学生的学习兴趣和积极性。最后，实验教学能力强的教师在使用 DIS 实验时，能更好地指导学生进行实验，帮助学生理解和掌握实验知识，提高学生的实验技能。

由此可见，实验教学能力与 DIS 实验应用之间存在着显著的相关性。教师的实验教学能力影响其在教学中选择使用 DIS 实验。因此，为了提高高中物理实验教学的效果和质量，应重视实验教学能力的培养和提升，同时积极推广和应用 DIS 实验技术，为高中物理实验教学注入新的活力和动力。

表 5-28 详细揭示了教师实验教学能力对 DIS 实验应用的影响情况，提供了

表 5-28　实验教学能力对 DIS 实验应用影响的调查结果

问题	选项	回答人数	占比 %
实验操作能力对 DIS 实验应用的影响	非常赞同	9	6.38
	比较赞同	31	21.98
	一般	74	52.48
	不赞同	21	14.89
	非常不赞同	6	4.27
实验案例设计能力对 DIS 实验应用的影响	非常赞同	3	2.12
	比较赞同	24	17.02
	一般	83	58.86
	不赞同	24	17.02
	非常不赞同	7	4.98

一个关于 DIS 实验在教学实践中的现状与问题的深入洞察。DIS 实验是近年来教育技术发展的产物，它通过引入传感器等现代科技设备，实现了实验数据的实时采集与处理，极大地提高了实验教学的效率与质量。然而，这一技术的应用与推广并非一帆风顺，教师的实验教学能力成为其中的关键因素。

实验教学操作能力是教师实验教学能力的重要组成部分。在 DIS 实验操作中，教师的熟练程度直接影响到实验的效果与效率。调查结果显示，大部分教师（52.49%）认为 DIS 实验的操作熟练程度对其在教学中的应用影响一般，这说明当前教师在 DIS 实验操作方面的能力还有待提高。有 21.98% 的教师比较赞同操作熟练程度会影响 DIS 实验的应用，6.38% 的教师则非常赞同这一观点，这表明部分教师已经认识到实验教学操作能力对 DIS 实验应用的重要性。

实验教学案例设计能力是教师实验教学能力的另一重要方面。一个优秀的实验教学案例能激发学生的学习兴趣，提高实验教学的效果。调查数据显示，超过半数的教师（58.86%）认为设计出有效的 DIS 实验案例对 DIS 实验的应用影响一般，这表明当前教师在实验教学案例设计方面的能力还有提升空间。有 17.08% 的教师比较赞同这一观点，2.12% 的教师则非常赞同，这说明部分教师已经意识到实验教学案例设计能力对 DIS 实验应用的重要性。

通过访谈，进一步了解到教师对 DIS 实验与传统实验的认识与看法。教师普遍认为，DIS 实验与传统实验的主要区别在于将传统测量仪器替换为传感器，这使得实验数据的采集与处理更加便捷、准确。然而，在实验设计方面，DIS 实验与传统实验并无显著差异，因此可以沿用以前的设计方法进行实验。这一认识有助于更好地理解 DIS 实验在教学中的应用与推广。

然而，在实验操作上，教师面临的问题是缺乏专用 DIS 实验室。由于学校电脑关机后需重装 DIS 软件，安装过程中易出问题，这在一定程度上影响了 DIS 实验的使用频率。这一问题的存在不仅影响了 DIS 实验的教学效果，也制约了教师在实验教学操作能力方面的提升。因此，解决 DIS 实验室的建设与维护问题成为推广 DIS 实验应用的关键。

表 5-29 是教师使用动机与 DIS 实验应用之间的相关分析结果，提供了一个清晰的视角来探讨这两者之间的内在联系。从表中数据可以看出，教师使用 DIS 实验的动机与 DIS 实验的应用在 0.01 级别上呈现出了显著的相关性，其显著性

P 值达到了极低的 0.000，这足以证明两者之间存在紧密的联系。

表 5-29　使用动机与 DIS 实验应用的相关性

	r	Sig.（双尾）	个案数
使用动机	0.655**	0.000	141

进一步观察表中的数据，研究小组看到皮尔逊相关系数值为 0.655，该值落在 0.40~0.69，属于中等偏强的正相关。这意味着教师开展 DIS 实验教学的动机对其在教学中使用 DIS 实验具有一定程度的影响，且这种影响相对显著。

具体来说，提高学生学业成绩和充分利用 DIS 实验的优点是教师使用 DIS 实验的主要动机。在当前教育背景下，提高学生的学业成绩一直是教师关注的重点。而 DIS 实验作为一种新型的实验教学方式，其独特的优势恰好能满足这一需求。与传统的实验方式相比，DIS 实验在降低实验操作难度、快速处理实验数据以及缩短实验完成时间方面具有明显的优势。这些优势不仅减轻了教师的教学负担，还有助于提高学生的学习兴趣和效率，进一步推动学生学业成绩的提升。

此外，DIS 实验还具有高度的灵活性和可扩展性，教师根据教学需要自由组合实验模块，设计符合教学目标的实验方案。这种个性化的教学方式有助于激发学生的学习兴趣和创造力，培养学生的实验能力和科学素养。因此，充分利用 DIS 实验的优点也成了教师使用 DIS 实验的重要动机之一。

因此，表 5-29 所展示的相关分析结果揭示了教师使用动机与 DIS 实验应用之间的内在联系。在当前教育背景下，DIS 实验以其独特的优势成为教师实验教学的重要工具之一。而教师的使用动机则主要集中在提高学生学业成绩和充分利用 DIS 实验的优点上。这种以提高学生学业成绩和充分利用 DIS 实验优点为主要动机的教学方式，有助于推动学生实验能力和科学素养的提升，为学生的全面发展奠定坚实的基础。

提高学生学业成绩和充分利用 DIS 实验的优点是教师的 DIS 实验应用动机。其中，教师倾向于使用 DIS 实验，其动机在于其能提高学生学业成绩并带来一系列显著优势。本研究将从多个角度深入探讨 DIS 实验的应用动机及其对学生学业成绩的影响。

首先，从 DIS 实验相较于传统实验的优势谈起。DIS 实验通过信息化技术降低了实验操作难度，减少了学生对复杂仪器设备的依赖；此外，DIS 实验能快速处理数据，大幅缩短了实验周期。这种优势使学生能在有限的时间内观察到更多的实验现象，加深对物理原理的理解。

表 5–30 的调查结果揭示了"提高学生学业成绩是教师应用 DIS 实验的动机"的分布情况。从数据可以看出，9.21% 的教师非常赞同 DIS 实验能提高学生学业成绩，48.93% 的教师表示比较赞同，而 36.87% 的教师持中立观点。仅 3.54% 和 1.45% 的教师分别表示不赞同和非常不赞同。这一结果表明，大多数教师认为 DIS 实验的应用有助于提高学生的学业成绩。

表 5–30　实验教学能力对 DIS 实验应用影响的调查结果

问题	选项	回答人数	占比 %
提高学生学业成绩是教师应用 DIS 实验的动机	非常赞同	13	9.21
	比较赞同	69	48.93
	一般	52	36.87
	不赞同	5	3.54
	非常不赞同	2	1.45

那么，DIS 实验是如何帮助学生提高学业成绩的呢？首先，DIS 实验的应用能减少学生在实验过程中对数据记录的需求。传统实验中，学生需要花费大量时间和精力记录数据，而 DIS 实验则通过信息化设备自动记录数据，使学生能将更多的精力聚焦于观察实验现象及数据处理方法。这使得学生有更多的机会深入分析和理解实验原理，对物理知识有更扎实的掌握。其次，DIS 实验有助于培养学生的实验能力和科学素养。通过 DIS 实验，学生在实际操作中掌握科学研究的基本方法，如观察、假设、实验、分析和解释等。这些能力的培养不仅有助于提高学生的学业成绩，也为学生未来的科学研究奠定基础。再者，DIS 实验有助于激发学生的学习兴趣和动力。相较于传统实验，DIS 实验具有更高的趣味性和互动性，能吸引学生的注意力，激发学生对物理学的兴趣。当学生对所学内容产生浓厚兴趣时，学生的学习动力和积极性会大大提高，取得更好的学业成绩。

由此可见，DIS 实验的应用能降低实验操作难度、加速数据处理、缩短实验周期，有助于提高学生的学业成绩。此外，DIS 实验能培养学生的实验能力和科学素养，激发学生的学习兴趣和动力。因此，教师表现出对 DIS 实验的高度认可和积极使用的意愿。

表 5-31 详细呈现了"DIS 实验优势与教师使用动机的关系"。通过剖析 DIS 实验在快速处理实验数据、降低实验操作难度以及减少实验完成时间三方面的突出优势，进一步探讨了这些优势如何激发教师的使用动机。

表 5-31 "实验优势与教师使用动机的关系"调查结果一览表

子问题	选项	回答人数	占比 %
快速处理实验数据	非常赞同	31	21.98
	比较赞同	72	51.06
	一般	27	19.14
	不赞同	6	4.25
	非常不赞同	5	3.57
降低实验操作难度	非常赞同	17	12.05
	比较赞同	64	45.39
	一般	41	29.07
	不赞同	16	11.34
	非常不赞同	3	2.15
减少实验完成时间	非常赞同	21	14.89
	比较赞同	67	47.51
	一般	40	28.36
	不赞同	10	7.09
	非常不赞同	3	2.15

在快速处理实验数据方面，调研结果呈现出多样化的态度。具体而言，有 3.57% 的教师对此优势表示强烈的不赞同，认为 DIS 实验在数据处理方面并未带来明显的改善。4.25% 的教师也表示不赞同，认为 DIS 实验在数据处理方面仍有待提升。然而，19.14% 的教师认为其效果一般，认为 DIS 实验在数据处理方面的优势并不明显。相比之下，51.06% 的教师则表示比较赞同，认为 DIS 实验在

数据处理方面的优势是有目共睹的。更有 21.98% 的教师对此优势非常赞同，认为 DIS 实验极大地提高了数据处理的效率和准确性。

在降低实验操作难度方面，调研数据同样呈现出多样化的反馈。具体而言，2.15% 的教师非常不赞同 DIS 实验能降低实验操作难度的观点，认为 DIS 实验在实验操作上并未带来显著的简化。11.34% 的教师也持不赞同态度，认为实验操作难度仍然较高。29.07% 的教师认为其效果一般，认为 DIS 实验在实验操作上虽然有所改进，但仍有待进一步优化。然而，45.39% 的教师表示比较赞同，认为 DIS 实验在降低实验操作难度方面确实发挥了积极作用。而 12.05% 的教师则非常赞同这一优势，认为 DIS 实验极大地简化了实验操作过程。

在减少实验完成时间方面，调研结果也显示出教师的不同看法。具体而言，有 2.15% 的教师非常不赞同 DIS 实验能缩短实验完成时间的观点，认为 DIS 实验在实验效率上并未带来明显的提升。7.09% 的教师表示不赞同，认为实验完成时间仍然较长。28.32% 的教师认为其效果一般，认为 DIS 实验在实验效率上虽然有所改善，但仍有待进一步提升。然而，令人鼓舞的是，47.51% 的教师表示比较赞同，认为 DIS 实验在减少实验完成时间方面确实取得了显著成果。更有 14.89% 的教师对此优势非常赞同，认为 DIS 实验极大地提高了实验的效率。

综上所述，DIS 实验在快速处理实验数据、降低实验操作难度以及减少实验完成时间方面的优势得到了教师的广泛认可。这些优势不仅体现了 DIS 实验的技术特点，也符合教师的实际需求。因此，这些优势为教师使用 DIS 实验提供了强有力的动机。相信，随着 DIS 实验技术的不断完善和推广，将有更多的教师加入使用 DIS 实验的行列中来，推动实验教学的发展和创新。

经过严谨的统计分析，针对配置了 DIS 实验和未配置 DIS 实验的两类教师群体进行了 t 检验，以探究 DIS 实验的优点对教师应用 DIS 的影响。检验结果如表 5-32 所示。

表 5-32 DIS 实验优势对教师使用 DIS 影响的 t 检验

		F	P	t	自由度	Sig.（双尾）	平均值差值
快速处理实验数据	假定等方差	6.831	0.010	2.572	111	0.011	0.449
	不假定等方差			2.356	61.098	0.022	0.449
降低实验操作难度	假定等方差	0.691	0.408	1.909	111	0.059	0.330
	不假定等方差			1.850	70.892	0.068	0.330
减少实验完成时间	假定等方差	1.079	0.301	1.869	111	0.064	0.322
	不假定等方差			1.827	72.608	0.072	0.322

首先，在 DIS 实验快速分析数据对教师使用的影响上，F 值为 6.831，P 值为 0.010，小于 0.05，t 值为 2.572，对应的 Sig. 值为 0.011，也小于 0.05。这表明配置了 DIS 实验的学校教师在数据分析方面更容易受到 DIS 实验的影响，与未配置 DIS 实验的学校教师相比存在显著差异。

其次，关于 DIS 实验降低实验操作难度的问题，F 值为 0.691，P 值为 0.408，大于 0.05，而 t 值高达 1.850，但对应的 Sig. 值为 0.068，大于 0.05。这意味着在降低实验操作难度方面，两类教师群体间无显著差异，DIS 实验使用对教师选择的影响无显著区别。

最后，DIS 实验减少实验完成时间方面，F 值为 1.079。对应的 P 值为 0.301，大于 0.05，说明这两组教师在该方面没有显著差异。表中 t 值为 1.869，对应的 Sig. 值为 0.064，也大于 0.05，进一步证实了两组教师在使用 DIS 实验减少实验时间上的意愿没有明显差别。

进一步研究发现，DIS 实验在教学中的认知理念与其实际应用之间存在高度的正相关关系。教师的实验教学能力、使用动机以及对 DIS 实验的理解程度也与 DIS 实验的应用表现出中等程度的相关性。研究还表明，当教师认为 DIS 实验在高中物理教学中具有至关重要的地位时，学生更倾向于在实际教学中应用 DIS 实验。

五、高中物理 DIS 实验教学设计与实践应用案例

为了快速处理实验数据，降低实验操作难度，减少实验完成时间，本小节拟

从演示性、验证性和探究性三个方面开展高中物理 DIS 实验教学设计，以高中力学知识为依托，强化其实践应用。

（一）演示性实验

演示性实验，即在课堂教学过程中，为配合教学内容，由教师亲自操作并示范的实验。此类实验旨在将抽象的理论知识具象化，使枯燥的学习内容变得生动有趣。通过演示实验，学生能直观地获得感性认知，激发学习兴趣，进而提升观察力和思维能力。演示实验也为学生实验操作能力的培养提供了有效的示范。本小节旨在针对"牛顿第三定律"的知识点，深入剖析 DIS 实验教学设计的核心理念与实践应用方法。

1. 教学任务分析

牛顿的三大定律在物理学领域中奠定了基石，而其中的第三定律更是经典力学的核心支柱。该定律深刻揭示了物体间相互作用的本质，不仅限于单一物体受力分析，还拓展至多物体间复杂力学关系，大大扩展了问题分析和解题视野。

首先，明确牛顿第三定律的要义：相互作用的两个物体间作用力大小相等、方向相反，且在同一直线上。这一简洁而深刻的定律，集中体现了物体相互作用的基本原理，表明物体间的相互作用不是单向的，而是双向的、相互的。这种相互作用力的大小相等、方向相反，使得物体在受到外力作用时，会产生相应的反作用力，改变其运动状态。

在学习牛顿第三定律的过程中，通过学习牛顿第三定律，学生更深入地理解之前学习的力、运动及其关系，而且为后续探讨碰撞问题提供了坚实的理论基础。碰撞问题在物理学中具有广泛的应用价值，如汽车碰撞、球类运动等。通过对牛顿第三定律的学习，学生能更准确地分析碰撞过程中物体间的相互作用力，得出物体的运动轨迹和速度变化。

此外，高中阶段的牛顿第三定律有助于学生将复杂连接体的受力情况分解为独立研究各相互作用物体。这种分解方法使问题变得更为简单明了，有助于学生逐步掌握解决复杂问题的能力。值得注意的是，学生在初中阶段已初步认识物体间的相互作用，为学习牛顿第三定律打下基础。学生已经具备的分析、归纳、具体与抽象等思维能力，为理解和掌握这一章节内容提供了必要的支持。因此，在学习牛顿第三定律时，学生应充分利用已有的知识基础和思维能力，逐步深入理解和掌握这一重要定律。

因此，牛顿第三定律作为经典力学的基本原理之一，具有非常重要的意义。它不仅揭示了物体间相互作用的奥秘，更为后续的物理学习提供了坚实的理论基础。通过学习和掌握这一定律，学生能更好地理解和分析物体间的相互作用关系，提高分析问题和解决问题的能力，为未来的学习和研究奠定坚实的基础。

2. 教学难点

在教授牛顿第三定律时，学生需理解作用力与反作用力的特性：同时产生、同时消失、方向相反且作用于不同物体。普遍能较轻松地接受和理解。为了加深学生的理解，教师引导学生结合学生在滑冰、滑旱冰时，或者手用力拍桌子等日常生活中的实际体验来进行感悟。此外，让学生站在墙根用力推墙以感受作用力与反作用力的存在也是一个有效的教学方法，甚至，通过简单的实验进行探究也能帮助学生更好地掌握这些概念。

然而，对于作用力与反作用力大小相等这一特性，学生往往感到困惑。因此，在教学过程中，教师需要采取特别的措施，以帮助学生克服这一学习难点。

3. 传统实验方案及其不足

为了有效应对"作用力与反作用力大小相等"这一教学中的棘手问题，传统上，教育者通常采取如下策略：利用两弹簧测力计相互牵引实验，观察记录两测力计示数是否一致。实际操作中，由于弹簧测力计自身重力和实验者技能水平差异，可能影响实验结果，实验结果往往不能达到完全相等的预期。此外，传统实验方法还存在一个明显的局限性，即它无法充分证明变速运动状态下相互作用力的关系，削弱了实验的说服力。

4. 常见 DIS 实验教学方案及其不足

（1）常见 DIS 实验教学方案

Step 1：构建直观的物理环境

为了使学生更深入地理解物体间力的相互作用性，设计了一系列互动性强的小游戏和实验。例如，当双手互拍时，学生会感受到疼痛，这证明了力的作用是相互的。同样，当推动桌子时，学生会觉得桌子也在推自己。更进一步地，将两个相同的磁铁固定在两辆相同的小车上，释放后在光滑水平面上向相反方向移动，验证了力的相互作用原理。学生据此理解物体间力的相互作用。随后，提出问题引导学生思考如何定量验证相互作用力关系。

Step 2：提出问题并作出假设

研究小组用弹簧测力计相互拉伸验证牛顿第三定律。但需思考在变力作用下，作用力与反作用力是否相等。

Step 3：设计 DIS 实验方案

采用 DIS 系统、力传感器和电脑等设备，实时分析作用力与反作用力关系。

Step 4：执行 DIS 实验过程

启动实验软件，连接设备，拉伸传感器，观察变力和变速运动下作用力与反作用力关系图像。

Step 5：总结实验结果

通过 DIS 实验，得出作用力与反作用力始终大小相等、方向相反，且瞬时对应，验证了牛顿第三定律的普适性和准确性。

（2）上述方案存在的不足

深入分析表明，教师在使用 DIS 系统时对其功能与特点了解不全。学生主要依赖 DIS 瞬时性特点，并误以为遵循既定方案就能确保实验成功。然而，由于 DIS 敏感性特质，力传感器间的精度差异难以避免，因此图像无法完全对称，实验难以取得预期成果。此外，教师在实验设计中过于注重 DIS 的运用，却忽视了实验本身应具备的探究性，导致实验更偏向于验证性而非真正的探究。因此，为了提升实验效果，教师需要进一步了解 DIS 系统的全面特点，在实验设计中融入更多的探究性元素。

5. 上述 DIS 实验方案的改进设计

（1）改进后的 DIS 实验流程

Step 1：软件设置与模式选择

启动实验软件，在软件的主界面上选择"联机功能"，并将其设置为"脱机模式"。这一步骤旨在确保实验设置不受网络连接的干扰，保证实验流程的顺畅进行。

Step 2：传感器设置

在软件界面中，选择"传感器"选项卡，随后点击"新增"按钮。在随后弹出的传感器选择对话框内，应选定"双向力 +/-20N"传感器，以确保传感器能

够精准地测量在 –20N ~ +20N 范围内的力值。完成选择后，需点击"确认"按钮，以完成传感器的设置工作。

Step 3：设备连接环节

需将力传感器、数据采集器与电脑进行物理连接，并确保连接稳固且可靠。此步骤对于确保数据的准确传输至关重要。

Step 4：联机状态切换操作

完成设备连接后，需返回至软件界面，并点击"脱机"按钮，随后选择"联机"选项，将系统由脱机状态切换至联机状态。此步骤旨在确保实验过程中能够实现数据的实时传输与记录。

Step 5：传感器校准过程

在传感器选项卡下，需点击"校零"按钮。在弹出的传感器校准对话框中，应勾选"力传感器"选项，并点击"开始"按钮启动校准流程。校准过程旨在确保传感器零点的准确性。校准完成后，需点击"停止"按钮，随后点击"确认"按钮退出校准过程。

Step 6：图线设置工作

在实验界面上，应选择"组合图线"功能，并点击"增加"按钮。此设置允许在同一界面上同时显示多个传感器的数据图线，便于观察与分析。

Step 7：实验操作与数据记录

将两个传感器的测钩相互钩住，然后用两只手分别握住一个传感器，沿一条直线向外拉伸。在这一步骤中，确保操作稳定且准确，以获取可靠的数据记录。

Step 8：变力与速度变化

在实验过程中，将恒力转变为变力，并改变拉伸的速度。这一步骤旨在探究作用力与反作用力的关系规律，并记录相应的图像。这些图像对于深入研究和理解力学现象具有重要意义。

（2）改进后的 DIS 实验结论

通过对 DIS 实验所得相互作用力关系图像的深入研究，获得了对牛顿第三定律的深入理解。这一实验不仅验证了牛顿第三定律的正确性，还揭示了相互作用力的深刻内涵。

首先，实验结果表明，无论物体处于静止状态还是运动状态，无论其运动速度是否恒定，作用力与反作用力始终维持大小相等、方向相反的特点。这意味着，在任何情况下，当一个物体对另一个物体施加作用力时，第二个物体总会以同样大小的力，但方向相反的方式，对第一个物体施加反作用力。这一规律的存在，使得物体在受到外力作用时，其运动状态会发生相应的改变，而反作用力则成为改变物体运动状态的重要因素。

其次，作用力与反作用力同时产生，同时发生变化，瞬时对应，且最终同时消失。这一特性使得它们成了一个不可分割的整体，共同构成了物体间的相互作用关系。这种关系的存在，不仅保证了物体在受到外力作用时的动态平衡，还使得物体在相互作用过程中，能实现能量的传递和转化。

最后，这一规律反映了自然界中相互作用力的基本性质，具有普遍的适用性。无论是在宏观世界还是微观世界，无论是在地球表面还是在太空深处，这一规律都发挥着重要的作用。它不仅是物理学的基本原理之一，也是学生理解和解释自然现象的重要工具。

由此可见，改进后的 DIS 实验所得相互作用力关系图像的分析，为学生揭示了牛顿第三定律的深刻内涵和普遍适用性。它加深了学生对相互作用力的理解，还为学生探索自然界的奥秘提供了有力的支持。

（3）改进后的实验方案优点

改进后的实验采用 DIS 实验系统，这一系统以其瞬时性、敏感性和实时测量能力而备受瞩目，极大地提高了实验的直观性和可观察性。这种方式的实验，无疑为学生提供了一个全新的、更为直观的观察方式，让学生能更加深入地理解和研究牛顿第三定律。

DIS 实验系统的实时数据采集功能，使得在力和运动状态发生变化时，研究小组即时地观察到相互作用力之间的关系。这种即时的反馈，让学生能直观地看到力的变化，更好地理解牛顿第三定律的精髓。此外，DIS 实验系统的高精度测量能力，使得实验数据的准确性和可信度大大提高，为学生提供了更加可靠的实验依据。

此外，改进后的实验方式还增加了实验的探究性。在传统的实验方式中，学生往往只是被动地接受知识，而缺乏主动探究的机会。然而，利用 DIS 实验系统进行实验，学生根据自己的兴趣和问题，进行自主设计和探究，更加深入地理解和掌握牛顿第三定律。这种主动探究的学习方式，激发学生的学习兴趣，培养学生的创新能力和科学素养。

因此，改进后的实验方式利用 DIS 实验系统的高精度、实时性和探究性，为学生提供了一个更加直观、可信和有趣的学习环境。通过这种实验方式，学生能更好地理解和掌握牛顿第三定律。

（二）验证性实验

高中物理验证性实验是指在物理学科的学习中，通过实验来验证物理定律、原理和理论的过程，是巩固理论知识、培养实验能力和科学思维的重要途径，同时能激发学生兴趣和好奇心。在物理教育中，应重视验证性实验的教学，以促进学生全面理解和掌握物理知识和技能。本小节探讨"牛顿第二定律"知识的 DIS 实验教学设计与实践应用。

1. 教学任务分析

牛顿第二定律作为经典力学体系中至关重要的运动规律，具有举足轻重的地位。它阐明了物体的加速度与作用力成正比、与质量成反比的关系，且加速度方向与作用力方向相同。《普通高中物理课程标准（2017 年版 2020 年修订）》中，对牛顿第二定律的阐释进行了深化与拓展，要求通过实验探究加速度、作用力与质量之间的内在联系，加深对牛顿运动定律的理解与掌握。同时，标准还强调运用牛顿运动定律解释和分析生产生活中的物理现象，解决实际问题。此外，通过实验活动，学生还能直观认识和理解超重和失重等物理现象。

因此，牛顿第二定律的主要内容在于深入理解加速度、作用力与物体质量之间的数量关系和本质联系，并将这些理论知识应用于解决实际问题中。

2. 教学难点

为验证牛顿第二定律，在实验过程中需对加速度与力之间的关系以及加速度与质量之间的关系进行精准测定。由于实验操作步骤较为烦琐，涉及大量数据的测量与处理，这给学生在进行实验操作的过程中带来了不小的挑战与困难。

3. 传统实验方案及其不足

在传统实验操作中，为了深入研究加速度与力和小车质量之间的内在联系，常借助打点计时器与小车轨道系统联合进行实验。在这个过程中，外力主要来源于钩码产生的重力。然而，这种实验方法在实际操作中暴露出若干局限。

其一，实验流程烦琐复杂。在实验过程中，需要精确测量和细致处理多个关键物理量，包括小车及砝码的质量、沙和沙桶的质量，以及纸带上点间距离的测定等。因此，整个实验流程相对烦琐，常常难以在有限的课堂时间内全面完成。

其二，实验误差较大，影响了结果的精确性。误差主要来源于两个方面：一方面，导轨上的摩擦力会对实验结果产生干扰；另一方面，重物重力与绳子拉力之间的近似关系也会引入误差。为了减小摩擦力对实验的影响，通常采取垫高导轨一端的方法来尝试平衡摩擦力。然而，在平衡摩擦力的过程中，仅凭肉眼观察难以实现精确平衡，可能导致平衡不足或过度，进而产生系统误差。此外，即使在满足 $M \gg m$ 的条件下，重物重力依然大于绳子拉力，因此系统误差仍然存在，难以完全消除。

4. 常见 DIS 实验教学方案及其不足

（1）常见 DIS 实验教学方案

Step1：创设情境。在物理学中，创设情境对理解物理定律至关重要。牛顿第二定律 $F=ma$，涉及加速度、力和质量，日常生活中广泛应用。为使学生更好理解和应用，可从生活现象如赛车启动出发，思考加速度、力和质量的关系。比较赛车与一般家用汽车，拓宽学生视野。这种贴近生活的物理场景构建，能激发学生兴趣，提高学习效果。因此，在教学中，应选取代表性的生活现象，创设情境，以帮助学生掌握牛顿第二定律。

Step2：经过深入思考和周密观察，针对物体运动的加速度与其所受力和质量之间的关系，研究小组进行了问题提出和合理假设。大量实验观察显示，施加在物体上的力增大时，其加速度也相应增大；而物体质量减小时，其加速度亦有所增大。基于这些观察，研究小组提出一个严谨且理性的假设：在特定条件下，物体加速度可能与所受力成正比，同时与其质量成反比。此假设旨在为未来的科学研究和实验验证奠定基础。

Step3：经过严谨的理论分析，研究小组精心策划了一套全面的 DIS 实验方案。此方案巧妙地运用沙和沙桶，借助细线的拉动来驱动小车进行加速运动。在实验过程中，研究小组将采用控制变量法，分别深入探究在保持物体质量恒定的条件下，加速度与作用力之间的关系；以及在作用力保持不变的情境下，加速度与质量之间的关联性。为了精确收集并处理实验数据，本实验将配备先进的 DIS

系统、数据采集器、电脑、位移传感发射器、位移传感接收器、力学导轨以及适配的小车等高端设备，以确保实验结果的精确性和可靠性。

Step4：DIS 实验过程

①实验准备阶段：首先，将导轨平稳放置于水平桌面上，并确保位移传感接收器牢固固定在导轨的一端。接着，将位移传感发射器精确安装在小车上，并检查其工作状态，确保正常无误。最后，适当抬高导轨的一端，以形成一定角度的斜面，确保小车能够在静止状态下顺利下滑。

②软件设置环节：启动实验软件，选择"物理"模板中的"验证牛顿第二定律"实验模块。随后，将数据采集器与电脑进行连接，并根据软件提示正确连接位移传感器。完成连接后，点击"联机"按钮，确保整个系统处于稳定的联机状态，以便进行后续的数据采集与处理。

③实验操作过程：在小车前方牢固挂上钩码，确保连接部分稳定可靠。准备就绪后，点击"开始"按钮，使钩码带动小车沿轨道下滑。当小车接近导轨末端时，及时点击"结束"按钮，以完成一次完整的数据采集过程。

④数据分析步骤：对采集到的 s-t 曲线进行精确的二次多项式拟合，观察拟合曲线与研究曲线段是否高度重合，以此验证小车是否确实在做匀加速直线运动。同时，对 v-t 曲线进行线性拟合，以准确计算加速度的值。

⑤重复实验与数据采集：为获得更为全面和准确的数据，需进行多次重复实验。在保持小车质量不变的情况下，改变钩码质量，重复上述实验操作和数据分析步骤，以获取多组加速度数据。此外，还需保持钩码质量不变，改变小车的配重，再次重复实验操作和数据分析，以获取更多加速度数据。

⑥数据处理与验证：点击相应表格，获取 a-F 关系数据，并对 a-F 图像进行线性拟合，从而得到 F 与 a 的关系图线。同时，点击另一表格，获取 a-M 关系数据，并对 a-M 图像进行反比曲线拟合，观察拟合曲线与实际数据点的一致性。最后，打开"a-$1/M$ 图线"页面，对 a-$1/M$ 图像进行线性拟合，以验证 a 与 $1/M$ 是否确实成正比关系。

⑦实验总结：根据实验结果和数据分析，总结牛顿第二定律在实验中的应用和验证情况；分析实验误差来源，提出改进意见和建议，得出"a-F 成正比，a-$1/M$ 成正比"的结论。

（2）常见 DIS 实验教学方案的不足

①在探究加速度（ a ）与外力（ F ）关系时，通过增加钩码数量拉动小车，但误差会随之逐渐累积。这是因为采用钩码的重力来近似代表小车所受的拉力。特别是当钩码的质量与小车的质量逐渐接近时，这种近似所带来的误差会愈发显著。尽管减小钩码的质量可以降低误差，但这种系统误差始终无法被完全消除。

②通过调整钩码数量来改变力和质量时，可选的数据点不仅不连续，而且选择范围相对受限。这种局限性无法充分发挥 DIS 系统在数据收集和处理方面的迅速与精确特性。

③实验操作过程相对复杂烦琐，要求学生在实验进行中详细记录大量数据，并进行图像拟合，这无疑进一步提升了实验的难度和挑战性。

5. 上述 DIS 实验方案的改进设计

（1）改进后的 DIS 实验流程

Step1：首先，需将导轨平稳地放置在桌面上，确保其具备良好的稳定性。紧接着，应牢固地将位移传感接收器安装在导轨的一端，确保稳固可靠。最后，还需精确地将位移传感发射器安装在小车上，以保证其准确测量位移数据。此外，在小车前方安装力传感器以测量受到的力。为了确保小车的运动是沿直线且初速度为零，需要将导轨的一端抬高至适当角度，并让小车从静止状态开始沿轨道下滑进行试滑。

Step2：将力传感器与沙桶相连接，确保连接牢固可靠，以便能准确测量砂桶对小车的拉力。

Step3：通过数据线将数据采集器与电脑连接起来，并根据实验界面提示，将位移传感器与数据采集器正确连接，确保数据传输无误。

Step4：现启动数据采集系统，并选定"联机"模式，以确保系统能够实时进行数据采集工作。

Step5：请点击"开始"按钮，启动沙桶以驱动小车从静止状态沿轨道滑行。当小车即将抵达导轨末端之际，请立即点击"结束"按钮，以确保所有数据得到完整记录。

Step6：借助数据处理软件，对收集到的 s–t（位移–时间）曲线进行二次多项式拟合。经过严谨的拟合分析，若所得拟合曲线与研究曲线段呈现出高度重合的状态，则充分证明在对应的时间段内，小车在轨道上确实进行了匀加速直线运动。这一结论基于精确的数据分析与科学的拟合方法，为后续研究提供了坚实的数据支持。

Step7：对 v–t（速度—时间）曲线进行线性拟合处理，利用拟合所得直线的斜率能够精确地计算出小车的加速度值。这一方法基于科学的线性拟合原理，确保了加速度计算的准确性和可靠性。

Step8：保持小车质量不变，通过增减钩码质量来改变作用在小车上的外力。重复 Step4~6，以获取不同外力下小车的加速度值。此过程应重复 3~5 次，以提高数据的可靠性。

Step9：在确保钩码质量恒定的情况下，通过调整小车的配重以改变其整体质量。随后，重复执行 Step4~6，以收集不同质量条件下小车的加速度数据，同样，此过程应重复 3~5 次。

Step10：将实验数据整理成表格形式，展示加速度 a 与外力 F 之间的关系。利用数据处理软件对 a–F 图像进行线性拟合，得到 F 与 a 之间的关系图线，分析二者之间的定量关系。

Step11：同样地，将实验数据整理成表格，展示加速度 a 与小车质量 M 之间的关系。对 a–M 图像进行反比曲线拟合，观察拟合曲线与实际数据点的吻合程度，以验证加速度与质量的反比关系。

Step12：打开"a–$1/M$ 图线"页面，将实验数据整理成表格，展示加速度 a 与小车质量倒数 $1/M$ 之间的关系。对 a–$1/M$ 图线进行线性拟合，若拟合直线呈现出良好的线性关系，则说明加速度 a 与 $1/M$ 成正比，进一步验证了牛顿第二定律。

（2）改进后的实验方案优点

①实验流程优化：在实验流程的优化方面，可充分利用 DIS 系统，借助传感器和数据采集器的有效应用，使得实验数据的获取更为迅速高效。通过与计算机的即时连接，实现了图像和结论的自动生成，极大地简化了传统测量、计算和作图等烦琐环节，从而显著提升了数据获取的便捷性以及结论生成的效率。

②误差降低：为降低实验误差，在测量小车所受拉力时采用了力传感器，实现了拉力数据的实时传输至电脑进行精确处理。这种方法有效避免了考虑 M 与

m 之间复杂关系的需要，并大幅提升了数据采集和处理的速度，从而有效减少了传统实验方法可能引入的误差，同时简化了实验操作和数据处理过程的复杂性。

③数据丰富性提升：为提高实验数据的丰富性，将钩码替换为砂和砂桶。这一改进措施使得实验者能够获取更多的实验数据，从而进一步增强了实验效果，使实验结果更具说服力和准确性。

综上所述，利用 DIS 系统验证牛顿第二定律不仅能够有效提升实验效率，降低误差，还能够获得更为准确、直观的实验规律，这为科学研究和教学工作提供了有力支持，有助于推动相关领域的深入发展和创新进步。

（三）探究性实验

高中物理探究性实验是培养学生科学素养和实践能力的关键。学生通过亲身参与实验，深化对物理知识的理解，提高分析和解决问题的能力。学生需要设计实验方案、搭建装置、收集数据、分析结果并得出结论，这一过程培养了学生的实验设计和操作能力。实验中，学生面对问题和挑战，需要思考和解决，这锻炼了学生的思维、创新能力和团队合作精神，并培养了实验安全意识。因此，学校应重视物理探究性实验，提供资源和指导，激发学生兴趣，培养创新精神和实践能力。学生也应积极参与实验，勇于探索和实践，提升实验能力和科学素养。基于 DIS 开展探究性实验，本研究选择"探究影响向心力大小的因素"为案例，展开以下分析。

1. 教学任务分析

在深入学习向心力之前，学生已对匀速圆周运动的基本概念及其相关物理量有了初步的认识。向心加速度的学习为向心力的引入奠定了坚实的理论基础，使学生能够更流畅地理解与掌握这一核心概念。然而，向心力作为一种效果力，其来源广泛且复杂，因此在实验中进行精确的定量分析颇具难度，成为学生学习过程中的一大挑战。

对于向心力的学习，它不仅能帮助学生将对圆周运动的理解从感性层面提升至理性层面的深入分析，更是本章知识学习的关键转折点。此外，通过分析与探讨日常生活中的圆周运动现象，学生还能逐步推导出天体运动以及带电粒子在电磁场中的运动规律，为后续知识学习奠定坚实基础。因此，向心力既是学习过程中的难点，也是不容忽视的学习重点。

2. 教学难点

在探究向心力的过程中，面临着两大教学难点。这两个难点相互交织，互为补充，共同构成了向心力研究的核心挑战。

首先，如何有效地探究向心力与哪些因素存在关联，这是一个充满挑战性的问题。向心力作为一种物理现象，它的产生和变化受到多种因素的影响。在探究这些因素时，需要具备扎实的物理学基础知识，对向心力的概念有深入的理解。具备敏锐的观察力和创造力，从各种复杂的物理现象中发现与向心力相关的因素。

在这个过程中，通过实验和观察来收集数据，进而分析向心力与各种因素之间的关系。例如，通过改变物体的质量、速度、半径等参数，观察向心力如何随这些参数的变化而变化，初步确定哪些因素与向心力存在关联。

其次，如何通过定量的研究方法，深入剖析这些因素与向心力之间的具体关系，是另一个重要的教学难点。在确定了与向心力相关的因素后，需要进一步深入研究这些因素与向心力之间的数量关系，掌握一定的数学知识和数据处理技能。

通过建立数学模型，运用数学公式来描述向心力与各种因素之间的关系。例如，利用牛顿第二定律和向心力公式，推导出向心力与物体质量、速度、半径等参数之间的数学关系式，更加准确地描述向心力与这些因素之间的数量关系。

除了数学模型外，利用实验数据来验证的理论推导。通过实验测量不同参数下的向心力大小，并将实验数据与理论计算结果进行对比，检验理论推导是否正确，并进一步改进的模型和公式。

3. 传统实验方案及其不足

传统实验通过测量圆锥摆周期与向心力的关系进行研究，涉及多个物理量测量，常使用秒表记录时间并计算平均值以减少误差，但仍受人为因素影响，误差较大。需计算合力的向心力及根据速率和半径计算所需向心力，过程复杂，易出错。因此，需探索更精确简便的实验方法，提高准确性和可靠性。

4. 常见 DIS 实验教学方案及其不足

（1）常见 DIS 实验教学方案

首先，为了探究向心力与哪些因素有关，从日常生活出发，设计一个物理情境，构建一个物理环境来模拟圆周运动。例如，将橡皮球系于绳子的一端，手持绳子的另一端，在光滑桌面上使其转动起来。待转动稳定后，保持其做匀速圆周运动（请确保操作安全），同时体会手所受绳子拉力的大小。随后，改变绳子的长度或调整橡皮球做匀速圆周运动的速度，再次感受拉力的变化，以观察其中的差异。

其次，提出问题并进行合理的猜想与假设。当物体做匀速圆周运动时，需要探究向心力究竟与哪些因素有关，以及如何获取这些因素之间的关系。基于所设计的物理情境，可以引导学生发现，当绳子长度增加时，绳子对手的拉力也会增大；同样地，当橡皮球的转动速度增大时，拉力也会随之增大。因此，可以合理猜想：向心力或许与绳长成正比，与转动速度也成正比。

再次，分析实验原理，并设计 DIS 实验方案。根据理论，使物体做圆周运动的向心力大小应与物体的质量、角速度的平方以及半径成正比。本实验将利用 DIS 系统、数据采集器、电脑、光电门传感器、力传感器以及向心力实验器进行。

最后，具体的实验步骤如下：①安装向心力实验器，并确保力传感器和光电门传感器稳固地固定。②打开实验软件，在预设的"物理"模板中选择"研究向心力与哪些因素有关"实验，并双击打开。然后，连接数据采集器与计算机，并根据实验界面的提示，将光电门传感器和力传感器依次插入数据采集器的通道中。③为了深入探究向心力与角速度之间的关系，保持砝码的质量恒定，仅调整其转动半径。通过这一系列的实验操作，可获取向心力与角速度之间的详细数据，并据此绘制出 F-ω，F-ω^2 的关系图像。④随后，保持转动半径固定不变，转而改变砝码的质量，以进一步分析向心力与角速度的关系。通过这一步骤，再次收集到了丰富的实验数据，并据此绘制出了另一组 F-ω，F-ω^2 的关系图像。综合以上实验方案及所得数据，得出了以下实验结论：在误差允许的范围内，向心力的大小确实与物体的质量、角速度的平方以及半径成正比关系。这一结论为深入理解向心力与相关物理量之间的关系提供了有力的实验支持。

（2）常见 DIS 实验教学方案的不足

第一，上述实验方案过于依赖系统内置程序，这在一定程度上限制了其实验结果的广泛性和可重复性，导致学生在实验过程中缺乏足够的动手实践机会。这种情况下，学生往往只需按照程序步骤进行操作即可完成实验，然而，学生在进行实验时，却未能对实验的本质和意义进行深入理解。此外，上述实验方案常常未能充分要求学生自主设计实验过程，这无疑剥夺了他们动脑思考和自主探究的宝贵机会。这样的实验缺乏实际探究价值，无法有效培养学生的创新能力和实践能力。

5. 上述 DIS 实验方案的改进设计

（1）改进后的 DIS 实验流程

上述 DIS 实验方案的改进设计步骤如下：

①按照既定标准安装向心力实验器，并确保力传感器和光电门传感器之间的连接稳固可靠，以保证数据的准确性。

②数据采集器与计算机建立稳定的连接，并根据实验界面的提示，依次将光电门传感器和力传感器接入数据采集器的相应通道。启动"脱机"模式，并从下拉菜单中选择"联机"，确保整个系统处于在线状态，以便实时获取和记录数据。

③调整实验器底盘至水平状态，并对力传感器进行校准处理，以消除误差并提高测量精度。将砝码固定在离轴心的特定位置，并记录砝码至轴心的距离 r，为后续的数据分析提供关键参数。

④在设定实验属性时，确保采样开始方式设置为"手动"，采样模式选择"连续采样"，采样结束条件设置为"时间触发"，采样时长设定为"300 秒"，采样频率设定为"50Hz"。这些参数的设定有助于获取稳定且连续的数据，以便进行后续的分析和处理。

⑤转动实验器悬臂至指定位置，并点击"开始"按钮启动采样过程。在采样过程中，将实时获取力与距离关系的图形化数据，并通过计算机进行显示和保存，以便后续的分析和讨论。

⑥经过审慎观察 $F-\omega$ 图形数据，确认数据点的分布展现出抛物线特性。为了验证 F 与变量之间是否存在二次函数关系，采用了"二次多项式"拟合方法。通过对比分析，发现数据点与拟合线之间呈现出基本吻合的趋势，从而证实了 F 与 ω 之间确实存在二次函数关系。

⑦在维持砝码质量恒定的条件下，调整转动半径，重复执行步骤⑤和⑥，以获取更新后的力与距离关系图形 $F-\omega$，$F-\omega^2$。随后，对这些新获取的数据点进行二次多项式拟合处理，从而得到 F 与 ω 的二次函数图像。据此分析，当砝码质量保持不变时，转动半径之间的比例关系将直接对应于拟合方程 $F-\omega$ 中的二次项系数之间的比值。

⑧在维持转动半径恒定的前提下，通过调整砝码的质量，再次重复执行了步骤⑤和⑥的操作，以此获取了详尽的实验数据。随后，基于这些新采集的数据点，运用二次多项式拟合的方法，深入研究了 $F-\omega$，$F-\omega^2$ 的图像关系。经过严谨的数据分析与处理，最终得出了如下结论：在转动半径恒定不变的情况下，砝码质量的比例等于拟合方程 $F-\omega$ 的二次项系数比例。

（2）改进后的实施方案优点

优化后的方案具备以下三大优势：其一，实验设置由学生独立完成，这要求学生不仅要深入了解实验系统，还需熟练掌握实验所需的各项操作，如确定测量目标、选择测量方法以及设定实验参数等。其二，学生在实验中需观察测量数据图像，推测物理量关系，并验证假设。这一过程锻炼了学生的观察能力和总结归纳能力。其三，考虑到实验过程中涉及的数据收集和处理任务繁重，优化方案借助 DIS 系统的高效数据采集和处理能力，有效减轻了学生的计算负担，使学生更专注于实验的核心内容，简化并优化了探究过程。

（四）DIS 实践应用案例

学生核心素养的培养不仅是国家和社会的要求，更是学生个人发展的需要，物理教学可以采用探究教学的方式培育学生核心素养。"气体的等温变化"是学生对气体宏观状态变化规律的首次实验探究，包含实验法、图像法、控制变量法等科学研究方法，又是培养学生科学态度与科学精神的良好素材，还与生活生产、科学技术等联系紧密，是典型的探究教学案例。因此，教师要精心设计教学内容和探究活动。

1. 学科核心素养视域下的教学分析

（1）教材分析

本节内容主要分为两部分：一是探究气体等温变化规律的实验；二是玻意耳定律。从课程标准"通过实验，了解气体实验定律"的要求来看，对知识方面的要求只是"了解"，但对实验探究过程的要求比较高。实验探究是本节的重点，教科书围绕"实验思路""物理量的测量""数据分析"的线索展开。这样处理，既能突出每个环节的探究重点，也会让学生的探究体验更深刻，对气体的等温变化规律有一个从明确条件、定性感悟到定量把握的逐步深入的认识过程。本节的探究过程以及对玻意耳定律的把握，对气体的等压变化和等容变化的学习有较强的借鉴作用。

（2）学情分析

学生已经掌握了分子动理论的相关知识，具备一定的分析推理能力、科学探究能力和解决实际问题的能力，但学生对等温变化的认识仅限于生活直觉，缺少对气体压强随体积变化的深刻认识。因此，教学中可以在定性分析的基础上再进行定量探究。定性分析要侧重情境创设、条件控制和直观感受；定量探究要侧重数据收集、误差分析和得出规律。通过层层递进、环环相扣的探究活动，让学生感悟知识形成过程所蕴含的运动与相互作用观念、研究方法及科学价值观。

（3）教学目标

①物理观念

具有和分子动理论与气体实验定律相关的物质观念、运动与相互作用观念；能运用玻意耳定律解释相关现象、解决实际问题。

②科学思维

能灵活正确地使用控制变量法、实验法和图像法等研究问题的方法；能用"化曲为直"的思想探究变量间的确切关系。

③科学探究

用实验进行定性探究，寻找描述气体的状态参量；通过 DIS 探究得出气体等温变化的规律；能在 DIS 实验中收集数据、处理信息、推理论证、得出结论，形成良好的研究习惯。

④科学态度与责任

实验数据、实验误差及误差分析等应科学严谨、实事求是；在利用物理知识解释生活现象、解决实际问题的过程中，认识科学的本质，感受 STSE 教育。

（4）教学重难点

教学重点：探究等温情况下一定质量气体压强与体积的关系；理解玻意耳定律及等温图像；运用玻意耳定律解释有关现象、解决实际问题。

教学难点：利用 DIS 实验探究气体等温变化的规律。

2.学科核心素养视域下探究教学实践

（1）进行趣味实验，激发探究热情

只有当讲课内容、方法切合学生的求趣、求索、求真等心理需要时，才会引起学生快乐的情绪，激起学生强劲的学习动力。本节以"吹气球实验"引入课题：把两个相同规格的气球绑在玻璃管上，女生吹空气中的气球，男生吹矿泉水瓶中的气球。结果女生轻松将气球吹大，男生用尽全力也没有把气球吹起来，如图 5-1 所示。还有几位男生也做了尝试，气球仍然没有被吹大。学生在"不可思议"中思考男生没有把气球吹起来的原因。

图 5-1　吹气球实验

教学意图：引发认知冲突，激发学生的问题意识与探究热情，为后续科学学习营造浓厚氛围。

（2）创设实验情境，形成学科概念

教学中的情境需要搭载知识内容，所设置的情境应有助于学生理解某些重要的教学内容。在教学设计和实施中，要基于情境引出问题，基于问题引导探究。本节教师展示一个有块凹瘪的乒乓球，请问用什么方法可以使其恢复原状？当学生提出放入热水中可使其恢复原状时，由两位学生合作对全班同学进行演示。

分析"瘪球复原"实验并提出问题：瘪了的乒乓球放入热水中后，迅速恢复了原状，这是球内气体发挥的作用，用物理学的语言来描述，就是球内气体的状态发生了改变。那么，球内气体的哪些物理量发生了改变呢？

学生：乒乓球放入热水中后球内气体的温度会升高。乒乓球重新鼓了起来，故球内气体分子对乒乓球壁的作用力会变大，即压强变大；球内气体分子所能达到的空间范围变大，即体积变大。

师生总结：对于一定质量的气体，可用压强、体积和温度来描述其状态。瘪球复原的实验也表明，一定质量的气体的压强、体积和温度之间存在着密切的联系。

教学意图：通过实验，让学生知道要用压强、体积和温度来描述气体的状态，意识到状态参量之间存在着联系，明确用控制变量法研究三个状态参量之间的关系，进而引入本节的学习主题——气体的等温变化。

（3）进行实验探究，发现未知规律

在高中物理课程中，尤其应注重物理实验，这在培养学生的探究能力和科学态度等方面具有重要地位。要重视信息实验，创新实验方式。本节首先通过定性实验，让学生体验气体的等温变化，再借助 DIS 进行定量探究得到气体等温变化的规律。

活动 1. 利用注射器体验气体的等温变化

用图 5-2 所示的装置体验气体的等温变化。注射器的活塞和下端的橡胶套把一段空气柱封闭在玻璃管中。教师引导学生思考以下问题：本实验的研究对象是什么？怎样操作可以保证温度不发生明显变化？实验时观察空气柱体积与压强的变化情况，猜想气体压强与体积的定量关系？

学生在明确实验研究对象及操作注意事项的基础上，通过实验发现：注射器内空气柱的体积越小，压强就越大，空气柱的体积越大，压强就越小。

教师：猜一猜气体发生等温变化时压强与体积的关系？

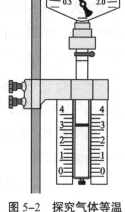

图 5-2 探究气体等温变化的实验装置

学生：压强与体积成反比，或是压强与体积的平方成反比。

教学意图：通过实验探究，让学生对等温变化的规律形成感性认识，并猜测等温变化中压强与体积的关系。

活动 2. 利用 DIS 探究气体的等温变化的规律

用图 5-3 所示的装置探究气体等温变化的规律。以注射器内空气柱为研究对象，通过缓慢移动活塞，获得多组体积和压强的数据，即可研究气体等温变化的规律。

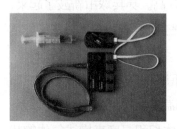

图 5-3 用传感器探究等温变化的规律

利用 DIS 系统拟合的封闭气体做等温变化的 p-V 图像如图 5-4 所示。由 p-V 图像能否得出 p 与 V 一定成反比呢？

学生：不一定，这需要进一步分析。可以利用"化曲为直"的思想拟合出 p-$1/V$ 图像，如果 p-$1/V$

图像是一条过原点的直线，那么 p 与 V 必定成反比。

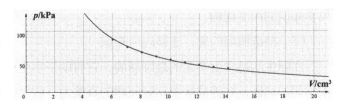

图 5-4 等温变化的 p-V 图像

由 p-$1/V$ 图像（图 5–5）可知，p-$1/V$ 图像是一条不过原点的直线，即 p 与 V 不成反比。难道是气体发生等温变化时，压强与体积本身就不是反比关系？还是另有原因呢？

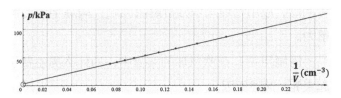

图 5-5 等温变化的 p-$1/V$ 图像

教师引导学生仔细观察实验装置（图 5–3），学生发现在注射器和气体压强传感器之间也存有一些气体，研究对象

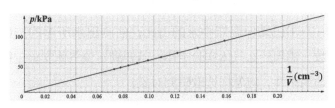

图 5-6 修正后的 p-$1/V$ 图像

的实际体积等于注射器内空气体积加上软管内空气体积。经测量，这部分气体的体积为 0.45mL，实际的气体体积应加上软管内的气体体积。图 5–6 是实验数据修正后拟合的 p-$1/V$ 图像，由图像可知 p 与 $1/V$ 成正比，即 p 与 V 成反比。

教学意图：引导学生灵活运用控制变量法、实验法和图像法研究气体等温变化的规律；让学生经历实验设计、实验操作、数据分析、寻找规律、发现问题、质疑改进、分析修正等科学研究过程，感悟科学研究方法，形成严谨认真的科学态度和实事求是的科学精神。

（4）深度学习规律，构建核心知识

学生经历探究活动所获取的知识和方法仍处于离散状态。教师要引导学生做好探究后的归纳、理解和内化，帮助学生构建起完整的知识网络和体系。

实验探究后，师生共同总结出玻意耳定律的内容、公式、适用条件及等温变化的 p-V 图像与 p-$1/V$ 图像的特点。

教学意图：启发学生准领会并掌握核心知识的符号意义、图像意义，达到对科学知识的深度建构。

（5）精选情境问题，迁移应用知识

实际生活是学生学习的最好情境，它有助于学生形成从生活中学习、从实践中学习的习惯，并养成解决实际问题的真能力。教学中要帮助学生将科学知识迁移到实际的情境问题中，引导学生将实际情境转化成物理情境，应用物理观念思考问题、应用物理知识分析解决问题，锻炼学生把情境与知识相关联的意识和能力。

情境问题 1. 在吹气球的实验中，为什么男生费了很大的劲却没有把气球吹起来呢？简述原因。

情境问题 2. 人们使用气压式保温瓶时，只需按压保温瓶顶端，即可将水从瓶中压出。如图 5-7 是气压式保温瓶的结构图，请分析回答下列问题。

①已知保温瓶中水的占比，估测出水所需的按压次数，需用什么气体实验定律？若要满足该气体实验定律的适用条件，应怎样选取研究对象？

②若保温瓶中只有半瓶水时，希望按压两次就能出水，则还需要满足什么条件？

这是一道原始物理问题，与日常生活密切联系，考查学生运用所学知识解决生活实践情境问题的能力。基于教师引导及学生协作学习，明确解决问题所选择的定律及定律适用条件，并选取合适的研究对象进行求解。问题②最终分析如下：

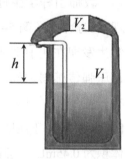

图 5-7　气压式保温瓶

如图 5-7 所示，设保温瓶可盛水的体积为 V_1，瓶盖下方气室的体积为 V_2，出水管口到瓶中水面的高度为 h，水的密度为 ρ，外界大气压为 p_0。当瓶内水面上方的空气压强达到 $p_0+\rho gh$ 时，水即从管口流出。以瓶内空气和压入空气整体为研究对象，由题给信息及玻意耳定律，得

$$p_0\left(\frac{V_1}{2}+2V_2\right)=(p_0+\rho gh)\frac{V_1}{2}$$

解得 $\dfrac{V_1}{V_2}=\dfrac{4p_0}{\rho gh}$

即当保温瓶可盛水的体积与气室体积之比满足上述关系式时，瓶中有半瓶水，按压两次就能出水。

教师点拨：选择合适的研究对象，将变质量问题转化为定质量问题是解决"充气"类问题的关键。随后师生共同总结出应用气体实验定律解题的一般方法。

教学意图：《中国高考评价体系》规定，高考考查的载体是情境。教学中利用真实情境，让学生将所学知识进行迁移和应用，在论证科学性、解题规范性中，锻炼学生交流表达能力及解决生产生活中实际问题能力。

3. 教学反思

教师在进行教学设计和开展教学时必须以学科核心素养为导向，重视情境创设，使教学过程成为学科核心素养的形成过程。本节以"吹气球实验"引入课题，激发学生学习的好奇心和求知欲；创设形象直观的实验情境，培养学生的思维品质和探究能力，体会实事求是的科学态度；帮助学生将玻意耳定律迁移应用到实际情境问题中，让学生在解决实际问题的过程中达到理解应用物理知识的目的，使学科核心素养落实落地，助力新课标、新教材、新高考下的课堂变革。

第二节　NOBOOK 虚拟仿真

2020 版修订后的高中物理课标强调信息技术与物理教学的融合。物理教师应发掘利用信息媒体资源，开发信息化教学产品，拓宽学习途径，革新教学方法。实物实验教学存在诸多限制，如难以实现理想化条件、器材成本高昂及操作时间短暂快速等。本小节以 NOBOOK 软件为例，探索虚拟仿真实验，以克服传统实验局限，帮助学生更好理解物理知识。

一、虚拟仿真实验的概述

（一）虚拟仿真的定义

虚拟仿真（简称 VR），是一项尖端的科技，能引领人们踏入一个别样的世界。该技术通过特定系统模拟其他系统，构建出一个近乎真实的虚拟环境。在此环境中，人们可以借助视觉、听觉乃至触觉与之互动，获得前所未有的沉浸式体验。

虚拟仿真实验，这一结合了虚拟仿真技术与实验教学的创新模式，为教育和科研领域带来了革命性的变革。它通过模拟硬件的全部或部分数据处理系统，确保了虚拟世界与真实世界在数据接收、程序执行及结果获取上的一致性。因此，在一个安全、可控的环境中进行各类实验，无论是科学研究还是教育培训，都无需担忧真实环境中的风险和成本。

一个完备的虚拟仿真实验系统包含三个核心组成部分：体验者、实验设备以及一个具备高度自由度和交互性的虚拟环境。体验者通过专业的设备，如头戴式显示器、手套和传感器等，与虚拟世界进行自然而直观的交互。学生在虚拟环境中自由移动，与场景进行互动，并随时切换到不同的虚拟场景。这种高度自由的环境赋予了虚拟仿真实验极高的灵活性和可扩展性。

虚拟仿真具备三大特性——交互性、沉浸性和构想性，这些特性为虚拟仿真带来了无限的可能性。交互性使得体验者像在现实生活中一样，自然地操作虚拟环境。无论是操控虚拟物体、观察实验现象还是与虚拟角色进行交流，都能得到真实而自然的反馈。这种交互性不仅提高了实验的趣味性，也增强了学习者的参与感和主动性。

构想性则是指虚拟仿真技术呈现出无限广阔的想象空间。它既可以展现真实世界的场景，如自然景观、城市建筑等；也可以创造出完全虚构的世界，如科幻场景、奇幻世界等。这种构想性为创作者和设计师提供了广阔的舞台，让学生充分发挥想象力，创造出前所未有的作品。

沉浸性则是虚拟仿真最为引人注目的特性之一。通过先进的显示技术和传感器设备，虚拟仿真营造出一个高度真实的虚拟环境，让体验者仿佛置身于其中。学生可以感受到虚拟环境中的光线、声音、温度甚至气味，获得极为真实的感官体验。这种沉浸性不仅提高了学习者的学习兴趣和动力，也有助于学生更好地理解和掌握所学知识。

综上所述，虚拟仿真技术作为一种前沿的信息技术，打开了一个充满无限可能的新世界。它不仅改变了进行实验和研究的方式，也提供了更为广阔、自由的创作空间。随着技术的不断进步和应用的不断扩展，有理由相信，虚拟仿真将在未来发挥更加重要的作用，为人类创造更加美好的生活和工作环境。

（二）虚拟仿真实验的优势

1. 虚拟现实

现实物理实验的开展，依赖于特定的物理实验器材，属于实际操作的范畴。然而，实际操作过程中，往往仅有一人或数人负责操作，其他人则处于观察状态。这些实验受限于特定时空环境。相较之下，虚拟仿真实验无需真实器材，仅依赖安装有相关软件的电脑设备即可完成。实验人员可通过软件设计实验方案，并借助程序模拟实验过程。此外，虚拟仿真实验能自动收集和整理数据，显著提升实验效率。但需注意，虚拟仿真实验中的设备和器材均为虚拟构造，体现了其虚拟现实特性。

2. 开放思维

虚拟仿真实验具有开放性特征，可模拟展示难以直接观察的物理现象。传统实验模式下，高中物理课程中部分实验存在局限，如电磁学实验涉及电场和磁场的概念，这些虽然实际存在，但难以直接观察，通常依赖教师的描述和学生的想象力来理解。这种教学方式对教师的描述能力和学生的想象力要求较高，若教师描述能力欠佳或学生想象力不足，将可能导致学生对相关知识的理解困难，进而对学习效果产生不良影响。相比之下，虚拟仿真实验通过软件设置，以线条或动画形式直观展示电场、磁场等不可见事物。这种展示方式不仅强化了学生的感知能力，还有助于学生建立更为丰富的感性认识，更加深入地理解和掌握相关物理知识。

3. 操作安全

在进行物理实验时，安全至关重要。高中物理实验存在潜在的安全隐患，一旦发生事故可能带来严重后果。以电学实验为例，传统模式下，不规范操作可能导致电路错误连接，引发火灾等危险。但在虚拟仿真实验中，电路连接通过模型模拟，并以动画展示结果。发生短路时，系统会弹出错误提示，避免实际损害，提高实验安全性。

因此，虚拟仿真实验环境为实验人员提供了更高的安全保障，使学生在无后顾之忧的情况下，充分发挥想象力，大胆尝试。这不仅有助于激发学生对实验的兴趣，更能有效地提升学生的实验能力。

4.互动交流

在物理实验的教学过程中，虽然虚拟仿真实验是一种有效的替代方式，但同样不应忽视其他传统的教学软件，如 PPT 和 Flash 等。然而，这些教学软件在展示实验过程和结果时往往呈现出静态和单向信息输出的特点，这在很大程度上限制了它们的交互性。在物理实验中，交互性主要体现在学生间与师生间的互动。学生间互动通过共享账号或局域网分享实现，促进学习交流，提升效果。师生间互动则发生在软件操作、实验设计及演示中，深入讨论与交流。这种互动激发兴趣，促进学生积极参与，优化教学效果。

二、虚拟仿真实验的设计原则

（一）主体性

当前，学生在物理实验教学中缺乏兴趣的主要原因在于"无法实际操作"。在传统教学模式中，教师主导实验，学生仅观察，未能充分体现学生主体地位。因此，在设计和实施虚拟仿真实验教学时，应坚持学生主体性原则。教学设计应以学生为中心，鼓励学生主动参与实验过程，自行设计和演示实验。这样，学生成为实验操作者，主动探究知识，增强学习信心。基于主体性原则的虚拟仿真实验教学设计，有助于学生在课堂和家中主动学习，提高物理实验能力和科学素养。

（二）简便性

学生在物理实验中常遇困难，其中实验流程烦琐是主要原因。这涉及多个硬件使用和器材准备、连接、整理、归还等环节，增加了实验时间和对学生操作能力的要求。相比之下，虚拟仿真实验能简化流程，提高效率与参与度。

为优化物理实验教学，应坚持简洁性原则。这并不意味着简单化处理，而是在保证实验科学性基础上，精简流程，去除无意义环节，降低难度和时间成本。

简化实验步骤有助于学生更好理解和掌握内容，确保实验有序进行，符合学生认知发展规律，引导他们逐步深入理解实验内涵。

（三）趣味性

物理实验的魅力源于其趣味性，它是吸引学生积极参与的关键因素。然而，若实验缺乏趣味性，将导致学生对其失去兴趣，进而降低其参与物理实验的积极性与主动性。因此，在虚拟仿真实验教学设计中，必须遵循趣味性原则。虚拟仿真实验通过融合视、听、感等多维感官体验，相较于传统教学模式，已具备一定的趣味性。然而，为了进一步提升其趣味性，需要设计科学、合理的实验内容。这有助于改变学生对物理课堂的固有认知，激发学习兴趣，促进学生主动学习探索物理知识，构建完整系统的物理知识结构。

（四）交互性

在教学过程中，尽管大部分学生能积极参与物理实验学习，但仍有部分学生难以投入。其中一个原因是缺乏有效互动。当缺乏学生反馈时，教学变为单向灌输，不利于教师调整策略。设计虚拟仿真实验教学需坚持交互协调原则。学生明确需求虚拟仿真实验因其互动性。建构主义理论强调师生交互的重要性。在物理实验教学中，教师应考虑学生差异，优化实验设计，调动积极性。在 NOBOOK 仿真实验教学中，师生互动应贯穿整个教学过程，加强引导与指导，提高教学效果，促进学生发展。

三、虚拟仿真实验的教学案例

（一）探究类实验——以《电容器的电容》为例

1. 新课标要求

新课标对《电容器的电容》实验的要求包括：一是仔细观察电容器，理解电容概念，观察充放电现象；二是通过实例说明电容器的实际应用。

2. 教材研究

《电容器的电容》章节源自 2019 版高中物理必修三第十章第 4 节，围绕电容器及其电容展开，介绍电容器认知、充放电过程及电容等核心概念。电容器对培养学生物理核心素养具有重要意义，符合新课标要求。学生已探讨电荷量、电场强度、电势差等物理量，本节内容综合运用这些知识，展示物理知识的应用价值，并为后续学习奠定基础。

3. 学情研究

在学习本节内容前，学生已掌握电场知识及比值法定义物理量的经验。但学生对电容器相关概念认知不足，理解电容概念可能存在困难，且对充放电过程缺乏直观认识。为此，物理教学中增加了实验环节，从学生已有知识出发，通过探究实验、协作交流、分析论证及归纳结论等方式，引导学生更自然地理解和接受新知识，培养学生的多方面能力。

4. 教学目标

物理观念：使学生深入理解电容概念，掌握定义式，具备简单判断能力。

科学思维：通过虚拟仿真实验，引导学生掌握电容器充放电过程；借助 $Q-U$ 图像，认识电容的固有特性。

科学探究：设计实验展示电容器充放电过程，帮助学生理解电容器在匀强电场中的作用。

科学态度与责任：引导学生将物理知识应用于生活，认识其实用价值，激发学习热情，提升学习积极性。

5. 教学重难点

教学重点：一是利用比值法定义电容器电容；二是通过观察实验，理解影响平板电容器电容的关键因素。

教学难点：一是对电容器充放电过程的深入理解；二是在等压或等电量情况下，掌握电容器电压及场强等物理量的变化规律。

6. 实施要点

在《电容器的电容》实验教学中，采用讲授法、实验演示法和推理法三种教学方法。学生则通过自主学习、探究学习和合作学习三种方式学习。教学中使用了 NOBOOK 虚拟仿真实验软件、多媒体课件、电容电路演示板等器材。以下是具体的教学步骤：

（1）课题导入

在课题导入环节，为了有效引入电容器的概念，教师精心准备了两个碗。其中一个碗装满了水，而另一个则是空的。通过这两个碗的配合使用，教师演示了倒水和装水的过程，以此来形象地阐释容器的储水功能。在此基础上，教师巧妙地引申出问题："那么，应采用什么来储存电荷呢？"为了更直观地展示电荷的存储"容器"，即电容器，教师还使用了图片进行说明。随后，教师进一步向学生提出了深入的问题："电容器的内部构造是什么样的？电荷在电容器中是如何进出的？"这些问题旨在引发学生的深入思考和观察。而学生通过观看教师的演示和思考这些问题，能更好地理解电容器的概念和原理。

（2）新课教授

①电容器概述

在教学电容器的内容时，教师首先对导入的问题进行了系统性的归纳：电容器，作为一种关键的电学元件，在学习和研究中占据着重要的地位。为了使学生更直观地了解电容器，教师展示了电容器图片，并从形状、结构、电介质、用途等方面介绍了常见电容器。

电容器是由两块彼此靠近的平行金属板组成，其间填充有不导电介质（如空气），从而构成了电容器的基本构造。教师着重讲解平行板电容器的相关概念，通过展示清晰的图片资料，使学生充分认识到，构成电容器的两平行金属板被称为极板，它们均由导电性能良好的金属材质制成；而填充于其间的介质则必须是绝缘性能优良的非导电物质。

基于这一定义，深入理解"只要两个导体间的距离足够接近，它们便能够共同构成一个电容器"，学生务必认真记录并深入领会。

②电容器充放电现象

在讲解电容器的充放电现象时，教师提出了一个关键问题：已经了解了电容器的结构，那么它是如何存储和释放电荷的呢？为了解答这一问题，教师展示了电路图，如图5-8所示，并要求学生在电路中寻找电容器。通过实验观察和阅读相关资料，学生直观地观察到电容器的充放电现象，并意识到在电路图中，电容器用平行短线段和大写字母 C 表示。

但是，电容器与电源符号相似，但长短不同，长线段表示电源正极。在电路中，电容器接正极的极板为正，接负极的极板为负。接通电源前，电容器无电荷。此知识点需深入理解和准确掌握。

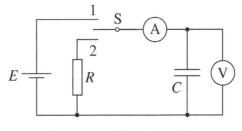

图5-8　电容器充放电电路图

a. 电容器充电

当学生初步了解电容器后，教师将引导学生进一步学习电容器的充电过程。在此过程中，教师将按照图5-8连接实物电路，将开关 S 接至 1 位，使电源开始对电容器进行充电。在此期间，将指导学生观察电压表和电流表的示数变化，并

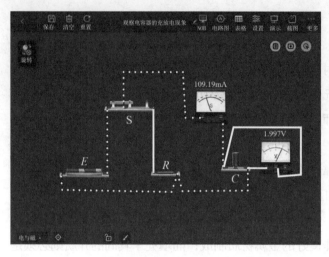

图 5-9　电容器充电过程虚拟仿真示意图

通过这些变化来解释相关的物理现象。

为了帮助学生深入理解知识，教师使用 NOBOOK 软件进行虚拟仿真实验。首先，通过 NOBOOK 展示电容器的充电过程，如图 5-9 所示。接着，当学生看到充电完成时，再展示对应的 NOBOOK 实验，如图 5-10 所示。通过这些虚拟仿真实验，学生将能更直观地理解电容器的充电过程及其相关物理现象。

此时，教师向学生提出了以下四个问题，以引导学生对电容器充电过程进行深入探讨：

Q1：充电后的电容器两极板分别带有何种电荷？在充电过程中，电子的移动情况又是怎样的？

Q2：充电时，电路有电流吗？电流方向是怎样的？充电完成后，电路中还有电流吗？

Q3：充电时，两极板的电压和带电量会怎么变化？

Q4：充电时，电池和电容器的能量是如何改变的？

学生利用 NOBOOK 虚拟仿真实验室进行了实验操作，并记录了实验数据。分析后，学生总结了

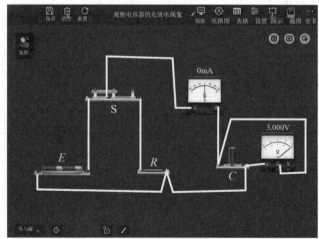

图 5-10　电容器充电完成后虚拟仿真示意图

电容器充电规律：充电时
电路有电流，充完后无电
流；正极板带正电，电子
转向负极板，两板带等量
异号电荷；存在匀强电
场，电压恒定；电源化学
能转化为电场能。

b. 电容器放电

在电容器充电过程的
虚拟仿真模拟基础上，为
了帮助学生理解电容器放

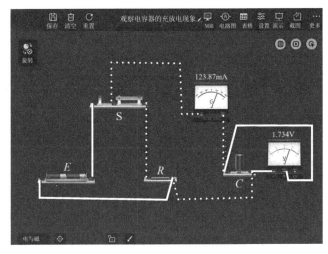

图 5-11　电容器放电过程虚拟仿真示意图

电过程，教师指导学生将图 5-8 中的电路开关 S 切换到 2 的位置，使电容器对
电阻 R 进行放电。在此过程中，教师指导学生观察电压表和电流表的读数变化，
并引导学生分析这些变化所反映的物理现象。为了进一步加深学生的理解，教师
采用 NOBOOK 虚拟仿真实验平台，为学生演示了电容器放电过程的实验，如图
5-11 所示。教师还展示了电容器放电完成时的状态，如图 5-12 所示。这些实验
和模拟旨在帮助学生更好地理解和掌握电容器放电过程的原理和应用。

教师向学生提出以下问题：

Q1：灯泡的亮度会
产生何种变化？两极板间
的电压又将如何变动？两
极板之间的电场强度又将
如何改变？

Q2：在放电过程
中，电子的运动路径是怎
样的？

Q3：放电过程中，
能量是如何进行转换的？

学生在 NOBOOK 虚

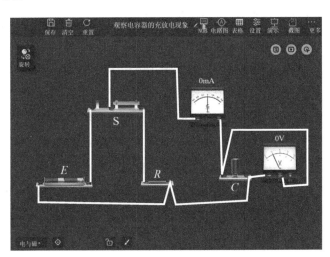

图 5-12　电容器放电完成后虚拟仿真示意图

拟仿真实验室中，遵循规程进行实验并回答所有问题。学生详细记录了实验数据，对电容器充电规律进行了总结。总结要点如下：在电容器充电过程中，电路中会存在电流流动；充电结束后，电路中电流停止。此时，正极板带有正电荷，电子在电源作用下向负极板移动并附着其上，使两板分别带有等量异号电荷。两板间形成了均匀的电场，且两板间电压保持稳定。在这一过程中，电源的化学能逐步转化为电场能。学生在实验操作过程中表现出高度的严谨性和科学素养。在虚拟仿真实验过程中，学生仔细观察了实验现象，详细记录了相关数据，并对电容器放电规律进行了归纳和总结。实验发现，放电过程中会出现短暂的放电电流。在这一阶段，电子从带负电的电极板向带正电的电极板移动，导致两板间净电荷减少，电压和电场强度降低。放电时，电场能转化为其他能量。放电结束时，两板不带电，电压为零，电场消失。这一研究为学生提供了电容器放电过程的深入理解，有助于学生进一步掌握相关知识和应用技能。

c. 借助传感器观察电容器充放电过程

教师展示电容器充放电电路示意图（图 5-13），并通过 NOBOOK 虚拟实验室进行实操演示。

在此过程中，向学生提问图中竖立狭长矩形面积所代表的物理含义。此外，教师需要引导学生基于 I-t 图像理解电容器在放电过程中电荷量的释放情况，并鼓励学生进

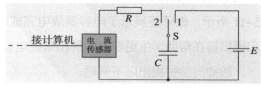

图 5-13　电容器充放电电路示意图

行计算，得出具体结果。接下来的教学环节，教师应指导学生进行实验并分析问题。特别要观察电容器电荷量变化时，电势差及带电荷量与板间电势差比值的变化。学生需利用 NOBOOK 虚拟仿真实验平台进行演示，通过传感器观察电容器的充、放电过程。最终，学生需通过 I-t 图像和坐标轴所围成的面积确定放电过程中的电荷量大小。估算面积时，可根据图像所占格数进行。若图像完全占满一格，计为一格；小于半个格则不计入。通过估算，学生可得出电荷量大小。

学生需理解微元法：$\Delta Q = I \cdot \Delta t$，即在充放电过程中，电容器两端的电压和电流的变化关系。通过虚拟实验，学生可将抽象的过程形象化，更好地理解电容器的充放电过程，提升学生的逻辑推理和科学论证能力。此外，虚拟实验还允许

学生在有限的环境中观察电容器的充放电过程中电压、电流的波形。

d. 电容器储存电荷量与电势差关系的研究

经过系统的实验探索，学生发现，在电容器充电过程中，其两极板所携带的电荷量及其间的电势差均呈递增趋势；反之，在放电过程中，二者则会相应递减。为了进一步激发学生的深层次思考，教师提出了一个核心问题：电容器电荷量与极板间电势差之间，是否存在某种确定的数量关系？为此，教师设计了以下三个核心问题供学生深入探讨。Q1：应如何精心策划一场实验，以便验证电容器电荷量与极板间电势差之间的关系？ Q2：在实际操作中，应采用何种方法来精确测量两极板间的电势差？ Q3：对于两极板上的电荷量，应如何进行有效的测量或控制？

学生对问题热情高涨，设计改变电荷量方案，回顾库仑"平分电荷量"方法，并绘制部分电路图。在此基础上，教师引导学生进一步优化设计方案，并组织学生进行小组讨论，以确保实验步骤的准确性和规范性。经过小组讨论，学生明确了解决问题的基本思路。计划对电容器充电，通过改变充电电压，测量极板电压和电荷量。计划收集多组数据，运用图像法处理和分析，揭示物理规律。学生利用 NOBOOK 虚拟仿真软件连接线路，进行实验和数据整理。

在计算电荷量 Q 与电势差 U 的比值时，学生发现这个比值近似保持恒定，这意味着电荷量 Q 与电势差 U 之间存在正比关系。通过绘制 Q–U 图像，学生发现数据点大致分布在一条通过原点的直线上，这进一步证实了电容器的电荷量 Q 与电压 U 之间的正比关系。

因此，这一环节以实验探究为核心，旨在引导学生通过实验来验证两个关键规律。它也鼓励学生自主推导电容的定义式和单位，加深学生对相关概念的理解，并提升学生运用物理量之比定义物理量的能力。通过虚拟实验和信息图像进行定量研究，学生既能发现规律也能培养科学思维习惯，即以证据为基础来支撑观点。

（二）演示类实验——以《带电粒子在匀强磁场中的运动》为例

1. 新课标要求

《普通高中物理课程标准（2017 年版 2020 年修订）》对《带电粒子在匀强磁场中的运动》的教学要求主要体现在以下两个方面：一方面，引导学生运用洛伦兹力理论，深入分析带电粒子在匀强磁场中的圆周运动。另一方面，学生需要对带电粒子在匀强磁场中的偏转现象及其在实际应用中的价值有一定的认识和了解。这两个方面的要求，旨在帮助学生全面把握带电粒子在磁场中的运动规律，为后续的物理学习和实践打下坚实的基础。

2. 教材研究

《带电粒子在匀强磁场中的运动》，为 2019 年教育部审定的高中物理选择性必修第二册第一章第三节内容。本节内容教学旨在使学生更深入地理解带电粒子在磁场中的运动规律，掌握相关理论分析方法，以及应用所学知识解决实际问题。

在教学过程中，该教材采用实验探究与理论分析相结合的方法，通过形象化的实验处理，引导学生利用已学知识进行深入的理论分析。这种方法不仅使学生更好地理解理论与实践相结合的研究方法，同时也激发了学生的学习兴趣，使学生在学习过程中体验到成功的快乐。

具体来说，本节内容主要涉及带电粒子在匀强磁场中的圆周运动和偏转及其应用。带电粒子在磁场中受到洛伦兹力的作用，产生运动。通过理论分析和实验探究，学生深入了解带电粒子在匀强磁场中运动的规律，包括运动的轨迹、速度、加速度等物理量的变化规律。

除此之外，本节还介绍了带电粒子在磁场中的偏转及其应用。带电粒子在磁场中偏转的原理是洛伦兹力的作用，使得带电粒子在磁场中发生偏转。这种偏转现象在实际应用中有广泛的应用，如质谱仪、粒子加速器等。通过学习这些内容，学生不仅可以掌握带电粒子在磁场中偏转的原理，了解这些原理在实际应用中的重要作用。

鉴于本节内容在高考中的重要地位，做好该节的教学工作至关重要。在教学过程中，教师应注重理论分析与实验探究的结合，激发学生的学习兴趣，培养学生的思维能力和解决问题的能力。教师还应注重知识的拓展和延伸，引导学生深入思考和探索相关领域的前沿知识。

由此可见，《带电粒子在匀强磁场中的运动》是高中物理课程中的重要内容之一，通过学习本节内容，学生深入了解带电粒子在磁场中的运动规律和应用，掌握相关理论分析方法，为今后的学习和实践打下坚实的基础。在教学过程中，教师应注重教学方法的创新和学生思维能力的培养，以提高教学质量和学生的学习效果。

3. 学情研究

学生在电场领域知识与技能储备丰富，熟练掌握带电粒子在电场中的运动规律，运用牛顿定律分析力与运动的关系，展现扎实物理基础。然而，磁场对带电粒子的影响作为新知识点，可能因抽象性和思维定势对部分学生构成理解挑战。实验和实际案例引入对学生掌握该知识点尤为重要。学生对磁场应用及带电粒子在磁场中的运动规律充满好奇心和探究欲望，特别对展示带电粒子运动轨迹感兴趣。这种好奇心将促进学生科学探究能力提升。教师应把握契机，引导学生深入探索学习，巩固拓展物理知识体系。

4. 教学目标

①物理观念：让学生深入理解带电粒子在匀强磁场中的运动规律及洛伦兹力、磁感应强度等基础概念。掌握带电粒子在磁场中直线、圆周和螺旋运动的条件与特征。

②科学思维：引导学生运用洛伦兹力、磁感应强度等概念分析带电粒子在磁场中的运动。通过虚拟仿真实验，培养学生利用实验和实例验证磁场对带电粒子运动影响的能力。

③科学探究：借助虚拟实验和洛伦兹力演示仪，采用控制变量法，引导学生深入探究带电粒子在匀强磁场中的运动规律及其应用。培养学生发现、分析和解决问题的能力，提升其科学探究能力。

④科学态度与责任：引导学生关注磁场在现实生活中的应用，培养对科学发展的关注和责任感。通过运用数学方法解决物理问题，使学生体会科学推理的重要性。

5. 教学重难点

本节的教学重点集中在带电粒子在均匀磁场中所受到的力学分析以及运动轨迹的描绘上。本节的教学难点在于深刻理解带电粒子在均匀磁场中的运动规律，并将这些规律灵活运用到实际问题的解决过程中。

6. 实施要点

《带电粒子在匀强磁场中的运动》实验教学中，教师运用 NOBOOK 虚拟仿真软件，融合实验探究、自主推理、讲授及实验推理四种教学法。重点结合"推理法"与"实验探究法",使学生观察实验现象并深入分析讨论,培养逻辑思维和实验技能。

教师鼓励学生积极参与观察、科学探究和讨论,通过运用"观察法""科学探究法"和"讨论法",让学生自主发掘新知识、总结规律。采用直观易懂的语言,唤醒学生已有的认知,帮助学生更好地理解和应用新知识,提升学习效果。

为确保教学内容重点突出、条理清晰,采用讲授法系统阐述理论知识和实验原理。同时,精选多样化教学工具,如洛伦兹力演示仪、NOBOOK 虚拟实验室等,以激发学生兴趣,引导主动思考,提升学习能力和科学素养。

（1）课题导入

在课题导入阶段,教师使用极光视频引导学生思考三个核心问题:极光形成机制、带电粒子在磁场中的受力情况以及洛伦兹力的计算。学生通过观看视频和阅读书籍,得出太阳风中带电粒子在地球磁场作用下发生偏转的结论。

在此过程中,带电粒子受到洛伦兹力的作用,其方向和大小可通过左手定则进行判断。教师采用视频教学方式,成功地构建了一个直观、生动的物理场景,有效激发了学生的学习热情和兴趣。这种方式也复习和巩固了前一节课的知识点,使学生更加清晰地认识到教材内容的连贯性和合理性。

（2）新课讲授

a. 理论探究环节

在理论探究环节,教师精心引导学生进行了深入的思考与热烈的讨论,聚焦于两个核心问题:一是当带电粒子平行进入均匀磁场时,其运动轨迹会是怎样的? 二是当这个带电粒子垂直射入同一磁场时,它的运动状态又会发生怎样的变化? 在教师的耐心指导下,学生细致地进行了受力分析,并通过小组讨论的方式得出了结论。经过缜密的分析,学生发现,当带电粒子平行于磁场方向射入时,粒子将在洛伦兹力的作用下保持匀速直线运动。而当带电粒子垂直于磁场方向射入时,洛伦兹力将使粒子进行匀速圆周运动。教师总结:洛伦兹力方向与粒子速度方向垂直,不改变带电粒子速度大小,因此不做功。粒子速度大小不变,洛伦兹力大小也恒定。洛伦兹力作为向心力,始终与速度方向垂直。因此,当带电粒子垂直射入磁场时,它将在洛伦兹力的作用下进行匀速圆周运动。为了加深对这一知识点的理解,教师指导学生打开了 NOBOOK 虚拟实验室,找到与这一物理现象相对应的虚拟实验。在整个教学过程中，教师始终注重引导学生思考力和运动之间的关系，以及洛伦兹力是如何影响带电粒子的运动的。这一教学活动不仅培养了学生的逻辑思维能力，还激发了学生的科学探究精神。

b. 实验探究环节

在实验探究环节中，教师启动 NOBOOK 虚拟实验室，从中筛选出恰当的虚拟实验，并展示了一个心形图形模型。紧接着，教师抛出一个问题：带电粒子如何独立地描绘出爱心形的运动轨迹？这一问题引发了学生的深入思考与热烈讨论。学生探讨了带电粒子在恒定磁场中垂直进入进行匀速圆周运动时，影响其圆周半径和周期的因素。通过调整参数观察图形变化，学生发现洛伦兹力提供向心力。结合圆周运动理论，学生推导出轨道半径 r 和周期 T 的表达式，涉及带电量 q、质量 m、速度 v 和磁感应强度 B。为加深理解，教师邀请同学上台操作，选择参数，其他同学记录圆周运动方向、轨道半径和运动周期。学生观察到带电粒子在不同磁感应强度下的表现。

在这一过程中，教师鼓励学生亲自动手尝试推导以下公式：$F = qvB = m\dfrac{v^2}{r}$；$r = \dfrac{mv}{qB}$；$v = \dfrac{2\pi r}{T}$；$T = \dfrac{2\pi m}{qB}$。根据实验结果的分析，观察到粒子在均匀的磁场中沿着匀速圆周运动的轨迹。在这一过程中，粒子运动半径与质量和速度正相关，与电荷量和磁感应强度负相关。带电粒子在均匀磁场中完成匀速圆周运动的周期不受轨道半径和运动速度影响。在教学实践中，教师巧妙地运用虚拟实验丰富课堂内容，增添趣味性，更能有效地激发学生的学习兴趣和积极性。通过引导学生亲自参与推理过程，让学生深刻体验公式推理的严谨性和科学原理的奥妙，极大地增强学生对相关公式的记忆和理解，进一步提升学生的学习效果。

c. 实验验证环节

为了验证实验探究环节的推理，教师带领学生开展《观察带电粒子的运动径迹》的探究实验，以达到实验验证的目的。

首先，教师应通过 PPT 介绍洛伦兹力演示仪的构造和功能，并解释如何调控加速电压 U 和励磁电流 I。接着，预测带电粒子运动轨迹，并用演示仪验证。具体情形包括：无磁场时观察电子束轨迹；通电产生磁场时再次观察；调整磁感应强度观察变化；保持磁感应强度，调整电子速度观察变化。

其次，教师选一位学生上台操作，调整电压、电流和磁场方向，观察并记录轨迹，其他学生归纳整理实验现象。通过这种直观且实践性的实验操作，学生将更加明确和清晰地理解和掌握带电粒子在磁场中做匀速圆周运动的相关知识。

再次，教师采用"真实实验"的方式，对实验的猜想进行了实证。在课堂上，教师亲自操作了洛伦兹力演示仪，并向学生展示了真实的实验过程。经过观察和分析，发现真实实验的结果与之前的虚拟实验结果高度一致。在这一过程中，学生仔细观察了真实实验的操作，并详细记录了实验现象。通过对真实实验和虚拟实验的实验现象进行对比分析，学生进一步归纳总结了实验规律。实验现象显示：无磁场时，电子束径迹为直线；加入磁场后，径迹变为圆形。电子束速度不变时，磁感应强度增强，圆形半径减小；磁感应强度恒定时，电子束速度增加，圆形半径增大。这些实验结果为相关研究提供了有力支持。

最后，鉴于高考体制的变革，带电粒子在均匀磁场中的动态表现成为高中物理教学的核心难点和高考常考点，常以组合场或叠加场形式出现。因此，教师需帮助学生深入理解这一抽象概念。通过简明扼要的物理模型深入剖析其机制，可有效提升学生物理应用能力。

例如，教师运用 NOBOOK 工具，模拟带电粒子以不同角度进入磁场的情景，让学生观察并记录粒子的运动轨迹。学生观察带电粒子在磁场中的圆周运动，发现粒子垂直边界射入时，与 x 轴焦点距离入射点最远。教师展示粒子在电磁场中的运动，学生观察到粒子在电场中加速，在磁场中做匀速圆周运动。鼓励学生利用虚拟实验辅助学习，创建物理场景以更好地理解和解答题目。

因此，在探究过程中，学生深入了解了洛伦兹力演示仪的工作原理，并通过实际操作观察了电子在均匀磁场中的运动轨迹。鉴于实际实验设备因老化而导致的现象不明显、磁场分布难以观察的问题，采用虚拟实验装置。该装置完美模拟了真实实验环境，不仅弥补了实际设备的不足，还显著提升了实验效果，使得磁场分布清晰可见。通过将虚拟实验与真实实验结合，验证了实验结论，增强了实验的可靠性和直观性。学生在探究过程中积极参与，亲手操作，加深了对公式和规律的理解，培养了动手能力和空间想象力。利用虚拟实验演示带电粒子运动轨迹，有助于打破思维定式，加深理解。例如，在解答带电粒子在磁场中运动问题时，学生利用虚拟仿真实验软件预设问题并设置参数，观察粒子运动情境并随时暂停或减缓进程，使理解更深入透彻。

第三节 微课

随着信息技术的快速发展，教育行业正经历深刻变革，教学方式不断更新。微课资源作为重要教学资源，广泛应用于多元化教学模式。微课资源不断丰富和微课大赛的兴起，为教师提供了丰富的教学资源。本章节以 Camtasia 录屏软件为例展开研究。

一、微课的概念与分类

（一）微课的概念

微课是一种以视频为主要形式的信息化教学活动，专门针对某一知识点进行深入剖析和讲解。其时长控制在 5~10 分钟，内容精练，形式短小精悍，旨在提供有针对性的学习体验。微课内容主要包括教材解读、题型讲解、考点归纳及技能传授。它以视频形式展示教学过程，重点讲授核心知识点并解答疑问，适合移动学习。此外，微课还包含教学设计、课件、反思、测试、反馈和评价等辅助资源，形成半结构化专题资源单元，为学习者提供全面系统支持。

（二）微课的类型

微课，作为现代教育技术的产物，其分类方法多种多样，依据不同的划分维度，得到不同的分类结果。这些分类不仅有助于更好地理解和应用微课，也为教育工作者提供有益的参考和指导。以下，我将从多个维度对微课进行详细分类，并分析各类微课的特点和应用场景。

1.教学方法划分维度

微课按照教学方法的不同，可细分为多个类别。其中，讲授类微课主要聚焦于知识的传递，尤其适用于理论性较强的教学内容；解题类微课则侧重于解析解题技巧与方法，对数学、物理等科目的教学尤为适用；实验类微课强调实践操作的重要性，适用于科学、技术类课程；讨论类微课鼓励学生积极参与讨论，旨在提升学生的思维能力和沟通能力；演示类微课则通过实例或案例的展示，帮助学生更好地理解和应用所学知识。

2. 制作方式划分维度

从制作方法的角度出发，微课可以被划分为 PPT 式、录屏式、摄制式以及软件合成式等多种类型。PPT 式微课主要以幻灯片为呈现方式，其特点在于简洁直观，非常适合用于阐释知识点。录屏式微课则侧重于录制电脑屏幕上的操作流程，以此展现软件应用、网页设计等相关内容。摄制式微课利用摄像机进行拍摄，捕捉教师讲解、学生互动等现场情境，带来更为真实的观感体验。而软件合成式微课则借助专业软件将多种素材融合为一，创造出丰富的视觉感受和交互功能。

3. 课堂进程划分维度

根据课堂进程的不同阶段，微课分为课前复习、新课导入、知识理解、练习巩固、小结拓展等环节。其中，课前复习微课的主要目标是帮助学生复习和巩固已学过的知识，为新知识的学习打下坚实的基础。新课导入微课则通过创新且引人入胜的方式来介绍新知识，激发学生的学习兴趣和好奇心。知识理解微课则详细阐述新知识，确保学生全面、准确地理解并掌握所学内容。练习巩固微课则通过大量的练习来强化学生对知识的掌握，帮助学生将理论知识转化为实际操作能力。最后，小结拓展微课则对所学内容进行全面的回顾和总结，在此基础上进行适当的拓展，以拓宽学生的知识视野和思维深度。

4. 规模大小划分维度

微课按照规模大小可划分为单个微课、课程系列及课程群。单个微课主要聚焦于特定的知识点或技能点，内容相对独立且完整。课程系列则以某个主题或学科为核心，通过整合多个微课构建成系统化的课程体系。课程群则是一个更加宏大和综合的资源集合，它不仅包括多个课程系列，更广泛覆盖了各种内容领域，形成了一个庞大的微课资源库。

5. 内容深浅划分维度

微课按照内容的深浅程度可分为多个层次。其中，科普型微课致力于普及科学知识，内容相对浅显易懂，适合广大公众学习。一般型微课则主要面向普通学习者，讲解基础知识和应用技能，帮助学生更好地掌握相关知识和技能。而深入型微课则针对高级学习者或专业人士，深入探讨某个领域的专业知识或技能，为学生提供更为深入、专业的学习资源。不同类型的微课各有侧重，以满足不同水平学习者的需求。

6. 制作质量划分维度

微课按照其制作质量的不同，可划分为普通教学型和面向竞赛型两大类别。普通教学型微课以教学效果和实用性为核心，适合应用于日常教学活动；而面向竞赛型微课则更加强调创新性和艺术性，旨在培养学生的创新思维与综合能力，更适用于学科竞赛或课外拓展活动。

综上所述，微课资源的分类方式繁多，每一种都有其特定的意义和应用背景。通过深入了解和掌握这些分类方法，可以更加精准地选择和应用微课资源，优化教学效果并提升学习效率。对于教育工作者而言，根据不同的教学需求和目标，有针对性地设计和应用微课，是实现教学效果最大化的重要途径。

二、微课设计流程与制作技巧

（一）设计流程

Step1：教师需选定课题，了解教学对象与内容。制作微课时，需深入理解微课的概念与特性，掌握软件与工具使用，遵循设计原则与理念。还需了解学生特点，满足其认知方式，针对不同年龄段进行设计。同时，进行学情分析，明确章节分布，合理划分授课内容，控制教学时间。

Step2：前端分析，设计教学模块，收集教学资源与准备语言脚本。制作微课前，教师应明确教学目标、重难点、方法和形式。通过查阅资料、观摩优秀微课，结合自身特点，融入优秀元素于教学设计中。教师应准备好录制素材，如实验操作视频、图片和音频等。为流畅录制，提前编写好讲解语言脚本。

Step3：微课制作与编辑。准备好素材后，教师使用 PPT 制作课件并播放，同时用录屏软件或 Office 插件录制屏幕和音频。后期，使用 Camtasia 等视频编辑软件进行编辑。以 Camtasia 为例，将素材添加到软件中，录制音频，并根据音频轨道编辑视频。编辑时，教师需控制时间节点，使视频流畅生动。

Step4：发布微课。利用在线学习平台发布带有图文信息、音乐、视频的微课，设置标题和封面，按时推送给学生。教师向家长推广在线学习平台。

让家长关注并监督学生观看微课。

Step5：教师利用在线学习平台加强与学生互动，及时回答学生的问题。利用在线学习平台，学生在学习过程中，若有任何疑问或不解之处，应随时向教师请教，以便及时获得解答和指导。教师在收到学生的反馈信息后，应迅速且认真地对学生的问题进行解答，确保学生得到准确的答案和详尽的解释。同时，教师还应根据学生提出的问题，对课程内容进行必要的修改和完善，以适应学生的学习需求和提升教学效果，从而确保学生能够更好地掌握知识和技能。

（二）制作技巧

首先，选材与课题的定位是基石。鉴于物理学的实验性质，选取引人入胜的实验题材至关重要。利用 PhET 等在线模拟工具提供的实验视频，结合优质教育资源库中的素材，极大地丰富微课内容，激发学生的学习兴趣。课题的选择应具体而明确，避免过于宽泛，以确保与学生的实际需求紧密相连。

其次，微课的内容应紧密围绕教学的重点和难点。教师应基于学科教学目标，精准地确定微课的主题，确保其内容与教学的实际需求高度契合。例如，在电磁感应章节中，可以设计一系列专题，循序渐进地讲解相关内容。微课应与传统的课堂教学相互补充，通过引入优质的微课资源和邀请经验丰富的教师参与，共同攻克教学中的难点。

此外，微课脚本的编写也至关重要。微课教案应细致入微，涵盖每一个画面和细节，同时建议将时长控制在 5~10 分钟以内，以保持学生的专注力。若采用幻灯片录制方式，应在教案中明确标注幻灯片中的暂停点、脚本内容和切换环节，以确保录制的流畅性和连贯性。

最后，录制微课是制作过程中的关键一步。选择如 Camtasia studio 等专业的录制软件，确保录制过程稳定且高效。在录制时，要严格控制时间，确保内容讲解既深入又精练，充分展现微课的特色和优势。还需关注视频画质的清晰度、录制环境的安静度以及课件的视觉美感。在制作视频时，别忘了添加片头、片尾等必要信息，以提升微课的整体品质和专业感。

三、Camtasia 录屏软件的应用

（一）Camtasia 录屏软件的概述

鉴于课题选择类型、讲解方式及呈现形式的差异性，录制方式亦需灵活调整以适应不同需求。若视频素材源于现场模拟实验环节，可采用摄像机或手机等便携设备进行实时录制，确保实验过程的真实性与完整性。而在捕捉教师教学 PPT

及讲解过程时，为提升录制质量与效率，可借助录屏王、Office Mix、会声会影或 Camtasia studio 等专业录屏软件，实现高效、精准的录制效果。这些软件不仅具备强大的录屏功能，还可在后期编辑过程中提供丰富的特效与剪辑选项，以呈现更为精致、专业的视频内容。

在实际操作中，Camtasia studio 因其强大的录屏及制作功能，备受笔者青睐。以下是使用 Camtasia 软件进行录屏的详细步骤。用户需启动 Camtasia 软件的录制功能。用户只需点击工具面板顶部的"录制"按钮，即可便捷地启动屏幕视频录制功能。Camtasia 软件在默认情况下将全面捕获屏幕上的所有活动。此外，用户可根据个人的实际需求进行个性化的录制设置。具体而言，用户可选择录制全屏显示或自定义特定录制区域，并且可选择需要随屏幕内容一并记录的其他输入源，例如网络摄像头、麦克风音频以及系统音频等。完成相关设置后，用户只需点击"开始录制"按钮，即可开启符合个性化需求的录制过程。

（二）Camtasia 录屏软件的视频制作方法

1. 时间轴处理

在录制操作全部圆满结束后，按下 F10 键以正式终止整个录制流程。随后，录屏视频文件将自动进入保存环节，并顺利添加至媒体箱中，以便后续使用。录制者可在时间轴上清晰查看新添加的素材内容。值得注意的是，若录制过程中启用了摄像头功能，时间轴上将会展示两段独立的素材片段。具体而言，一段为摄像头所捕捉的视频素材，另一段则是屏幕录制所生成的内容素材。

2. 素材编辑

对于素材的拆分，录制者只要在时间轴上点击邮件并选择适当的时间标尺。拆分后，录制者就能删除不需要的部分，并将剩余素材与前面部分连接。若不进行此操作，输出视频可能会出现黑屏。 Camtasia 2023 版提供了丰富的转场特效供录制者选择，使用非常简单，只需将录制者选择的特效直接拖拽至两段素材之间即可。 添加字幕的操作也非常简单。首先点击字幕按钮，然后选择添加字幕。Camtasia 自动在时间轴上添加文本素材。录制者只需输入所需的文字，在持续时间处调整时间即可。

以制作关于电磁感应知识的讲解视频为例，使用 Camtasia 软件，以《探究感应电流的产生条件》为教学主题。

首先，按照预先准备好的语言脚本录制音频，并将其精确嵌入时间轴中。针对录制过程中出现的问题，需要细致修正和优化处理。在进入视频制作环节之前，需要广泛搜集和深入研究与感应电流相关的优质素材。例如，从 PhET 物理网站获取仿真模拟实验，同时利用 Camtasia 的录屏功能，捕捉磁通量变化时感应电流的动态图像，并将这些精心挑选的素材存入素材库以备后用。

其次，从素材库中选取恰当的素材，并巧妙地将其添加到时间轴上。为了确保视频与音频的协调一致，根据音频的时长对素材的播放时间进行精确调整。在场景转换时，巧妙地添加转场特效，极大地提升视频的观赏性和流畅度。

再次，为视频添加字幕也是必不可少的一步，确保字幕与语言脚本和时间轴保持同步，并根据实际需求灵活调整字幕的显示时间。

最后，在完成所有编辑和调整后，只需轻轻点击分享按钮，即可生成最终的视频。在整个制作过程中，始终保持严谨、稳重的态度，以理性的思维方式进行操作。

以《探究感应电流的产生条件》为主题，使用 Camtasia 软件制作关于电磁感应知识的讲解视频。首先，根据预先准备好的语言脚本录制了音频，并将其精确嵌入到时间轴中。在录制过程中，仔细修正和优化了出现的问题。在进入视频制作环节之前，广泛搜集并深入研究了与感应电流相关的优质素材。例如，从 PhET 物理网站获取了仿真模拟实验，并利用 Camtasia 的录屏功能捕捉了磁通量变化时感应电流的动态图像。这些精心挑选的素材都被存入素材库以备后用。其次，从素材库中选取了恰当的素材，并巧妙地将它们添加到时间轴上。为了确保视频与音频的协调一致，根据音频的时长精确调整了素材的播放时间。在场景转换时，巧妙地添加了转场特效，极大地提升了视频的观赏性和流畅度。此外，为视频添加字幕也是必不可少的一步，确保字幕与语言脚本和时间轴保持同步，并根据实际需求灵活调整了字幕的显示时间。最后，在完成所有编辑和调整后，轻轻点击了分享按钮，生成了最终的视频。在整个制作过程中，始终保持着严谨、稳重的态度，并以理性的思维方式进行操作。

四、微课在物理实验教学中的创新探索

《教育信息化 2.0 行动计划》明确提出："教育教学的发展要与信息技术深度融合，以教育信息化带动教育现代化"。《普通高中物理课程标准（2017 年版

2020 年修订）》强调："通过多样化的教学方式，利用现代信息技术，引导学生理解物理学的本质，增强科学探究能力和解决实际问题的能力。"近年来，随着信息技术的高速发展和教育改革的不断推进，微课受到了国内外学者和中小学教师的广泛讨论和实践。

微课由美国的戴维·彭罗斯所创立，他认为微课是一种以建构主义为指导思想，以在线学习或移动学习为目的，基于某个简要明确的主题或关键概念为教学内容，通过视频、音频形式录制的微课程。作为一种新的教育形式，很多国内教育专家也对微课概念进行了论述。胡铁生认为，微课是指按照新课程标准及教学实践要求，以教学视频为主要载体，反映教师在课堂教学过程中针对某个知识点或教学环节而开展教与学活动的各种教学资源的有机组合。微课具有主题明确、重点内容突出、情境真实、节奏紧凑、易于传播等特点。

物理学是一门实验学科。实验是物理教学的重要内容，但受传统教学观念影响，在实验课堂上教师要花费很多时间讲解实验的理论部分，留给学生动手操作的时间不多，实验课堂效率低下。微课作为一种零散化教学资源，可以辅助教学，满足学生个性化需求，方便学生自主学习，促进教育资源的整合，有利于推动教育信息化建设。微课资源为物理实验教学提供了一种新思路，学生可以在课前利用微课资源自主学习实验仪器的使用、实验原理、数据处理方法等，在课堂上微课也可以帮助学生进行实验操作，引导学生科学探究，这种教学模型能够有效破解传统实验课堂效率低下的问题。

调研发现学校物理实验教学存在诸多问题，如学校、教师、学生对实验重视不够；学生将仅有的几节实验课视为放松时间，实验之前不清楚实验目的，不了解实验原理及实验设计思路；实验时学生仅仅按课本或老师设定好的步骤被动操作。基于此，本研究尝试利用微课资源来辅助实验教学，构建微课辅助物理实验教学模型，并将模型应用于高一年级物理实验教学，通过行动研究提升物理实验教学效率，促进微课在教学改革中的应用研究，并为"三新"背景下的物理实验教学改革提供借鉴与参考。

（一）微课辅助下的物理实验教学策略

教学策略是教学设计的有机组成部分，是在特定的教学情境中为完成教学目标和适应学生认知需要而采取的教学行为方式或教学活动方式。物理实验主要采用学生分组实验的教学方法，所谓学生分组实验是指在教师的指导下，学生利用整节课的时间在实验室分组进行实验的实验形式。通过分组实验，学生自主设计实验方案，亲自动手操作仪器、观察测量、获取资料数据，得出实验结论，并对实验过程进行分析、评估和交流。在与教育信息化专家、一线教师研讨交流的基础上，结合物理实验课堂的特殊性，本研究提出微课辅助实验教学策略。

1.建设优质微课资源

微课的质量直接决定了学生的学习效果。因此，教师要针对实验教学的实际需求从互联网平台（如国家中小学智慧教育平台）选择微课或精心设计并制

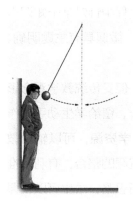

图 5-14　摆球实验

作微课。微课开头要有足够的趣味性以吸引学生继续观看，讲解内容时要清晰、准确，沿着教学主题逐步展开，突出重点，去除繁冗。微课结尾要简洁明了，留给学生一定的思考、回味空间。例如在《验证机械能守恒定律》微课中，笔者以"摆球实验"（图 5-14）引入课题，重点介绍如何利用打点计时器来研究自由下落物体的机械能，并以问题"实验时不测量重物的质量能否验证机械能守恒定律"结束视频。学生在好奇心与求知欲的驱动下耐心观看整个微课视频，学习验证机械能守恒定律的实验方案与操作方法，初步体会能量守恒的思想。除微课外，还需要一些支持材料以辅助微课视频教学，如课件、学习任务单、练习题等。

2.创建班级网络平台

教师要创建班级网络交流平台（如 QQ 群），将制作好的微课及其他辅助资源通过网络平台共享。学生在实验课前观看微课，完成课前学习任务。学生遇到问题时可以通过网络平台寻求同学的帮助或者请求家长的协助，最终将解决不了的问题通过网络平台反馈给教师。教师要及时了解学生学习中遇到的困难，完善课前准备。鉴于实验的特殊性，有些问题在实际操作中更容易解决，例如传感器与 DIS 系统的连接及 DIS 系统的设置等，学生可以在课前与实验员探讨相关问题，在实验员帮助下掌握实验器材的安装及设置，为课堂实验做好准备。

3.灵活运用微课资源

将微课运用于课前学生的自主学习、课堂上的集体学习和协作学习，以及课

后的辅助学习，促进学生个性化学习。学生可以根据自己的学习需求自定步调，一次或多次学习微课，完成学习任务；微课也可以用于课堂上小组之间的合作学习，以引导或帮助小组合作探究；有些实验操作难度大、数据处理时间长，例如"探究加速度与力、质量关系"的实验，教师可在课前制作好微课并用于课上集体学习。

4. 加强学生协作学习

协作学习可以充分调动学生的积极性、参与性，培养学生的协作能力和创新能力。在实验课中更应加强协作交互学习的设计。实验中可将学生分为 2 人一组，让他们一起讨论设计探究计划，互相配合进行实验操作，收集处理实验数据，分析论证得出实验结论，并表达、评估、反思实验过程与结果。可以让不同的实验小组设计不同的实验方案，完成同样的探究任务，实现各小组之间的实验数据共享，感受合作在获取数据中的作用，增强学生的合作意识。

5. 展示实验探究成果

经过自主学习、协作实验后，学生需要在课堂上汇报自己的实验成果、交流学习体验，共同进步。教师要为学生提供展示交流的机会，在锻炼学生表达能力的同时帮助其他同学解决问题。学生可以自己选择展示交流的内容，例如实验中很有感悟的某个环节，实验的创新点，独特的实验方案，或是实验中对某个问题引发的思考等。此外，展示交流的形式是多样的，学生还可以将自己的汇报内容制作成 PPT 或视频上传至网络平台，供教师和学生共同交流讨论。

（二）微课辅助下的物理实验教学模型

基于教学实践及文献研究，本研究设计了微课辅助物理实验教学模型。该教学模型（图 5-15）分为课前、课中、课后三个阶段，过程详细、明确。该模型将教师与学生的活动分开详细列出，让师生清晰地知道在课前、课中、课后应做什么，有利于教师对整个教学过程的把控，提高物理课堂教学质量。

课前教师在研究教学内容、分析学情的基础上完成教学设计，准备好实验仪器。教师针对实验课的操作、实验原理、实验设计等制作微课并准备课前任务单，将微课资源上传至班级网络交流平台，学生在实验课之前自主学习微课，完成课前任务，在此过程中遇到问题可以随时在网络平台与教师、学生交流讨论，并可以在网络平台分享自己的学习感悟，提出问题。

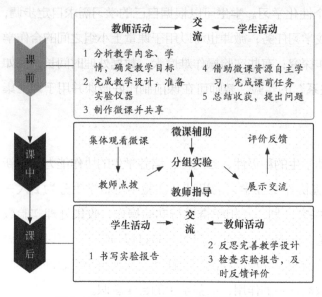

实验课开始时，在教师的引导下学生集体观看微课，教师结合课前学生提出的问题对实验中的注意事项进行点拨讲解，然后学生以小组为单位进行分组实验，实验中遇到问题可以随时观看微课或者寻求教师的帮忙，教师在这个过程中要及时发现问题，给学生展示交流的机会，等所有实验结束后，

图 5-15 微课辅助下的物理实验教学模型

每个小组都要分享实验中的收获与体验，教师要对学生在实验课上的表现进行评价。

课后学生要完成实验报告，这个过程是对整个实验课学习的总结和反思，非常重要。教师要及时在网络平台对学生的实验报告给予反馈。

（三）微课辅助下物理实验教学模型的优势

通过教学实践发现微课辅助物理实验教学模型具有以下几点优势：一是学生实验探究的时间更充裕，展示交流的机会更多，学生的合作探究能力、语言表达能力、实验能力得到提升；二是教师与学生之间实现深度的互动，增进师生的感情交流，促进师生共同学习、共同成长，形成交流互动的课堂文化；三是学生从被动的实验操作者变成主动的实验探究者，经历问题的提出、探究方案的设计、数据的收集和处理、得出结论及交流反思的科学探究全过程，有效培养学生的实验素养；四是在制作微课的过程中，教师不仅开发了新的实验教学资源，还提高了自身的信息素养，促进了自身再学习。

因此，基于教学实践，构建微课辅助物理实验教学模型，并将此模型应用于高一物理实验教学，通过与传统实验课堂的对比分析、实验班与对照班物理成绩跟踪对比分析，得出如下结论：一是大部分学生对微课辅助实验教学模型表现出浓厚的兴趣，参与度高，积极性强；二是微课资源可以灵活的应用于课前、课中和课后，满足学生个性化学习；三是利用微课辅助物理实验教学能破解传统实验课堂效率低下的问题，在促进学生科学探究素养达成的提升物理实验课堂教学实效。

第四节　GeoGebra

物理学科重实验、逻辑和数学，要求学生具备较高的物理思维、实验探究和知识创新能力，这也是学生觉得物理难学的主要原因。为直观生动展示复杂抽象的物理现象和概念，帮助学生理解和掌握，采用 GeoGebra 软件作为教学工具，显著提升教学质量。人教智慧教学平台于 2018 年发布，首次融合 GeoGebra 软件与信息教材，创新了信息教材与学科工具的融合方式。本节通过将 GeoGebra 软件与物理教学结合，实现物理规律的可视化展现，激发学生热情，促进信息技术在物理教学中的科学运用。旨在提供一种新颖而高效的教学方法，帮助学生更好地理解和掌握物理知识，为未来的科学研究和技术创新奠定坚实基础。

一、GeoGebra 概述

（一）形成与发展

2001 年，亚特兰大大学的教授 Markus Hohenwarter 设计出了一款革命性的数学软件——GeoGebra。这款软件巧妙地将几何、代数和微积分融为一体，形成了一个动态的数学工具。其命名源自"Geometry"的"Geo"与"Algebra"的"Gebra"，凸显了它在几何与代数领域的双重核心功能。由于它的卓越表现，GeoGebra 软件在德国、瑞士等欧洲国家迅速受到了广泛的认可和应用。2008 年，美国佛罗里达州立大学开始加强 GeoGebra 的维护，确保其持续稳定地运行。目前，全球范围内已有超过 150 家 GeoGebra 研究院，这些研究院致力于软件界面的翻译、使用教程的本地化、软件性能的优化以及二次开发等工作，以推动 GeoGebra 软件在全球范围内的普及和应用。

　　目前，GeoGebra 软件的最新版本已经更新至"经典 6.0"。在信息技术迅猛发展和用户群体持续壮大的背景下，GeoGebra 软件的功能不断扩展，支持的语言也日益增多。该软件最初仅支持平面绘图功能，但现已增添了 3D 图形绘制功能，极大地丰富了其应用场景。同时，GeoGebra 软件的语言支持也从最初的英语和德语，扩展至现今支持超过 50 种语言，使得更多的用户能够轻松使用并受益于该软件。

GeoGebra 软件凭借出色的性能表现及不断创新的理念，在业界获得了广泛的认可，并荣获多项大奖。其中包括 2002 年欧洲学术软件奖、2004 年德国教育软件奖和教育媒体奖、国际免费软件奖以及人文科学技术奖等。这些荣誉不仅是对 GeoGebra 软件优势的有力证明，更是对其巨大发展潜力的充分展示。

（二）特点与功能

1. 特点

GeoGebra 软件具备以下五大核心特性：

（1）直观形象性强

GeoGebra 采用参数化绘图方式，使图形能随参数变化而变化，与传统绘图软件依赖固定尺寸定义几何元素的方式不同。自"经典 5.0"版本起，软件增添了 3D 功能，支持立体图形的绘制，有助于用户更直观、全面地学习。例如，在电场知识学习中，利用 3D 功能可形象展示点电荷形成的电场分布，通过调整参数实时改变电场大小，加深对电场概念的理解。

（2）强大的数学功能

GeoGebra 提供完备的绘图工具，并支持向量、逻辑、积分和函数运算等。这为用户处理物理学中的矢量问题、应用极限思想、实现可视化动画演示以及处理定量物理规律和公式提供了便利。

（3）操作简便性强

GeoGebra 软件界面布局清晰，包括菜单栏、工具栏、代数区、绘图区和指令栏。用户可直选工具栏功能绘图，或输指令生成图形。高级指令和脚本操作需英语基础及积累，软件提供了 300+ 指令，能满足大部分作图需求。

（4）免费开源性强

相较于付费的正版软件，GeoGebra 软件完全免费，能为学校节省大量经费。其开源特性使得用户在使用过程中可及时发现问题并解决，确保软件的稳定性和可靠性。此外，开源还鼓励用户参与软件开发，促进软件的持续进步。

（5）跨平台兼容性强

GeoGebra 软件支持多种操作系统，实现在线或离线使用，兼容 PC 和手机端。在线使用可访问 www.geogebra.org。PC 单机版有"经典 5.0"和"经典 6.0"两个版本，前者功能全面适合制作课件，后者界面简洁适合触屏展示。手机端界面与"经典 6.0"相似，适合课件展示。本研究选用"经典 5.0"版本进行课件开发介绍。

2. 功能

GeoGebra 软件菜单栏包含丰富的编辑命令。在"文件"下可执行文件操作，如新建、打开等。在"编辑"下提供文件处理功能，包括复制、粘贴等，并特别包含"插入图片"选项。插入图片后，可通过拖动点实现平移、旋转和缩放。软件支持多功能区并行显示，通过"视图"命令可调整显示布局。在"选项"下可编辑显示对象属性，如精确度和字号。此外，"高级"选项卡提供更多系统设置。"工具"命令可自定义绘图工具栏按钮显示，"窗口"命令允许新建和选择显示窗口。最后，"帮助"命令可链接到官方网站获取教程和资源。

编辑文件时，可使用快捷键提高效率，大部分与 office 办公软件相同。软件界面分为绘图区和代数区，可创建几何图形和数学表达式。绘图工具栏中每个图标代表一个工具箱，可通过下拉箭头选择工具。特色工具包括动态工具，如滑动条和复选框工具。

复杂图形或功能可通过指令输入实现快速编辑，指令有具体命令和格式要求。软件支持 LaTeX 格式的数学公式。设置包括对象属性、绘图区、布局和高级设置等，可通过齿轮图标或"编辑"命令进入设置界面。对象种类繁多，可调整属性如大小和颜色。绘图区设置包括 x 轴、y 轴和网格的自定义。布局设置允许调整元素位置和大小，高级设置提供更多精细选项。

二、GeoGebra 课件开发内容

本小节选取 2019 年人教版高中物理教材部分内容，通过实例分析 GeoGebra 软件在高中物理规律教学、实验模拟及习题解析中课件制作的适用性。详细阐述使用 GeoGebra 进行物理课件开发的逻辑思维与技术手段，并总结操作步骤及注意事项。

（一）物理模型教学

1. 小船过河模型

（1）课件开发思路

小船过河问题，作为运动合成与分解的经典题型，常常涉及求解"最短时间"与"最短距离"的问题。其中，关于"最短距离"的求解，需根据船速与水速的具体大小进行细致的分类讨论。特别是在船速小于水速的情况下，求解过程相对复杂且具有一定挑战性。

通过灵活调整滑动条参数，可以迅速且直观地模拟不同情境下的过河情况，进而深入探究并发现如下规律：当船速大于水速时，最短距离即为河岸的宽度；而当船速小于水速时，船头与河岸之间的夹角需满足一定的条件，才能使船以最短距离过河。

（2）课件开发过程

小船过河模型课件的制作流程严谨而系统，具体步骤如下：

Step1：初始化设置。通过使用"交点"工具，精确地在 x 轴与 y 轴的交点位置设定了小船运动的起始点 A。紧接着，根据预设的指令 "$y=10$" 和 "$y=0$"，构建两条相互平行的直线，这两条直线共同构成了所需的"河岸模型"，为后续的小船运动模拟提供了准确的几何基础。

Step2：参数设定。通过使用"滑动条"工具，设定三个核心参数，即水速、船在静水中的速度以及船头与河岸之间的夹角 α。这些参数的设定将为后续的动态模拟与深入分析提供必要的支持。

Step3：构建动态模型。通过输入指令 "（水速，0）"创建点 B，进而形成向量 AB，代表 $v_水$，用以表示船在水流作用下的初始状态。接下来，以 B 点为圆心，以"船在静水中的速度"作为设定的半径长度，绘制出圆 c。随后，利用"交点"工具精确确定圆 c 与河岸线的交点 C。紧接着，通过输入指令"旋转（C，$-\alpha$，B）"，执行旋转操作，得出旋转后的点 C'。连接 BC' 形成向量 $v_船$，代表船在水流和静水速度共同作用下的运动轨迹。通过构建平行四边形，并将向量 $v_船$ 的起始点平移到 A 点，连接 AC' 形成新的向量，用 $v_实$ 表示小船的实际运动速度。

Step4：模拟结果展示。利用"射线"工具，作出射线 AC'，与"河对岸"相

交于点 E。连接线段 AE，用以表示小船过河后的位移。

Step5：量化分析与观察。使用"距离 / 长度"工具度量线段 AE 的长度，以量化小船的过河位移。利用"角"工具逆时针选取 A、C'、B 三点，度量所形成的 θ 角，以便学生更直观地观察和理解小船过河过程中的位置关系。

Step6：优化展示效果。根据需要调整线条的样式，并隐藏不必要的辅助线和对象，以提高课件的视觉效果和清晰度。

Step7：计算与模拟。输入公式和参数，利用公式 $t=\dfrac{d}{v_{船}\cos\alpha}$ 计算出小船过河所需的时间。

Step8：动态模拟与互动。通过操作滑动条 α，用户可调整船头与河岸之间的夹角，从而模拟小船在不同情境下的渡河过程，有效提升课件的互动体验与实用价值。GeoGebra 绘制的图像如图 5-16 所示。

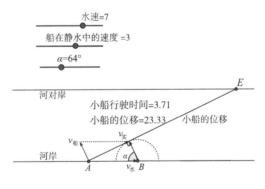

图 5-16　小船渡河问题

2. 皮带传动模型

（1）课件开发思路

本研究以皮带传动模型作为典型案例精心开发了 GeoGebra 课件，旨在通过生动的动态模拟，协助学生深入领会线速度与角速度之间的内在联系。在圆周运动的学习过程中，学生需全面掌握两种模型的核心特征：对于同轴转动的物体，其角速度保持一致；而对于通过皮带或齿轮传动的物体，其线速度则呈现相等状态。尽管学生能够分别掌握这两种模型的基本原理，但在面对将二者融合的综合问题时，往往感到束手无策。这主要是由于研究对象众多，使得学生在确定研究场景时感到迷茫，难以直接对比和分析线速度与角速度的关系。

因此，充分利用 GeoGebra 软件的强大功能，通过构建动态模拟的同轴转动和皮带传动过程，将原本抽象的物理规律以直观的形式呈现出来，以此激发学生的学习兴趣和积极性。在课件的开发过程中，重点关注两个关键环节：一是构建精准的传动模型，通过两个同心圆模拟主动轮，以及一个相离的圆模拟从动轮，并利用线段工具连接两圆的切点，以模拟不打滑的皮带传动状态；二是设计动点的运动动画，基于皮带传动中线速度大小相等的特性，首先利用度量工具精确测量主动动点运动的弧长，然后通过弧度转化计算出另一带轮的旋转角度，最后利用旋转工具精准制作出从动轮上的动点运动轨迹。

通过这样的设计，期望帮助学生更好地理解和掌握线速度与角速度之间的关系，从而提高学生在面对复杂考题时的解题能力。

（2）课件开发过程

皮带传动模型课件的制作流程严谨而系统，具体步骤如下：①通过单击"滑动条"工具，创建滑动条 r_1、r_2、r_3，这些滑动条将用于精确调整皮带轮的大小以及进行弧度制转换操作。②单击"圆心与半径"选项，并以 O_1 为圆心，r_1、r_3 为半径绘制同心圆；同时，以 O_2 为圆心，r_2 为半径绘制圆，用以清晰表示三个皮带轮。③点击"相切"按钮后，分别选择半径为 r_1、r_2 的圆，从而成功绘制了四条切线。接着，利用交点工具精确确定切点，并使用线段工具将这些切点连接起来，形成了代表皮带的线段。④在主动轮上随机选取一点作为 A 点，并绘制射线 O_1A，使其与同心圆相交于点 C。单击"圆弧"按钮，并依次点击 O_1、D（主动轮与皮带的切点）、A 三点，从而构造出了所需的圆弧。单击"距离/长度"选项，度量圆弧的长度 a，并通过指令输入"$\alpha=（180a/\pi r_2）$"。将主动轮转过的轨迹长度转换为从动轮转过的角度。⑤利用"旋转"功能，将从动轮上的任意一点以 O_2 为中心逆时针旋转 α 角，从而形成了 B 点。⑥通过鼠标右键点击 A 点启动了动画，以模拟 A、B、C 三点的运动情况。在此过程中，隐藏了不需要显示的对象，并调整了需要显示对象的属性，以确保整体显示的直观性和清晰性。GeoGebra 绘制的图像如图 5-17 所示。

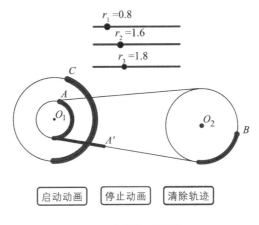

图 5-17　皮带传动模型

3. 交流电机模型

（1）课件开发思路

在正弦交流电的学习中，学生常感其概念抽象难懂。这源于学生在探究交流电产生规律时，未能将交流电形成过程与感应电动势大小变化直接关联。这种学习方式常使学生机械记忆，难以真正掌握其内在规律与特点。为了帮助学生理解正弦交流电知识，计划使用 GeoGebra 软件直观展示其形成过程及感应电动势变化。此举将降低学习难度，激发学习兴趣。在课件的开发过程中，将重点关注以下几个方面：首先，对不同的参数进行调节，以便学生全面理解各参数对交流电的影响；其次，建立发电机的虚拟模型，使学生直观地看到发电机的运转过程；再者，制作转子转动动画，展示电流方向动态变化和感应电动势大小的函数曲线，并实时更新其瞬时值，以便学生更深入地理解其变化规律。

（2）课件开发过程

Step1：启动"滑动条"工具，创建 5 个滑动条，分别命名为 N、B、ω、t，调节不同参数。指令栏输入"$\theta = (\omega t)$"，设定磁场方向与转子偏转角度为 θ。

Step2：指令栏输入转子中心点"$O = (0, 0)$"，以"圆（圆心与半径）"工具，以 O 为圆心、1 为半径绘制圆，形成转子的旋转轨迹。输入指令"$A = (\cos(\theta)$，$\sin(\theta))$""$A = (\cos(\theta + 180°)，\sin(\theta + 180°))$"。由于线框在磁场中旋转，线框中的电流方向将随之变化。在"高级"设置中，设置显示条件为"$0 \leqslant \theta < 90°$

或 270°≤ θ <360°"，并根据电流方向的变化，调整点的形状，以清晰展示其动态特征。通过输入指令"画圆（A，0.15）画圆（B，0.15）"，可绘制出与点A、B 共同构成的线框截面，从而实现对电流方向变化的准确描绘。

Step3：为表示线框线速度 v，需执行以下步骤：首先，输入指令"画圆（A，v）"与"画圆（B，v）"，分别以A、B为圆心，以v为速度对应的半径绘制圆形。接着，利用"切线"工具，经过A、B两点绘制各自圆的切线。随后，这两条切线将分别与两个圆相交，形成交点。最后，借助向量工具，对交点进行计算处理，从而得出速度v的准确值。

Step4：为准确表示磁极与中性面，请按照以下步骤操作。首先，启动"多边形"工具，随后在选定位置精准绘制两个矩形，用以象征磁铁的N极与S极。接着，利用"虚实"功能，对矩形进行颜色深浅的调整，以确保视觉效果的准确性。最后，在y轴上绘制一条虚线，以清晰标示中性面的位置。

Step5：在指令栏中，依次键入以下命令："序列（线段（（-2，n），（2，n）），n，-1.5，1.5，0.75）"以及"序列（向量（（1，n），（-1.5，n）），n，-1.5，1.5，0.75）"，从而生成由一系列线段和向量构成的序列，用以构造所需的磁场线。

Step6：通过指令输入"if（0 ≤ x ≤ 6.28，$NBS\omega\cos$（x）+4）"，通过运用 if 条件函数，能成功地构建一个描绘周期内感应电动势大小变化的曲线函数 s。该函数接收输入生成的动点 T，用以表示瞬时电动势的具体数值。这一函数的创建，为分析和理解周期内感应电动势的变化规律提供了有力的工具。

Step7：构建坐标系：通过运用向量的相关功能，精心绘制出横轴 θ 以及纵轴 E，随后在坐标系中准确输入坐标点（π/2，4）（π，4）（3π/2，4）以及（2π，4）作为横坐标的标识点。

Step8：实现动态文本显示：利用公式 $NBS\omega\cos$（θ）精确计算瞬时电动势大小 a，在已激活的文本状态栏中键入"$E_{瞬}$="，随后从"对象"列表中选择"a"，确保瞬时电动势能够实现动态实时显示功能。

Step9：选取"滑动条 t"，随后通过鼠标右键进行单击以启动动画效果。此举将实现发电机转子的旋转运动，并同步动态展示感应电动势的大小变化。此环节 GeoGebra 绘制的图像如图 5-18 所示。

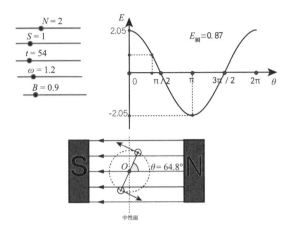

图 5-18　交流电动机模型

（二）物理规律教学

1. 探究"力的合成"规律

（1）课件开发思路

经过修订的 2019 年人教版高中物理必修一将"力的合成"与"力的分解"合并为"力的合成与分解"单一课时，提高内容密度但减少学生实验时间。学生进行力的合成实验时常用橡皮筋和弹簧测力计验证力的平行四边形定则，但受误差和作图技巧影响，结果可能不精确。为帮助学生更好理解，教师利用GeoGebra 软件的矢量运算和几何关系展示力的平行四边形定则，提升学生对知识的理解并巩固知识。

（2）课件开发过程

首先，启动"滑动条"工具，开始一个充满探索和创新的矢量分析之旅。这个工具提供了四个可调整的滑动条，它们被命名为 F_1、F_2、α 和 β。F_1 和 F_2 作为两个主要力矢量，它们的属性被设定为信息型，代表着力的大小；而 α 和 β，作为角度型属性，代表着力的方向。

其次，在指令栏中，输入"$u=(F_1；\alpha)$"和"$v=(F_2；\beta)$"，这两个公式仿佛魔术般地生成了向量 u 和 v。这两个向量不仅仅是简单的数学符号，它们更代表了物理学中力的方向和大小。为了让它们更加直观，将它们的标题分别设置为

F_1 和 F_2，并将它们的显示条件设定为"标题"，使它们始终伴随着向量出现在的视野中。在矢量的世界里，力的合成是一个重要的概念。于是，利用矢量计算功能，输入了"u+v"，一个新的向量 w 应运而生，它代表着两个力的合力。这个合力，就像是两股力量的结合，共同作用于一个物体上。

再次，为了更深入地了解这些力的关系，启动了"角"工具，选择了向量 v 和 w，标注了它们之间的角度，是两个力之间关系的直观体现。为了将这些矢量之间的关系可视化，使用了"线段"工具，连接了三个矢量的端点，创建了线段 f 和 g。这两条线段，就像是一座桥梁，将三个矢量紧密地连接在一起，形成了一个完整的力的图示。

最后，调整了线条的颜色、线型和位置等属性，使这个力的图示更加美观和清晰。而最令人兴奋的是，通过拖动滑动条，随时改变 F_1 和 F_2 的大小和方向，观察合力的变化以及各矢量之间的关系。这个滑动条工具的使用，不仅让学生更深入地理解了矢量的概念和力的合成规律，更让学生感受到了数学与物理学的魅力。通过亲手操作，不仅可以得到理论上的知识，更可以直观地感受到这些理论在实际中的应用。这不仅是一次知识的探索，更是一次对科学精神的追求和体验。GeoGebra 绘制的图像如图 5-19 所示。

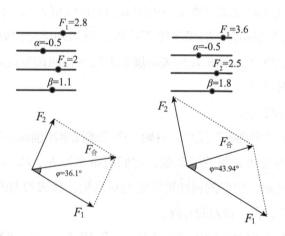

5-19　利用 GeoGebra 探究力的合成规律

2. 探究"平抛运动"规律

（1）课件开发思路

新版课程标准重视实验探究对平抛运动规律的理解，人教版 2019 年教材提供两种实验方案。方案一使用频闪照相技术记录物体平抛过程中的位置，并分析位移随时间变化的规律。方案二采用运动合成与分解的方法，将平抛运动分解为水平和竖直方向的运动进行研究，帮助学生理解复杂曲线运动简化为直线运动的思路。而运用 GeoGebra 软件，同时实现上述两种实验方案，既能记录物体在相同时间间隔内的位置变化，又能独立分析两个方向上的运动规律。这种实验方法不仅符合课程标准的要求，而且有助于提高学生的实验能力和科学思维水平。

（2）课件开发过程

首先，需要建立两个滑动条，分别代表物体的初速度 v_0 和时间 t。通过单击"滑动条"工具，在屏幕上创建两个滑动条，并将它们的参数属性设置为信息，同时确保参数区间大于零。通过调整滑动条来改变物体的初速度和运动时间。其次，定义重力加速度大小 g 为 10m/s²。在指令栏中输入"$g=10$"，为模拟设置一个恒定的重力加速度。然后，在坐标轴上选取三个关键点：O、A、B。O 点作为物体的初始位置，A 点表示物体在水平方向上的末位置坐标，B 点则表示物体在竖直方向上的末位置坐标。通过输入（0, 0）（$v_0 t$, 0）（0, $-1/2gt^2$）三个坐标值，在指令栏中分别生成点 O、A、B。为了更直观地展示物体的运动轨迹，单击"向量"工具，连接 OA 和 OB，生成代表水平位移和竖直位移的向量 u 和 v，清晰地看到物体在水平和竖直方向上的移动情况。

其次，利用矢量计算来找出物体运动的总位移。在 GeoGebra 的指令栏中输入"$u+v$"，创建一个新的向量 w。这个向量 w 代表了物体在特定时间段内的总位移。它综合了物体在水平方向和竖直方向上的移动距离，形成了一个完整的运动轨迹。通过向量 w，可以清晰地看到物体在空间中的位置变化。在向量 w 的末端选取一个点 D，这个点 D 就是物体运动的终点它代表了物体在特定时间点的位置。通过比较起点和终点的位置，就可以直观地呈现物体的位移大小和方向。

再次，为了更深入地研究物体的速度变化，使用软件提供的工具来绘制代表速度的向量。单击"线段"工具，连接起点 A 和点 C，以及点 B 和点 C。这两条线段分别代表了物体在水平方向和竖直方向上的移动距离。通过改变线条的形状和颜色，可以使这些线段更加醒目和易于区分。在指令栏中输入"$D=(x(A)+v_0t, y(B))$"和"$F=(x(A), y(B)-gt)$"，生成代表水平速度和竖直速度的向量 a 和 b。这两个向量分别表示了物体在水平方向和竖直方向上的速度大小和方向。通过比较这两个向量的长度和方向，可以了解到物体在不同方向上的速度变化。为了更直观地展示速度的合成效果，使用"平行线"工具。过点 D 做线段 CF 的平行线，这条平行线代表了物体在水平方向上的速度分量。过点 F 做线段 CD 的平行线，这条平行线代表了物体在竖直方向上的速度分量。两条平行线的交点即为点 E。连接点 C 和点 E，得到了一个代表物体实际运动速度的向量 CE。

最后，通过右键滑动条 t 来启动动画，动态地展示点 C 随时间运动的位移和速度变化。随着 t 的增大，点 C 会沿着向量 w 的方向移动，同时向量 a 和 b 也会发生变化。通过观察这些变化，更加深入地理解物体的运动规律，以及速度的合成与分解。

通过以上步骤，成功利用软件模拟展示了物体的位移和速度变化。这有助于加深对向量概念的理解，激发学生对物理学的兴趣。GeoGebra 绘制的图像如图 5-20 所示。

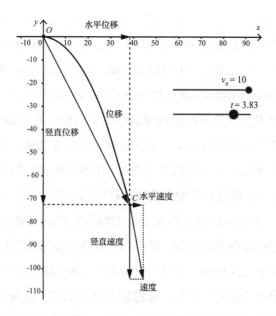

图 5-20　利用 GeoGebra 研究平抛运动的规律

3. 探究"光的折射"规律

（1）课件开发思路

光折射规律是几何光学领域中的核心知识点，其实验测量对于理解与应用此规律至关重要。插针法测量玻璃砖折射率是经典实验，原理简明，操作简便。实验准备需绘制与玻璃砖等宽的平行界限。但操作中，玻璃砖可能因操作不当移动，考验学生分析处理误差能力。

在不考虑偶然误差和玻璃砖旋转情况下，操作失误可能导致三种误差：玻璃砖与上或下边界重合，或与上下边界均不重合但边界线宽度小于玻璃砖厚度，折射率测量值高于真实值；玻璃砖与上或下边界部分重合，或与上下边界均不重合且边界线宽度大于玻璃砖厚度，折射率测量值低于真实值；仅当玻璃砖厚度与上下平行边界线宽度吻合时，折射率测量值才与真实值相符。因此，利用GeoGebra 软件可迅速模拟各种实验情况，避免教师反复作图，提高课堂效率，动态展示有助于学生深入理解和记忆。

（2）课件开发过程

在平面上择定一随机点，并以此点为起始端点，绘制一条与 x 轴保持平行的直线，此直线将作为后续所有操作的基准参照线。紧接着，借助"滑动条"工具，创建四个滑动条参数，分别为折射率 n、入射角 α、平行线宽度 a 以及玻璃砖厚度调节 b，旨在实现对不同物理量的精确且可控的调节。其次，通过指令输入 "$u=$（0，−1）、$v=$（0，−a）、$w=$（0，−a−b）、$e=$（0，b）"来定义四个平移向量 u、v、w、e。然后，将基准线按照向量 u 和 v 的方向进行平移，以得到两条平行线作为界限。在平行线的上边界上，选取两点 O 和 K（K 位于 O 的左侧），其中 O 点作为光线入射到玻璃砖的点。过 O 点作平行线的垂线，用以确定法线方向。在法线上选定一点 A，进而构造射线 OA。利用"旋转"功能，将射线 OA 逆时针旋转 α 度，以生成入射光线。随后，在入射光线上选定两点 P_1 和 P_2，并使用向量连接 P_1 和 P_2。

通过指令输入"$\beta=$asind（sin（α）/n）"来计算折射角 β。接着，在法线上另择一点 B，构造射线 OB，并将射线 OB 逆时针旋转 β 度，以模拟光线在玻璃砖内的折射路径。确定折射光线与平行线下边界的交点 O_1，并连接线段 OO_1，以展示理论上的折射光路。再通过点 O_1 作入射光线的平行线，以得出折射光线的路径，并在折射光线上选定两点 P_3 和 P_4，使用向量连接 P_3 和 P_4。

采用"角"工具对入射角和折射角进行精确测量和标注。此外，在平面内选取一点 G，并按照向量 e 的方向平移 G 点至 G' 点。通过 G 点作基准线的平行线，并在该平行线上选择一点 H。随后，将 G 和 H 两点按照向量 w 的方向进行平移，并运用"多边形"工具连接此四点，构造一个代表玻璃砖的矩形。

利用"按钮"工具，通过脚本输入"赋值［G，K］"和"赋值［G，G'］"分别实现玻璃砖与上边界和下边界的重合。找到折射路径与玻璃砖下边的交点 B，并通过 B 点作入射光线的平行线。该线交下边界于点 O_1'，连接线段 OO_1' 以展示实际的折射光路。

最后，运用"角"工具对理论折射角和实际折射角进行测量，以便直观对比两者之间的差异。对插针点和光路图进行标注，并隐藏无需展示的对象，调整需展示对象的属性，以确保显示的直观性和清晰性。通过调节滑动条 b，可灵活调整玻璃砖的厚度。当 b 值为正时，玻璃砖厚度超过边界线宽度；当 b 值为负时，玻璃砖厚度小于边界线宽度。通过单击"上边界重合""下边界重合"按钮或移动玻璃砖，能够模拟不同操作条件下可能产生的误差情况。GeoGebra 绘制的图像如图 5-21 所示。

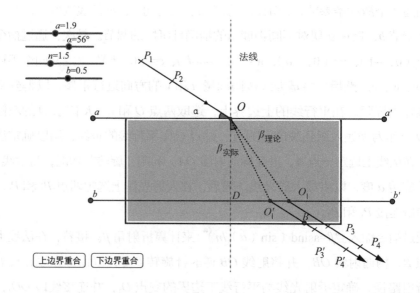

图 5-21　利用 GeoGebra 研究玻璃的折射率

（三）习题课教学

高中物理知识体系包括运动学、力学、电磁学、光学和原子物理等模块。原子物理部分以记忆为主，难度较低，GeoGebra 软件在该模块教学辅助中效果不显著。本小节以近年高考题目为例，阐述 GeoGebra 软件在运动学、力学、电磁学和光学模块习题解答中的具体应用。

1. 牛顿运动定律应用习题解答

（1）课件开发思路

习题 1：（2021·全国甲·14）将光滑长平板的下端置于铁架台水平底座上的挡板 P 处，上部架在横杆上，如图 5-22 所示。横杆的位置可在竖直杆上调节，使得平板与底座之间的夹角 θ 可变。将小物块由平板与竖直杆交点 Q 处静止释放，物块沿平板从 Q 点滑至 P 点所用的时间 t 与夹角 θ 的大小有关。若由 30° 逐渐增大至 60°，物块的下滑时间 t 将（　　）

A. 逐渐增大

B. 逐渐减小

C. 先增大后减小

D. 先减小后增大

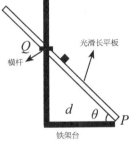

图 5-22　物块在光滑平板上的运动

学生发现在夹角增大的过程中物块的位移与加速度均增大。然而，仅凭这一现象，并不能直接确定物块下滑时间 t 的变化规律。在深入理解整个运动过程时，部分学生存在理解偏差的现象。具体表现为，学生忽视了在夹角增大的过程中，物块的位移同样在逐渐增加这一关键事实。这些学生在分析过程中，错误地将焦点仅置于加速度的增大上，从而得出了时间 t 逐渐减小的错误结论。这种片面的理解方式未能全面考虑运动过程中的多个变量因素，导致了对运动规律的误解。

此外，部分学生尚未熟练掌握三角函数倍角公式，导致学生无法将 $t = \sqrt{\dfrac{2d}{g \sin\theta \cos\theta}}$ 简化成 $t = \sqrt{\dfrac{4d}{g \sin 2\theta}}$，进而无法准确判断物理规律，因此容易失分。

为了有效地解决这一问题，可以借助 GeoGebra 这一数学软件。首先，将物理模型抽象为线条和点，利用软件模拟其变化过程。利用软件的函数功能，通过数形结合的方式，直接从函数图像中观察出下滑时间 t 的变化规律。这种方法不仅提高了解题的准确性，而且有助于更深入地理解和分析此类物理问题。

（2）课件开发过程

首先，在平面内选定一恰当位置，绘制一条水平线段 OP，作为水平底座的象征性表示。其次，创建一个名为 θ 的滑动条控件，其特性被设定为角，旨在调节光滑长板与底座之间的夹角大小。以 O 点为核心旋转点，按照顺时针方向旋转既定角度 θ，进而确定新的位置点 O'。随后，将直线 PO' 进行连接，并通过 O 点绘制线段 OP 的垂线，使得两直线交汇于点 Q。最终，线段 QP 将作为物块下滑位移的直观表示。利用"角度"测量工具获取夹角精确数值。再次，输入指令"$t=if\left(\dfrac{\pi}{6} \leq x \leq \dfrac{\pi}{3},(1/\sin(x)\cos(x))^{\wedge}\left(\dfrac{1}{2}\right)\right)$"，通过运用函数功能，构建夹角在 30° 至 60° 范围内变化时，时间 t 与夹角 θ 之间的对应关系。经过仔细观察函数图像的走势，可以清晰地观察到下滑时间 t 呈现出先减小后增大的变化趋势。在输入涉及角度的函数关系时，为确保计算的准确性，需将角度转换为弧度。

为便于更直观地观察图像的变化情况，可将函数公式的系数简化成 1，以便更好地揭示函数关系的本质。此外，还隐藏了不必要的显示元素，并精心调整了关键显示元素的属性设置，以提升整体显示效果的直观性和清晰度。

通过拖动滑动条，可以实时展示夹角在增加过程中滑块滑行的位移变化情况，从而为用户提供一种便捷的方式来观察和理解夹角与时间 t 之间的动态关系。GeoGebra 绘制的图像如图 5-23 所示。

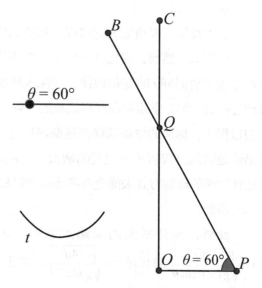

图 5-23　利用 GeoGebra 研究物块的运动

2.动态平衡习题解答

（1）课件开发思路

习题2：（2017·全国Ⅰ·21）柔软轻绳 *ON* 的一端 *O* 固定，其中间某点 *M* 拴一重物，用手拉住绳的另一端 *N*。初始时，*OM* 竖直且 *MN* 被拉直，*OM* 与 *MN* 之间的夹角为 α（$\alpha > \frac{\pi}{2}$）。如图5-24所示。现将重物向右上方缓慢拉起，并保持夹角不变。在 *OM* 由竖直被拉到水平的过程中（　　）

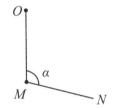

图5-24　细绳悬挂重物的图像

A. *MN* 上的张力逐渐增大

B. *MN* 上的张力先增大后减小

C. *OM* 上的张力逐渐增大

D. *OM* 上的张力先增大后减小

在解答习题2题中，首先需要构建一个细绳重物模型，并通过矢量图形清晰地展示力的分布与方向。此题属于动态平衡问题，旨在考查学生的受力分析能力。为了简洁高效地找到解决方案，需要采用辅助圆法解题。在解答过程中，对于 F_{MN} 的持续增大，学生普遍较好地理解，但在 F_{OM} 的变化趋势上，学生容易陷入误区。因此，需借助 GeoGebra 软件对 *M* 点的运动轨迹进行模拟，并借助线段长度的变化直观地呈现力的大小，从而帮助学生形成初步的认知。在此基础之上，进一步深入剖析辅助圆法的具体应用，以期有效提高学生的学习效率。

（2）课件开发过程

在平面内，选取点 *O* 作为基准点。随后，利用"定长线段"工具，绘制线段 *OM* 以模拟细绳，并将重物简化为点 *M*。为确保与题目要求一致，插入一个角度滑动条 α，并设定其角度大于90°。以 *M* 为圆心，将 *O* 点顺时针旋转 α 度，

得到新的点 N。随后连接线段 MN，并明确标注出 α 角，至此，细绳重物模型的构建工作已经完成。为了更深入地分析重物的受力情况，在 M 点处绘制一条与 y 轴平行的直线，并在该直线上任意选取一点 C。通过 C 点作一条与线段 MN 平行的直线，两条直线相交于点 D。利用"向量"工具，连接 MC、CD、DM，从而构建出重物受力的图示。在整个过程中，物体重力 G 的大小和长度始终保持不变。使用"距离/长度"工具，分别标注出力 F_{MN} 和 F_{OM} 的线段长度，以量化这两个力的大小。为提升图示的直观性和清晰度，隐藏不必要的对象，并对相关对象的属性进行了调整。通过鼠标拖动 M 点，可以直观地观察到，在绳 OM 由竖直状态逐渐变为水平状态的过程中，MN 上的张力 F_{MN} 逐渐增大，而 OM 上的张力 F_{OM} 则呈现出先增大后减小的变化趋势。这一发现有助于更深入地理解重物在细绳作用下的受力情况。这一动态变化提供了关于重物受力情况的直观认识。GeoGebra 绘制的图像如图 5-25 所示。

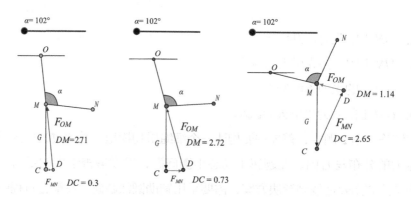

图 5-25　利用 GeoGebra 研究细绳悬挂重物的问题

3. 电磁学习题解答

（1）课件开发思路

带电粒子在有界匀强磁场中的圆周运动是高考重要考点，对学生知识掌握情况有较高要求。为了应对这一挑战，学生必须熟练掌握确定和求解轨迹圆的圆心和半径的方法，以及掌握计算粒子运动时间的有效策略。

习题 3：（2021 全国乙·16）圆形区域内有垂直纸面向里的匀强磁场，质量为

m、电荷量为 q（$q > 0$）的带电粒子从圆周上的 M 点沿直径 MON 方向射入磁场。若粒子射入磁场时的速度大小为 v_1，离开磁场时速度方向偏转 90°；若射入磁场时的速度大小为 v_2，离开磁场时速度方向偏转 60°，如图 5-26 所示。不计重力，则 $\dfrac{v_1}{v_2}$ 为（   ）

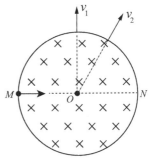

A. $\dfrac{1}{2}$

B. $\dfrac{\sqrt{3}}{3}$

C. $\dfrac{\sqrt{3}}{2}$

D. $\sqrt{3}$

图 5-26 带电粒子在磁场中的偏转

以习题 3 为例，解答此题的关键在于灵活运用 $r = \dfrac{mv}{Bq}$ 得出 $\dfrac{v_1}{v_2} = \dfrac{r_1}{r_2}$。将带电粒子射出磁场时的速度之比转为轨迹半径之比，简化计算。同时，利用 GeoGebra 软件的动态变化功能，学生可高效识别轨迹圆并确定圆心位置。

综上所述，学生需要全面而深入地理解这些知识点和技巧，以应对高考中的相关题目。

（2）课件开发过程

在处理此问题时，无需考虑磁场 B、质量 m 和电荷量 q 的具体数值，可将它们统一设定为 1 以简化计算。引入角度参数 α，用以调节带电粒子离开磁场时速度方向的偏转角度。首先，点击"圆心与半径"按钮，以原点为圆心绘制一个半径为 1 的圆，代表磁场的边界。随后，点击"交点"按钮，确定磁场边界与 x 轴的交点 M 和 N，并连接线段 MN。点击"旋转"按钮，将点 N 以原点 O 为圆心逆时针旋转 α 度，得到新的点 N'，连接线段 ON' 和 MN'。过点 M 作线段 MN 的垂线，再过点 N' 作线段 ON' 的垂线，两垂线相交于点 O'。以点 O' 为圆心，$O'M$ 为半径绘制一个圆，该圆即为带电粒子在磁场中的轨迹圆。通过拖动角度滑动条，观察到带电粒子从不同位置射出磁场时轨迹圆的半径大小会发生变化。当调节 α 至 30° 时，重复上述步骤，可以绘制出带电粒子离开磁场时速度方向偏转 60° 时的轨迹圆。在完成绘制后，隐藏不必要的显示对象，调整需要显示的对象的属性，以确保整体显示的直观性和清晰性。此外，通过三角函数关系或度量功能，轻松得出速度之比 $\dfrac{v_1}{v_2}=\dfrac{r_1}{r_2}=\dfrac{\sqrt{3}}{3}$。利用 GeoGebra 课件开发的课件如图 5-27 所示。

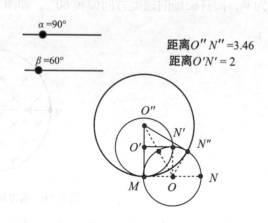

图 5-27　利用 GeoGebra 研究带电粒子在磁场中的运动

4. 光学习题解答

（1）课件开发思路

GeoGebra 软件是一款综合性的数学工具，在几何光学教学领域有重要应用。在我国高中物理教材中，几何光学是选择性必修内容，其中折射定律和全反射现象是教学重点。教学改革和高考制度调整导致各省份对这部分知识的考查形式有所不同。全国统一试卷省份常以选做题形式考查，其他省份则可能不涉及或仅通过选择题考查。

习题 4：（2020·全国·34）直角棱镜的折射率 n=1.5，其横截面如图 5-28 所示，图中∠C=90°，∠A=30°。截面内一细束与 BC 边平行的光线，从棱镜 AB 边上的 D 点射入，经折射后射到 BC 边上。

（ⅰ）光线在 BC 边上是否会发生全反射？说明理由。

（ⅱ）不考虑多次反射，求从 AC 边射出的光线与最初的入射光线夹角的正弦值。

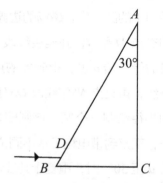

图 5-28　棱镜及入射光示意图

以习题 4 为例，这道题目旨在检验学生对折射定律的理解程度以及判断全反射现象产生条件的能力。在教学过程中，教师指导学生用 GeoGebra 软件绘制三角形棱镜，通过光的折射定律计算折射角。利用软件的旋转功能，学生直观观察反射光线的变化。同时，通过滑动条工具改变折射率，学生动态观察全反射现象，加深对相关知识的理解。

（2）课件开发过程

在平面内选定一点 A，自 A 点出发绘制一条平行于轴的直线。随后，将此直线按顺时针方向旋转 30°。在旋转后的直线上任取一点，并通过此点绘制一条与 x 轴平行的直线，利用这两直线的交点及线段工具，按题目要求绘制出三角形，在三角形中标注∠A=30°，在指令栏输入直角棱镜折射率 n=1.5。在线段 AB 上随机选择一点 D，并自 D 点出发绘制一条垂直于 AB 的线段，作为法线 1。接着，再过点 D 绘制一条与 AB 平行的线段，在该线段上取适当长度作为向量，表示入射光线。

按照指令"$\beta = a\text{sind}\left(\dfrac{\sin(\alpha)}{n}\right)$"，计算出光线自 D 点入射时的折射角 β。将法线 1 以点 D 为中心逆时针旋转 β 角，旋转后，直线与线段 BC 相交于点 E。再过点 E 绘制垂直 BC 的线段，作为法线 2。输入指令"$\gamma_{临} = a\text{sind}\left(\dfrac{1}{n}\right)$"，计算出临界角，$\gamma_{临}$=41.81°。度量入射角 γ=79.47°，由于 $\gamma_{临} < \gamma$，光线在 BC 表面发生全反射。若通过指令计算得到具体折射角，说明光线会以该角度折射；否则，光线全反射。

将直线 DE 以法线 2 为对称轴进行轴对称变换，变换后，直线与线段 AC 相交点，过点绘制垂直 AC 的线段，作为法线 3。度量此时的入射角 i'，并按照指令"$\theta = a\text{sind}(n\sin(i'))$"计算角，即 AC 边射出光线与最初入射光线的夹角。将法线 3 以点为中心，逆时针旋转角，得到射出光线的路径。隐藏不必要显示对象，调整显示对象属性，增强视觉效果的直观性和清晰性。GeoGebra 绘制的图像如图 5-29 所示。

三、GeoGebra 课件开发要点

（一）物理模型抽象数学模型

在物理课件制作时，需要运用课件制作工具，将复杂的物理情境简化成为易

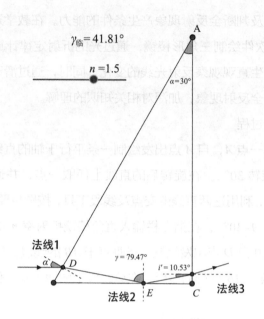

图 5-29　利用 GeoGebra 研究光的折射

于理解和掌握的知识点，提高物理教学的效果。在制作物理课件时，需从复杂情境中剥离物理模型，明确研究对象为单一物体或物体系统，并判断是否涉及多个物理过程。这是一个需要严谨思维和细致分析的过程。而在这个过程中，需要借助一些课件制作工具，如运用 GeoGebra 帮助更好地完成物理模型的构建和呈现。

　　GeoGebra 是一款功能强大的数学软件，它集成了几何、代数、微积分等多个数学领域的工具，可快速构建和呈现物理模型。在 GeoGebra 中，使用点、线、面等几何元素来构建物理模型，这些元素不仅具有丰富的属性和功能，还通过编程和脚本来实现更加复杂的操作和计算。

　　在运用 GeoGebra 制作物理课件时，点、线类工具使用频率高。点工具提供多种选择，包括对象上的点、交点和中点等。这些点可以作为物理模型的基本元素，如质点、电荷等。而线工具常用功能为向量，向量可由两点构造或指令输入形成。用来表示速度、加速度、力等物理量，并且通过计算向量的合成和分解来探究物理现象的本质。

　　除了基本的点和线工具外，GeoGebra 还提供了许多其他工具和函数，如函数图像、坐标系、微积分等，这些工具可以帮助更加深入地探究物理模型中的规律和性质。通过运用这些工具和函数，将复杂的物理情境简化成为易于理解和掌握的知识点，更好地帮助学生理解和掌握物理知识。

（二）物理规律确定从属关系

物理学，作为一门以实验为基础的自然科学，其根基深深地扎实在实验探究之中。这种探究不仅推动了物理学理论的不断发展，还体现了科学严谨性的核心价值。在教育和学习的过程中，为了更直观地揭示物理现象的本质，有时需要在课件中采用适度夸张的手法。然而，在运用 GeoGebra 这类强大的数学软件制作物理课件时，必须始终坚守科学的底线，确保所展示的内容严格遵循物理定律。

GeoGebra 软件作为一款集几何、代数、表格、图形、统计和微积分等多功能于一体的动态数学软件，为物理课件的制作提供了无限的可能性。在 GeoGebra 中，研究对象之间的关系通过精确的几何或函数关系来展现。在构建几何关系时，利用 GeoGebra 提供的各种工具，如垂线、平行线、中垂线、角平分线、切线等，来精确地描述物理对象之间的空间关系。这些工具不仅帮助更好地理解物理现象，提高空间想象能力。在调整位置关系时，GeoGebra 的平移、旋转、轴对称、中心对称、位似等命令发挥巨大作用。通过这些命令，可以轻松地模拟物理对象在空间中的运动轨迹，更直观地理解物理规律。除了几何功能外，GeoGebra 具备丰富的函数功能，充分满足高中物理公式需求。无论是一次、二次函数，还是正弦函数等，均能得到满足。在使用 GeoGebra 制作物理课件时，还需要注意一些细节。例如，在指令栏中输入物理公式前，务必先对参数进行明确定义。这是因为 GeoGebra 的严谨性要求在进行计算前必须明确所有变量的含义和取值范围。如果参数未经定义，系统将自动提示新建参数，以确保计算的准确性和科学性。

（三）动态工具优化显示效果

在物理教学的课堂上，生动形象的展示过程对于帮助学生理解复杂的物理概念至关重要。传统的板书和静态图片往往难以充分展示物理过程的动态性和交互性，因此，具有动画效果的课件成为教学的有力助手。其中，GeoGebra 软件作为一款功能强大的教育软件，其提供的多种动态工具为制作生动课件提供了极大的便利。GeoGebra 软件中的滑动条工具，具有极高的实用性。通过滑动条，教师轻松地创建信息或角度属性的动态参数，进而控制物理过程中的变量变化。运用滑动条设置参数区间的增量与范围，调整动画的速度和运动方式，使得物理过程以更加直观和动态的方式呈现给学生。例如，在研究物体的运动规律时，教师利用滑动条工具调整时间参数，让学生观察到物体在不同时间点的位置变化。除了滑动条，复选框工具也是 GeoGebra 中不可或缺的一部分。通过复选框，教师轻松控制一个或多个对象的显示与隐藏。在下拉表、代数区或绘图区选择对象时，复选框的隐藏功能方便且实用。单独研究某对象时，它能帮助学生专注，避免干扰。课件需逐步呈现或动画设计涉及布尔运算时，复选框工具也发挥重要作用，提升教学流畅性和效率。按钮工具在 GeoGebra 中地位重要，可配合脚本，控制多对象，如启动和停止动画等。这为教师提供了极大的灵活性，使得课件的设计更加符合教学需求。例如，在研究复杂的物理系统时，教师通过按钮工具控制不同部分的动画展示，帮助学生逐步理解系统的运行规律。输入框工具在精确改变某些参数方面发挥了关键作用。通过关联一个对象，输入框可以实现对该对象参数的精确调整。这在物理教学中尤为重要，因为许多物理量值的大小直接影响着实验结果和理论推导。例如，在研究万有引力定律时，教师通过输入框工具调整质量参数，让学生观察到引力大小的变化及其对轨道运动的影响。

综上所述，GeoGebra 软件提供的滑动条、复选框、按钮和输入框等动态工具，为物理教学的课堂展示提供了有力支持。这些工具不仅丰富了课件的表现形式，还提高了教学的互动性和趣味性。通过灵活运用这些工具，教师可以更好地引导学生理解物理过程，激发学生的学习兴趣和探索精神，为培养未来的物理学家奠定坚实基础。

（四）呈现效果追求美观简洁

经过精心策划和细致打磨，一份优秀的课件应既美观又简洁，确保主题一目了然，深入人心。为了达到这样的效果，可以从标签设置、显示效果调整以及对象隐藏三个方面来着手改进。

首先，标签设置是课件制作中不可或缺的一环。课件中的元素标签应清晰明确，易于理解，包括名称、数值、标题等五种类型。在 GeoGebra 这样的数学软件中，每个对象的名称都是唯一的，这有助于确保标识的精确性，避免混淆。而标题则可以重复，方便用户对课件内容进行归类和组织，提高学习效率。

其次，显示效果调整也是提升课件质量的关键。通过属性菜单，用户可以轻松调整颜色、样式、形状以及字体大小等视觉元素，打造出富有吸引力和可读性的课件。比如，对于重要的知识点，使用醒目的颜色和字体大小来突出显示，帮助学生快速抓住重点。合理的布局和设计也能让课件更加美观，激发学生的学习兴趣。

最后，对象隐藏功能也是提升课件效果的重要工具。在 GeoGebra 中，用户既可以在代数区通过单击鼠标左键实现对象的隐藏，也可以在绘图区选中对象后，通过属性设置进行隐藏。此外，复选框工具也提供了另一种便捷的隐藏对象方式。这些功能可以帮助根据教学需要灵活地展示和隐藏课件中的元素，使教学更加高效和有针对性。

综上所述，通过合理运用标签设置、显示效果调整以及对象隐藏等功能，可以有效提升课件的质量和教学效果。在未来的课件制作中，应充分重视这些方面的改进和优化，为学生提供更加优质的学习体验。随着技术的不断发展和进步，也期待更多的创新功能和工具应用到课件制作中，为教育事业的发展注入新的活力。

四、GeoGebra 教学设计案例

（一）物理实验教学中应用 GeoGebra 的教学设计——以《力的合成与分解》为例

1. 教学目标

物理观念：熟练掌握力的合成与分解，深入理解标量与矢量，熟练运用平行四边形定则进行矢量运算。

科学思维：深刻理解力的等效替代原理，运用平行四边形定则进行力的合成与分解，展现高水平科学思维。

科学探究：通过观察实验现象，敏锐发现并提出物理问题。做出合理的初步假设，并据此设计实验方案、有效收集并分析实验数据，展现出优秀的科学探究能力。

科学态度与责任：在探究力的合成规律时，认识到科学假设的重要性。通过亲身实验，培养严谨的科学态度和探究意识，展现出高度的科学责任感和敬业精神。

2.教学重难点

重点：深入研究并熟练掌握平行四边形定则，理解并实践"等效替代"的物理思维。

难点：准确理解和把握力的分解规律。

3.教学过程

（1）情境创设环节

为了推进《力的合成与分解》课程的教学，并融合 GeoGebra 工具进行教学设计，首要任务是创设一个恰当的教学情境。此情境需源自生活实例，引导学生对等效替代思想的领悟。具体步骤如下：

教师启发式提问：同学们，请你们想象一下，一桶水，一个成年人可以毫不费力地提起它，而两个小孩子合作也能做到。同样地，一盏吊灯，既可以用一根绳子悬挂，也可以用两根绳子来固定。那么，在这些不同的情境中，你们能感受到其中的力量差异吗？

学生思考状态描述：学生积极思考，尝试在脑海中构建这些场景，并试图感受不同情境下力的差异。通过这样的思考，他们对等效替代的思想有了初步的感知和理解。

教师深入讲解：其实，在日常生活中，经常会遇到这样的情况，那就是一个力和几个力共同作用时，它们产生的效果是一样的。为了更好地理解和应用这种原理，成功引入了合力与分力的概念。通过这个概念可以更加深入地理解力的合成与分解，从而在解决实际问题时能够更加得心应手。

（2）问题引出环节

在构建的教学情境中，教师为了引出核心问题，运用具体数据来启发学生的初步思考，并详细展示了实验所需的工具和操作步骤。以下是具体的教学流程：

教师：同学们，请你们先打开教材，翻到"问题栏"部分。这里有一个关于物体移动方向的问题，你们能否根据现有的知识，尝试预测一下物体会朝哪个方向移动呢？

（学生思考并尝试回答）

教师：很好，看来大家都有自己的想法。那么，为了解答这个问题，我们需要用到一个非常重要的原理——力的合成。你们还记得力的合成是什么吗？

学生：力的合成是将多个力合并为一个力的过程。

教师：非常准确。那么，与与力的合成相反的过程，即力的分解。你们能试着给力的分解下个定义吗？

（学生思考并尝试回答）

教师：很好，力的分解就是将一个力分解为多个分力的过程。那么，我们来思考一下，力的合成遵循什么样的规则呢？如果有两个力，一个是 2N，另一个是 3N，它们的合力是否和 5N 的力产生相同的效果呢？

（学生思考并尝试回答）

教师：大家的回答都很积极，但这个问题其实需要通过实验来验证。接下来，就来做一个实验，看看我们的推测是否正确。

（教师介绍实验器材和实验步骤，学生按照步骤进行实验）

教师：通过实验，我们得到了一些数据。现在，请大家根据这些数据，再次思考一下之前的问题。你们认为物体的移动方向是怎样的？为什么？

（学生根据实验数据进行分析和讨论）

教师：非常好，看来大家已经对力的合成与分解有了更深入的理解。通过今天的实验和讨论，不仅验证了推测，还加深了对力的合成与分解原理的认识。

（3）实验探究

实验教学采用学生自主探究与数学软件验证相结合的方法，旨在深化学生对平行四边形定则的理解。具体流程如下：首先，教师布置实验任务，指导学生按步骤操作，包括固定橡皮筋、拉伸并记录拉力大小和方向、描绘力图示、绘制平行四边形并比较合力与对角线的关系等。其次，学生完成实验后观察到图形接近平行四边形，合力与对角线基本一致，但存在微小角度差异。教师在误差范围内确认两者等价。实验证明，合成两个力时应以有向线段为邻边绘制平行四边形，对角线代表合力大小和方向。合成力时应遵循平行四边形定则，不可简单相加。最后，教师利用 GeoGebra 数学软件，根据学生提供的实验数据进行反向验证，以进一步加强理解，验证过程如图 5-30 所示。

（4）力的分解

在力的分解教学环节中，教师借助 GeoGebra 软件进行了生动的情景模拟，直观地呈现了不同种类力在分解时的具体情况。学生在教师的引导下，通过深入

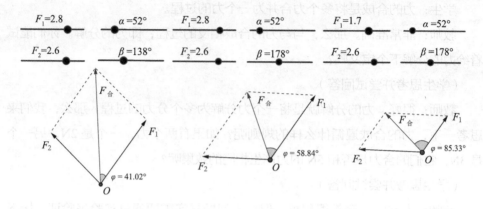

图 5-30　利用 GeoGebra 验证平行四边形定则

思考和观察，对力的分解有了更加深入的理解，并自主总结出了力的分解规律。以下是具体的教学过程：

首先，教师清晰地阐述了矢量与标量的概念，并详细解释了矢量相加时遵循的平行四边形定则，而标量相加则遵循算术法则。为了加深学生对这些概念的理解，教师还询问了学生之前学过的物理量中哪些是矢量，哪些是标量。学生积极回答，提到位移、速度和加速度是矢量，而路程、电流和功则是标量。

其次，教师精心引导学生深入思考力的合成问题，利用平行四边形定则进行探究，并巧妙指出，若颠倒实验顺序，便能揭示力的分解过程。教师特别强调了力的分解是力的合成的逆运算，并深入剖析了合力与分力之间的内在联系，充分体现了等效替代的深刻思想。这一深入解析使学生更加透彻地理解了力的分解与合成之间的紧密联系。

最后，在探讨力的分解环节时，教师明确指出，在力的合成中，多个力可以合并为一个力。然而，在不受任何约束的条件下，力的分解方式却存在无数种可能性。为了使学生更深入地理解和掌握力的分解规律，教师布置了任务，要求学生深入探究四种不同情境下的力的分解，并借助 GeoGebra 软件对各情境进行直观展示。在教师的精心指导下，学生积极投入思考，并最终得出结论：在已知两个力的方向时，力的分解存在唯一解，但若两力共线则存在无数解；在已知一个力的大小和方向时，力的分解同样具有唯一解；在仅知两个力的大小时，力的分解在平面内有两个解，但在空间中则存在无数个解；而当已知一个力的方向和另一个力的大小时，根据两者之间的具体大小关系，力的分解可能无解、存在唯一解或存在两个解。这一深刻见解不仅增强了学生对力的分解规律的理解，也有效提升了他们的逻辑思维能力和问题解决能力。

4. 教学分析

"力的合成与分解"作为 2019 年人教版高中物理必修一第三章第四节的精髓，为学生构建了解析力学问题的基石。在初中阶段，学生已初步掌握二力平衡的概念及其条件，而在本章中，学生对力的理解得到了进一步的深化，能够熟练运用力的图示表示单一力，同时，学生也学习了弹力、重力和摩擦力这三种常见的性质力，对力的认知更为全面。

然而，当面对求解两个不在同一直线上的力的合力或分析多个力共同作用于同一物体的问题时，学生仍感到一定的挑战。为了有效帮助学生突破这一难点，在教学过程中引入了 GeoGebra 软件，利用其动态直观的特性，在短时间内多次展示力的合成与分解的完整过程。

通过这种方式，学生可以更加清晰地认识到矢量运算与简单代数运算的区别，明确在进行力的合成与分解时，必须遵循平行四边形定则或三角形定则。这不仅有助于学生牢固掌握力的合成与分解的核心知识，还能在实践中提升他们的实验探究能力、知识迁移能力以及运用信息技术的能力，为后续学习奠定坚实的基础。

（二）物理习题课教学中应用 GeoGebra 的教学设计——以《力学动态平衡问题》为例

1. 教学目标

物理观念：对动态平衡的概念及其所需条件有透彻的理解，熟悉其多元化的展现方式。熟练运用各种方法来解决动态平衡问题，并清楚知道各种方法的适用情境。

科学思维：灵活运用数学中的三角函数和几何关系，对力与平衡的问题进行深入的分析和逻辑推理。以清晰、简洁的证据表达自己的观点，确保观点的科学性和准确性。

科学探究：通过图形分析，挖掘潜在的规律，形成初步的结论，并与之前的猜想进行对比，验证猜想。

科学态度与责任：始终保持实事求是的科学态度，坚定正确的立场和观点。在面对力与平衡的问题时，从多个角度进行深入的思考和解决，以推动科学知识的普及和应用。

2. 教学重难点

重点：深入理解和熟悉常见的动态平衡题型，并精通各种求解动态平衡的方法。

难点：深入领悟动态平衡问题中"动中有静"的核心本质，并能在不同情境下灵活应用最合适的解题策略。

3. 教学过程

（1）复习导入环节

在教授物理习题课时，为了充分发挥 GeoGebra 的教学优势，以《力学动态平衡问题》为例，精心设计了教师在复习导入环节的操作流程。具体步骤如下：

首先，教师提出问题："什么是平衡状态？共点力平衡的条件是什么？"学生回答："平衡状态是指物体处于匀速直线运动或静止状态，共点力平衡的条件是物体所受合力为 0。"

接着，教师继续提问："在静态平衡条件下，通常使用哪些方法来求解力？"学生回答："包括力的合成与分解法、正交分解法以及整体隔离法。"

随后，教师明确本节课的主题："今天，基于静态平衡的知识，我们将进一步探讨力的动态平衡问题。动态平衡是指物体受到的力中，有一部分是变力，这些力的大小和方向都会发生变化。然而，在这一变化过程中，物体的每一个瞬时状态仍然可以视为平衡状态。"

（2）例题讲解过程

例 1：矢量三角形法

（2016 全国 II .14）如图 5-31 所示，质量为 m 的物体用轻绳 AB 悬挂于天花板上。用水平向左的力 F 缓慢拉动绳的中点 O，如图所示。用 T 表示绳 OA 段拉力的大小，在 O 点向左移动的过程中（   ）

A. F 逐渐变大，T 逐渐变大

B. F 逐渐变大，T 逐渐变小

C. F 逐渐变小，T 逐渐变大

D. F 逐渐变小，T 逐渐变小

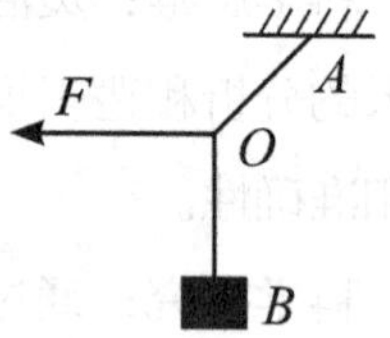

图 5-31　用水平力拉动轻绳

例 1 采用矢量三角形法来解决。以下是详细的教学步骤。

教师：请结合例 1 的内容，详细阐述题目所描述的物理场景。同时，请思考一下你打算如何着手解决这个问题？

学生：在题目中有一个水平的力 F 正在拉动细绳的中点，使其缓慢向左移动。为了解决这个问题，我打算选择 O 点作为分析对象，并对其进行详尽的受力分析。

教师：很好，那么在 O 点上，你认为有哪些力在起作用？这些力各有什么特点？

学生：首先，O 点受到重力的作用，这个力的大小是已知的，并且它的方向始终保持不变。其次，O 点还受到拉力 F 的作用，这个力的大小和方向都是已知的。另外，O 点还受到绳的拉力 T 的作用，这个力的大小是需要求解的，而它的方向会随着 O 点的移动而发生变化。

教师：明白了。接下来，我将利用 GeoGebra 软件构建一个可视化的模型来辅助受力分析。在这个模型中，力的大小将通过线段的长度来直观表示。请大家仔细观察图 5-32，在 O 点缓慢向左移动的过程中，力 F 和 T 所对应的线段长度和数值是如何变化的。

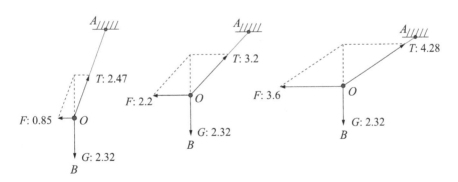

图 5-32 利用 GeoGebra 演示拉力

因此，当物体处于受力平衡状态时，随着 O 点向左移动，拉力 F 和绳的拉力 T 均会逐渐增大。要有效解决这个问题，关键在于深刻理解三个共点力在平衡状态下是如何相互作用的。

其中，一个力的大小和方向始终保持不变，而另外两个力中，有一个力的方向是固定的。为了确定拉力 F 和绳的拉力 T 的大小变化，需要选定研究对象，并对其进行详尽的受力分析。通过绘制不同状态下的力的矢量三角形，并比较各边长的变化情况，可以清晰地得出拉力 F 和绳的拉力 T 的大小变化情况。

例 2：相似三角形法

固定在水平面上的光滑半球半径为 R，球心 O 的正上方 D 处固定一个小定滑轮，细线一端拴一小球置于半球面上 A 点，另一端绕过定滑轮，如图 5-33 所示，现将小球缓慢地从 A 点拉向 B 点，则此过程中小球对半球的压力大小 F_N、细线的拉力大小 F_T 的变化情况是（ ）

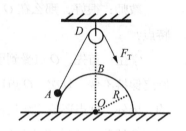

A. F_N 不变、F_T 不变

B. F_N 不变、F_T 变大

C. F_N 不变、F_T 变小

D. F_N 变大、F_T 变小

图 5-33 小球在光滑半球上的运动

例 2 是通过应用相似三角形法来求解。以下是详细的教学步骤概述：

教师指导学生结合例 2 的内容，并明确研究对象，随后展开对其受力情况的分析。学生根据题目的描述，指出小球受到重力 G、半球对其的支持力 F'_N 以及细线的拉力 F_T 的共同作用，强调 F'_N 与 F_N 是一对彼此间的相互作用力。

随后，教师提问学生是否可以像例 1 那样直接通过比较力的矢量三角形各边长的长短来得出结论。学生回应说，由于支持力 F'_N 和细线拉力 F_T 所对应的边长是同时发生变化的，因此无法直接进行比较。

鉴于无法直接判断矢量三角形三边长短的变化，教师转而引导学生运用相似三角形的方法进行比较。这种方法被称为相似三角形法。教师进一步要求学生找出与矢量三角形相似的三角形。

学生经过仔细观察后指出，矢量三角形 CBA 与三角形 AOD 之间存在相似性。基于三角形相似的原理，得出 $\dfrac{BA}{OD}=\dfrac{BC}{OA}=\dfrac{CA}{AD}$，$\dfrac{G}{OD}=\dfrac{F'_N}{OA}=\dfrac{F_T}{AD}$。学生得出结论，其中线段 OD、OA 长度保持不变，而线段 AD 长度减小。因此，支持力 F'_N 保持不变，压力 F_N 也保持不变，而细线拉力 F_T 则减小。使用 GeoGebra 软件绘制的图像如图 5-34 所示。

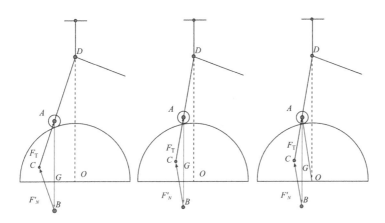

图 5-34　利用 GeoGebra 演示拉力

例 3：辅助圆法

（2017 全国 I.21）如图 5-35，柔软轻绳 *ON* 的一端 O 固定，其中间某点 *M* 拴一重物，用手拉住绳的另一端 *N*。初始时，*OM* 竖直且 *MN* 被拉直，*OM* 与 *MN* 之间的夹角为 α。现将重物向右上方缓慢拉起，并保持夹角不变。在 *OM* 由竖直被拉到水平的过程中（　　）

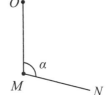

A. *MN* 上的张力逐渐增大

B. *MN* 上的张力先增大后减小

C. *OM* 上的张力逐渐增大

D. *OM* 上的张力先增大后减小

图 5-35　细绳悬挂重物

例 3 是通过应用辅助圆法来求解。以下是详细的教学步骤概述：

师：请同学们看例 3，根据题意，以重物为研究对象。重物受到重力 *G*，*OM* 绳上的拉力 F_{OM}，以及 *MN* 上的拉力 F_{MN}。那么，这道题是否可以用我们以前学过的两种方法来解决呢？在受力分析时，能否找到可以直接比较的矢量三角形或相似三角形？

生：我觉得之前的方法可能不太适用，但在这道题中，重力和 α 角是固定的，这可能会成为解题的关键。

师：很好，你观察得很仔细。确实，固定的弦长所对的圆周角是相等的。如果能找到三个点，就可以确定一个圆。那么，你们能尝试找出这个确定的圆吗？

生：我觉得可以以重力的边长为固定弦，然后利用那个 α 角作为圆周角来画圆。

师：很好，你的思路很清晰。现在，我会利用软件来进行受力分析，并画出辅助圆。请大家仔细观察，在 OM 绳转至水平的过程中，弦长是如何变化的。

生：我发现拉力 F_{OM} 对应的弦长先是逐渐增大，当通过圆心成为直径后又开始逐渐减小；而拉力 F_{MN} 对应的弦长则是逐渐增大，并且没有成为直径。

师：非常棒！这就是今天要学习的辅助圆法。那么，这道题的答案应该是怎样的呢？

生：拉力 F_{MN} 会逐渐增大，而 OM 上的拉力 F_{OM} 则会先增大后减小。

基于上述分析，得出本题的答案：拉力 F_{MN} 逐渐增大，而 OM 上的拉力 F_{OM} 则先增大后减小。为了更直观地展示这个过程，使用了 GeoGebra 软件进行了演示，绘制的图像如图 5-36 所示。这种解题方法被称为辅助圆法。

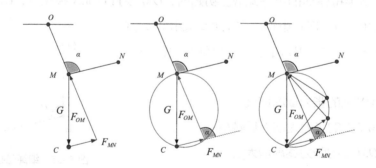

图 5-36　利用 GeoGebra 演示拉力

4. 教学分析

力学动态平衡问题兼具动与静的双重特性，其本质仍属于平衡问题的范畴。因此，在解决这类问题时，受力分析成为至关重要的环节。要成功解决这类问题，关键在于明确掌握每个力的特性，并根据不同情境选择恰当的分析方法。

在解决力学动态平衡问题时，首选方法是矢量三角形法。若三边变化关系难以直接比较，则可以考虑采用相似三角形法或辅助圆法作为备选方案。作为高中物理的核心内容，力学动态平衡问题要求学生熟练掌握矢量三角形法、相似三角形法和辅助圆法等多种解题方法，而这些方法的应用均建立在深入的受力分析基础之上。

然而，在实际学习过程中，许多高一学生反映受力分析是一个难点。这主要是因为他们对力的理解尚不够深入，因此在分析过程中常出现多力、少力或同时出现合力与分力等混淆情况。当面对复杂或不确定的动态过程时，学生的思维方式可能会更加混乱，难以迅速选择出最佳的解题方法。

为了帮助学生更好地掌握物理情境，加强对力学动态平衡问题的理解，建议使用 GeoGebra 软件动态展示整个动态变化过程。这种可视化方式有助于学生更直观地理解问题，提高解题效率和准确性。通过 GeoGebra 软件，学生可以观察到力的动态变化过程，从而更好地理解受力分析的重要性和复杂性。软件还提供交互式学习体验，让学生根据自己的理解调整参数和观察结果，加深对力学动态平衡问题的理解。

（三）物理规律教学中应用 GeoGebra 的教学设计——以《电势差》为例

1. 教学目标

①物理观念：深入理解电势差与等势面核心概念，认识电势差正负反映电势高低；建立与电势能和电势差相关的物质与能量观念。

②科学思维：掌握类比推理方法，运用力学与电学知识解决静电问题；熟练运用公式 $W_{AB} = qU_{AB}$ 计算电场力做功。

③科学探究：观察电场电势分布，获取实证数据，解释与交流常见电场等势面及电势变化趋势。

④科学态度与责任：对比高度差与电势差，体会类比与创新的重要性，培养严谨的科学态度与责任心。

2. 教学重难点

重点：理解电势差概念，准确应用。掌握计算电场力做功的公式。难点：分析影响电势变化的因素，理解并绘制电势随位置变化的趋势图像。

3. 教学过程

（1）导入环节

在导入环节教师通过类比爬楼梯做功与电场力做功的情形，提问学生决定做功多少的因素，进而引出电势差的概念。教师首先通过提问关于爬楼梯做功的要素，引导学生理解高度差异对做功的影响，然后将其应用到电场力做功的情境中，提出电荷在电场中移动时做功多少与电势差有关，而非单一电势值，以帮助学生通过类比理解电势差的概念。

（2）概念剖析

教师首先引入了电势差的概念，指出在电场中两点之间的电势差即为这两点电势的差值，也被称为电压，通常用字母 U 表示，单位为伏特（V）。教师进一步给出了电势差的定义式 $U_{AB} = \varphi_A - \varphi_B$，并以此为基础，引导学生思考如何计算将电荷从 A 点移动到 B 点时静电力所做的功。学生则根据 $W_{AB} = \Delta E_p = E_{pA} - E_{pB} = q\varphi_A - q\varphi_B = q(\varphi_A - \varphi_B) = qU_{AB}$，得出电场力做功与电势差的关系。

教师根据 $U_{AB} = \varphi_A - \varphi_B$，$U_{BA} = \varphi_B - \varphi_A$，$U_{AB} = -U_{BA}$，解释电势差正负号含义：正电势差指起点电势高于终点，负电势差则相反。但是，电势绝对值受零电势点影响，而电势差与零电势点选取无关。然后，教师引导学生根据前面的公式 $W_{AB} = qU_{AB}$ 推导电势差的另一种计算公式 $U_{AB} = \dfrac{W_{AB}}{q}$，即 A、B 两点间的电势差等于将电荷从 A 点移动到 B 点时静电力做的功与电荷量之比。这一表述方式更直观地揭示了电势差的物理意义。最后，教师强调了电势差是标量，而不是矢量，并鼓励学生通过具体的电势值来进一步理解和应用电势差的概念。整个教学过程旨在深度剖析电势差这一概念，包括其标矢性、正负号的意义以及另一种表述方式。通过这样的教学方式，学生能更全面地理解电势差的概念，并能在实际问题中灵活应用。

（3）深化理解

在电场图示中，等势面用于表示电势的高低，类似于地图中的等高线表示地势高低。

教师通过与学生深化交流，引导学生意识到电场通过电场线和等势面来形象描述。等势面与电场线垂直，且电场线由高电势等势面指向低电势等势面。等差等势面的疏密程度可以反映电场的强度大小，类似于等高线反映山体的陡峭程度。因此，等差等势面是一种更加有意义的描述电场的方式。这就需要教师引导学生通过观察和思考，理解不同电场类型（孤立点电荷、匀强电场、等量异种点电荷、等量同种点电荷）的电势分布情况。通过电场线与等势面之间的联系，深入理解电势的概念和分布规律。电场线是用来描述电场强度和方向的，而等势面则是电势相等的点的集合。通过观察和分析电场线与等势面的关系，可以帮助学生更好地理解和记忆电势的分布情况。教学过程中，教师需要采用层层递进的问题串，引导学生独立思考和解决问题。通过让学生尝试总结电势分布特点并画出图像，加深了对电势分布规律的理解和记忆。通过改变点电荷的电量和种类，让学生观察电势的变化和分布情况，进一步巩固了学生对电势概念的理解和应用能力。学生通过电场线与等势面之间的联系，深入理解电势的概念和分布规律，并通过独立思考和解决问题的方式，提高学生的理解和应用能力。

4. 教学分析

"电势差"是人教版高中物理必修三第十章第 2 节的核心内容，深入探讨了电场能的本质属性。电势能、电势和电势差的概念虽然较为抽象，但在概念引入时，应重视运用类比思维，以帮助学生形成更直观的理解。近年来，结合电场线与等势面的图像问题在高考中频繁出现，这类问题对于初学者而言颇具挑战。然而，通过三维演示的辅助，学生清晰地观察到电势在空间中的分布情况，进而轻松掌握电势随位置变化的趋势。利用 GeoGebra 软件描绘等量同种电荷和等量异种电荷电势分布规律，可以降低学生对抽象概念的认知难度，提升课堂教学效果（图 5-37 为 GeoGebra 软件的界面）。

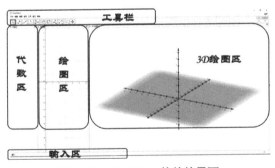

图 5-37 GeoGebra 软件的界面

假定两个电荷量为 q_1 和 q_2 的等量正电荷分别位于三维坐标（-1，0，0）和（1，0，0）上，根据点电荷电势公式 $\varphi = k\dfrac{q}{r}$（无限远处电势为 0），两个点电荷的电势为 $\varphi = k\dfrac{q}{r_1} + k\dfrac{q}{r_2}$，在 3D 绘图区用 z 轴坐标表示电势。

xOy 平面上任意一点的电势可以表示为 $z = \dfrac{kq}{\sqrt{(x+1)^2+y^2}} + \dfrac{kq}{\sqrt{(x-1)^2+y^2}}$，取 $kq=1$，在 GeoGebra 软件的输入区输入方程 $z = \dfrac{1}{\sqrt{(x+1)^2+y^2}} + \dfrac{1}{\sqrt{(x-1)^2+y^2}}$，在 3D 绘图区立刻呈现出该方程的三维图像，如图 5-38 所示。

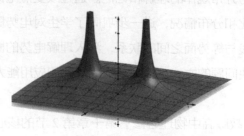

图 5-38　等量同种电荷电势分布情况

沿 y 轴方向观察，如图 5-39 所示。

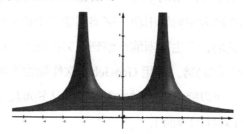

图 5-39　y 轴方向电荷电势分布图像

沿 x 轴方向观察，如图 5-40 所示。

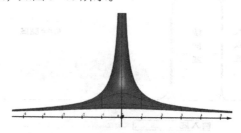

图 5-40　x 轴方向电荷电势分布图像

等量异种电荷空间的电势分布（ $z = \dfrac{1}{\sqrt{(x+1)^2+y^2}} + \dfrac{-1}{\sqrt{(x-1)^2+y^2}}$ ），如图 5-41 所示。

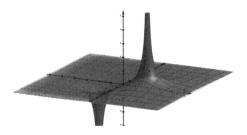

图 5-41　等量异种电荷电势分布情况

非等量异种电荷空间电势分布（ $z = \dfrac{-1}{\sqrt{(x+1)^2+y^2}} + \dfrac{10}{\sqrt{(x-1)^2+y^2}}$ ），如图 5-42 所示。

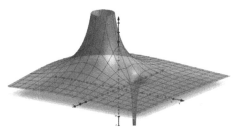

图 5-42　非等量异种电荷电势分布情况

通过 GeoGebra 软件形象直观地呈现同种、异种电荷空间电势分布，并借助旋转图像增强视觉体验，降低学生学习抽象概念的难度。在教师的指导下，学生利用 GeoGebra 软件开展丰富多彩的探究活动，如研究斜抛运动的轨迹与初速度 v_0 及抛射角 θ 的关系、带电粒子在磁场中的运动等，结合 GeoGebra 软件强大的绘图功能，帮助学生认识物理本质。

第五节　几何画板

随着科技迅猛进步，信息技术已成为人类探索知识不可或缺的工具。在新课程改革背景下，教师既要传承传统教学的精髓，又要灵活运用现代信息技术辅助教学。在物理教学中，整合传统与现代教学方式尤为重要。几何画板以其强大的绘图、函数和动态演示功能，成为辅助中学物理教学的优选工具。它可简化复杂思维，化抽象为具体，生动展示动态过程，是物理教学的得力助手。教师需熟悉其操作，利用矢量运算、轨迹追踪等功能，将物理问题形象化，提升教学效果。

一、几何画板概述

（一）形成与发展

"几何画板"最初由美国 Key Curriculum Press 公司精心打造并推向市场，其英文名称为 The Geometer's Sketchpad，简称 GSP，是一款专为教育领域设计的学科平台软件。自 1995 年开始，通过与人民教育出版社及全国计算机发展中心的密切合作，该软件在国内得以广泛传播和应用。

在初始阶段，"几何画板"主要作为数学教学的辅助工具，凭借其小巧的体积（不足 1MB）和创新的稿纸计算器编程方式，为用户提供了更加便捷的操作体验，同时也展现出极高的用户友好性。这款软件能够轻松应对数学教学中复杂的图形绘制和计算需求，成为教师的得力助手。

随着时间的推移，"几何画板"的功能逐渐在课堂实践中得到深入发掘。越来越多的物理教师发现这款软件同样适用于物理学科教学。物理课件制作通常需要展现物理情境、进行定量和定性分析，以及处理函数运算等复杂任务，"几何画板"能够凭借其直观生动的展示方式，轻松构建逼真的物理教学情境，将抽象的物理概念具象化，帮助学生更好地理解和掌握相关知识。

通过不断的优化和升级，"几何画板"已经从一款单纯的数学教学软件发展成为横跨数学、物理等多个学科的综合性教学平台。它不仅能够实现从静态到动态的教学转变，还能够通过丰富的交互功能激发学生的学习兴趣和积极性，为提升教学质量和效果做出了重要贡献。

（二）特点与功能

几何画板是一款功能丰富的专业软件，包括标题条、控制菜单、工具箱和画板，提供全面的绘图和编辑体验。软件适时弹出参数设置对话框，便于用户灵活调整参数。工具箱内汇聚了众多实用的绘图工具，如箭头、点、圆、线段直尺、多边形、文本、标记以及自定义工具等，满足各种绘图需求。控制菜单涵盖编辑、显示、构造、变换、度量、数据以及绘图等多个方面，提供丰富的选择和可能性。用户可自定义课件参数，为对象添加动画效果，跟踪对象运动轨迹，制作复杂图形，进行图形变换等。此外，几何画板还具备定量分析功能，可测量图形参数，进行定量计算和函数图像绘制。总之，几何画板功能强大且易于操作，无需编程基础，帮助教师直观、生动地呈现物理现象和几何关系。

（三）优势与对比

1. 优势

几何画板作为一款专业的教育软件，其显著优势主要体现在以下几个方面。

首先，几何画板在图形绘制方面表现出色。它配备了丰富的图形绘制工具，可以轻松绘制点、线、圆等基本图形元素。用户通过简单的点击操作，即可快速构建各种基础图形。此外，软件还提供了平移、旋转、缩放、反射和迭代等强大的变换功能，使得用户能够根据课件制作的需求，对图形进行精细化的构造。例如，兰明乾老师利用旋转矢量法制作的李萨如图形课件，充分展现了几何画板在图形构造方面的卓越能力。同时，几何画板还支持对图形进行灵活的填色操作，通过不同的颜色标记重难点内容，吸引学生的注意力，并生动地描绘出三维立体结构。

其次，几何画板在动态演示方面表现出众。它具备独特的动态演示功能，能够轻松设定特定部分的动态效果，实现不同速度、不同方向的移动。这使得演示过程更加生动、直观。此外，软件还支持父对象带动子对象的运动，进一步增强了动态演示的生动性。例如，在演示点 N 由点 M 平移而来的过程中，几何画板能够清晰地展示这一动态过程。同时，几何画板还支持轨迹跟踪功能，用户可以记录下所需的特定轨迹，便于后续分析和展示。在制作平抛运动与自由落体运动的课件时，利用轨迹跟踪功能，可以清晰地展示出平抛运动的轨迹是一条抛物线。

最后，几何画板在定量研究物理问题方面也具有显著优势。由于它制作的课件是基于严格的平移、旋转等变换得到的，因此具有高度的准确性和可靠性。用户可以规定特定的角度、距离和函数等参数，制作出符合物理规律的课件。这使得几何画板成为物理研究和教学领域的得力助手。同时，软件还支持对物理现象进行定量分析，使得研究和教学工作更加科学、精确。例如，在"利用平面镜探究桌面的微小形变"的演示课件中，几何画板能够突破传统演示实验的局限性，定量地分析出通过两面平面镜的反射可以将桌面的微小形变放大四倍。这一功能使得几何画板在物理研究和教学中发挥更大的作用。

2. 对比

（1）Power Point 的对比

经过 20 年的发展历程，PowerPoint（简称 PPT）这款教学软件已广泛应用于各级学校与机构之中。其简易的操作界面与丰富的功能设置使其成为大中小学课堂上不可或缺的辅助教学工具。PPT 在中小学课堂中的应用优势显著，特别是其快速生成演示文稿的能力，有助于教师高效地将教学重点展示给学生。此外，PPT 还提供了自定义版式功能，使得演示文稿更具学科特色和专业性。结合动画效果与播放速度设定，PPT 创造出富有动感的演示效果，有效吸引学生的注意力。PPT 还支持插入多种形式的表格、图表等，充分满足多样化的教学需求。相较之下，几何画板在文字展示、页面转换以及色彩运用等方面略显不足。相比之下，PPT 在这些方面的便捷性、直观性和用户体验均更为出色，为教学工作提供了独特的优势。

（2）与虚拟仿真实验室的对比

随着教育资源的持续投入，人们日益关注到教育资源的多样性，亲手操作实验让学生直观地感受到物理知识的魅力，但受到现实条件的限制，并非所有的物理实验都在现实中得以完整实施。为此，需要借助教学软件来辅助实验教学，其中，仿真实验室便是一款不可或缺的重要工具。

仿真实验室这类软件通过封装集成物理规律，使教师通过操作软件来模拟实验过程。它既能完成简单的实验室实验，实现那些在现实中难以完成的实验，并对受条件限制的实验进行改进。尽管几何画板在文本呈现和实验现象展示方面相较于仿真实验室有所不足，但其在展示物理知识和数形结合问题方面具有独特的优势。几何画板通过文本和几何图形直观展示物理知识，同时以动静结合的方式清晰展示物理量之间的动态关系。

此外，尽管几何画板制作的模拟实验效果在逼真程度上可能不如仿真实验室，但其具有更高的灵活性，允许教师根据授课内容自由制作实验。因此，在选择教学软件时，应当根据实际教学需求，充分利用软件优势，实现最佳教学效果。

二、几何画板应用的范围及案例

（一）物理规律教学

相较于其他制图工具，几何画板在物理课件制作方面具有显著优势，其简易操作和直观界面使绘制精准几何图形和生动动态模拟成为可能，为物理规律阐释、实验模拟及动态问题探讨提供有力支持。本章将深入探讨几何画板在物理规律解析、实验模拟和动态问题处理中的适用性，并详细阐述动态演示课件的制作思路与步骤。尽管操作简单，但制作过程仍显烦琐。因此，本小节将重点介绍课件制作思路和方法，帮助读者理解并掌握精髓。在实际教学中，教师可根据需求优化课件，提升教学质量和效果。

1.几何画板在物理规律中的应用与课件开发

（1）几何画板在物理规律中的应用的适切性分析

物理概念作为物理学基石，对学生形成物理观念至关重要。高中物理教学中，物理概念地位重要，虽繁多独立，但通过物理规律紧密相连。物理规律揭示物理运动内在联系，客观存在，需通过实验、科学思维和数学推理建立。教学难点在于物理概念和规律的抽象性，学生需克服前概念差异，理解并应用规律。利用真实物理情境和工具（如几何画板）辅助教学，有助于学生理解物理概念、理清规律，并解决实际问题。学生还需学会利用物理规律解决综合问题，如匀变速直线运动在追及相遇问题中的应用，以及交变电流变化规律的理解。通过克服难点，学生可突破学习瓶颈，提升物理核心素养。因此，几何画板在物理规律中应用的适切性主要有以下三点：

首先，几何画板在物理规律中的应用，有助于将抽象的物理概念具象化。对于许多学生来说，物理概念的抽象性常常成为他们理解和掌握的难点。几何画板作为一种直观、形象的辅助工具，能够将物理概念以图形的形式展现出来，使得学生能够更加直观地理解物理概念的内涵和外延。例如，在讲授电场和磁场的概念时，通过几何画板绘制电场线和磁感线，学生可以更加清晰地看到电场和磁场的分布特点，从而加深对这两个概念的理解。

其次，几何画板在物理规律中的应用，有助于揭示物理运动的内在联系。物理规律揭示了物体运动的本质特征和规律，而几何画板可以通过动态演示的方式，让学生观察到物体运动过程中的变化规律和特点。这种动态的展示方式有助于学生发现物理运动之间的内在联系，从而更好地理解和掌握物理规律。例如，在讲述机械振动和机械波时，通过几何画板绘制振动图像和波动图像，学生可以观察到振动和波动之间的转换关系，进一步理解机械振动和机械波的本质。

最后，几何画板在物理规律中的应用，有助于培养学生的物理核心素养。物理核心素养包括物理观念、科学思维、科学探究和科学态度与责任等方面。通过利用几何画板辅助教学，可以培养学生的观察能力、分析能力、推理能力和解决问题的能力，从而提升学生的物理核心素养。同时，几何画板还可以激发学生的学习兴趣和探究精神，使他们更加主动地参与到物理学习中来。

综上所述，几何画板在物理规律中的应用具有适切性，它能够将抽象的物理概念具象化，揭示物理运动的内在联系，并培养学生的物理核心素养。因此，在高中物理教学中，应该充分利用几何画板这一辅助工具，帮助学生更好地理解和掌握物理概念和规律，提升他们的物理学习水平。

（2）关于几何画板在物理规律教学课件开发中的应用

①制作匀变速直线运动课件的核心思路。制作匀变速直线运动课件的首要步骤是明确涉及的关键物理量，包括速度和加速度。在此基础上，构建可控参数以模拟这一运动。课件设定速度、加速度参数，通过射线运动点度量物体运动时间与效果。利用匀变速直线运动原理计算瞬时速度和位移，描绘小车运动轨迹。

为了形象展示小车的匀变速直线运动，需在轨迹上按预设位移移动小车，并通过"编辑"菜单下的"操作类按钮"选择"动画"功能来展现运动状态。

匀变速直线运动图像是理解运动规律的关键，因此课件需包含图像绘制部分。首先，在画板上建立坐标系，标明时间、末速度和位移。接着，根据时间平移速度－时间图像的坐标原点，并按末速度平移距离，且与位移－时间图像的绘制方法类似。最后，通过轨迹追踪平移后的两点，完成课件制作。

②制作交变电流变化规律课件的核心思路。为了深入探究交变电流的变化规律，课件制作的首要任务是构建一个交流发电机模型。整个制作过程可分为三大步骤：绘制转轴、绘制磁铁以及绘制电流表。

步骤一绘制转轴。a.确立比例尺与单位长度，设定课件的比例尺，确定一个基准长度作为单位长度，便于在绘制过程中进行尺寸调整，确保课件的精确性和可读性。b.绘制线圈与起始点，在画板中央绘制一个圆形，代表发电机的基本轮廓，选取圆上的一个可移动点作为线圈的起始点，并通过平移变换得到完整的线圈图形。c.添加动态旋转效果，选中线圈的起始点，在几何画板的编辑功能中选择动画功能，精确控制线圈的旋转方向、速度等参数，实现线圈在磁场中的动态旋转效果。d.细化转轴部分，应用平移、旋转等基本变换，进一步细化线圈转轴部分，使其更具立体感、形象性和真实性。

步骤二绘制磁铁。a.确定磁铁位置与磁极，利用平移变换确定磁铁相对于线圈起始点的位置，清晰地标注出磁铁的 N 极和 S 极，以体现磁场的方向。b.绘制磁感线，根据磁铁的磁极分布，绘制出磁感线的方向和分布情况，以展示磁场对线圈的影响。c.构建磁铁三维结构，通过平移变换和几何画板的绘图工具，构建出磁铁的三维立体结构，增强课件的视觉效果和立体感。

步骤三绘制电流表。a.绘制表盘与指针，在课件中绘制电流表的表盘，包括刻度线和数值范围。绘制电流表的指针，确保其与表盘相匹配，能够清晰地指示电流的大小和方向。b.实现指针动态指示，利用三角函数进行计算，根据线圈在磁场中的转动情况确定电流的大小和方向，将计算得到的电流大小与电流表的指针相关联，实现指针随线圈转动的动态指示效果。调整指针的响应速度和灵敏度，确保其与线圈转动的实际情况相符合。

通过以上三大步骤的具体实施要点，制作功能完善、形象生动的交流发电机模型课件。在绘制过程中，根据实际需求进行细节调整和优化，以更好地展示交变电流的变化规律。

（二）物理实验教学

1.几何画板在物理实验教学中的效用分析

物理实验，作为高中物理教学的核心内容，对于培养学生的科学素养和实验技能至关重要。新课程标准明确指出，实验是学生理解和应用物理知识的重要途径。因此，物理实验教学承载着多重重要任务。

首先，物理实验有助于形成和巩固学生的物理观念。物理观念是基于对物理概念和规律深入理解和提炼的结果。学生通过参与实验，在真实的物理环境中应用所学知识，加深对物理观念的理解。

其次，实验教学对于培养学生的科学思维能力具有显著作用。高中物理教学中涉及的多种科学思维方法，如理想化思维、类比思维等，都通过实验教学得到有效培养。学生在实验过程中需要不断思考、分析和推理，这有助于培养学生的科学思维能力。

此外，实验教学还有效提升学生的实验探究能力。通过实验，学生锻炼自己的实验操作技能、制定实验计划、设计实验方案、分析实验结果等能力。实验能培养学生的团队合作精神和严谨的科学态度。

然而，在实际教学过程中，由于各种限制因素，如资源、时间等，很多实验难以在课堂上完整呈现。几何画板作为一种辅助工具，发挥了重要作用。几何画板既能模拟各种物理实验过程，为学生提供直观的实验现象，还通过定量分析功能，帮助学生深入理解实验结果。

以"通过平面镜观察桌面的微小形变"实验为例，传统实验虽然可以观察到光点位置的变化，但无法深入分析光点移动的原因。而利用几何画板制作的课件，可以清晰地展示平面镜的运动状态和激光反射过程，帮助学生深入理解实验现象。

同样，在全反射演示实验中，传统教学方法受限于实验器材和时间，难以让学生充分观察和理解全反射现象。而利用几何画板制作的模拟课件，可以方便地展示入射光线角度变化时反射角和折射角的变化情况，并通过改变折射率来延伸学习内容。这种教学方式不仅提高了教学效率，还激发了学生的探究兴趣。

综上所述，几何画板在物理实验教学中具有重要的应用价值。它弥补了传统实验教学的不足，为学生提供了更加直观、高效的学习体验。通过几何画板的辅助，实验教学能更好地发挥其在培养学生科学素养和实验技能方面的作用。

2. 几何画板在物理实验课件开发中的应用

（1）微小形变课件制作的基本思路

在制作平面镜观察桌面微小形变课件时，主要需完成三步：设计可按压桌面、构建随桌面转动的两面平面镜、呈现入射与反射光线。这样的设计旨在通过光的反射原理，放大并清晰地展示桌面上的微小形变。

首先，制作一个可按压的桌面是关键。先绘制一个长方形的桌面，并确定其长边的中点。然后，从这个中点引出一条直线，在这条直线上设置一个可移动的点。其次，将这个可移动点与桌面的四个顶点相连。当移动这个点时，桌面就会模拟出按压的效果，让观察者看到桌面上的微小形变。

其次，需要设计两面可以随桌面转动的平面镜。在已经制作好的桌面上，通过绘制垂线来确定平面镜的位置。这些垂线既能帮助精确地定位平面镜，又能让课件看起来更加美观和专业。平面镜的设计应允许它们随着桌面的移动而转动，这样才能真实地反映出桌面上的形变。

最后，需要完整地呈现入射与反射光线。在桌面的左侧选择一个合适的位置，设定一个激光笔的光源点。从这个光源点引出光线至第一面平面镜。使用变换功能中的反射效果，精确绘制入射与反射光线。同时测量并记录各角度的数值。计算第二条反射光线的角度变化，确定两面镜子反射对微小形变的放大倍数。

（2）全反射课件制作的基本思路

在制作全反射几何画板课件的过程中，需要遵循一系列关键步骤来确保课件的准确性和生动性。这个过程主要包含两个核心环节：绘制半圆形玻璃砖以及精确地描绘入射光线、反射光线和折射光线。首先，为了构建真实实验环境，需绘制半圆形玻璃砖。在几何画板中，用作圆工具生成圆形，选三点做弧功能取下半部分，形成半圆形玻璃砖。这样做既能清晰地展现出实验的基本设置，又能帮助学生更好地理解实验的背景和目的。其次，在半圆左侧的 1/4 弧形上设定一个可动点，这个点的位置可以模拟入射光线的不同角度。当这个点移动时，它与圆心的连线即代表入射光线，这个设计使得学生能直观地观察到入射光线角度的变化对全反射现象的影响。然后，需要利用折射率和反射定律描绘折射与反射光线。全反射课件模拟光线从玻璃砖射入真空的过程，即光密介质进入光疏介质。玻璃砖折射率为 1.5，真空折射率为 1.0。通过数据和三角函数计算，入射角临界值约为 42°。这意味着当入射角大于这个临界值时，光线会在玻璃砖和真空的界面上发生全反射，而不是折射。通过结合上述数据和三角函数，精确地绘制出折射光线与反射光线的路径。学生就可以清晰地看到当入射角变化时，折射光线和反射光线是如何根据折射定律和反射定律发生相应的变化的。至此，全反射课件的基本制作流程已完成。为了增强互动性，添加一个激光笔模拟功能。学生使用移动激光笔观察，发现折射光线与反射光线分别按照折射定律和反射定律产生相应变化。这种互动性设计既能激发学生的学习兴趣，又能帮助学生更深入地理解全反射现象和相关的物理原理。

（三）物理动态问题

高中物理教学中，动态类问题占据重要地位，考验学生的解题技巧及物理规律应用能力。但学生在解决这类问题时面临挑战。首先，动态问题中物理量相互关联且变化复杂，学生难以梳理变量关系及影响，这导致分析过程易混乱，难以把握动态变化。其次，高中生需结合数学与物理知识解决问题，增加学习难度，要求掌握物理规律及数学运算能力。最后，物理动态问题基于模型，但模型描述的动态过程难以直接观察，导致学生缺乏直观感知，难以深刻理解。因此，高中物理动态类问题对学生来说具有挑战性。为应对挑战，教师应采用多种教学方法帮助学生理清思路、提高解题能力，并加深对物理规律的理解和应用。

利用几何画板对高中电磁学中的动态问题进行课件制作，通过轨迹可视化、面积可视化、位置可视化等方法，帮助学生更好地理解并掌握解题思路和方法，提升科学思维能力。

在平板 MN 的上方有磁感应强度为 B 的匀强磁场，方向垂直于纸面向里，如图 5-43 所示。大量质量为 m、电荷量为 $+q$ 的粒子以相同的速率 v，沿与 ON 的夹角为 0 至 90° 的范围内，由小孔 O 垂直射入磁场区域，不计重力及粒子间的相互影响，请计算带电粒子经过区域的面积。

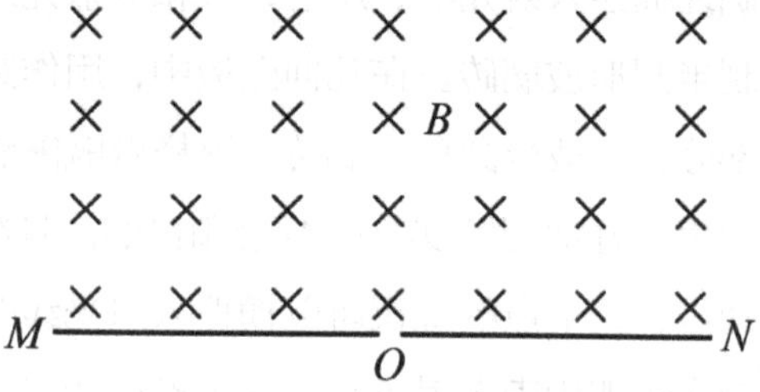

图 5-43　磁场分布情况

利用几何画板画出与 ON 相切的圆，以 O 为定点旋转圆，利用几何画板中"跟踪圆"功能，显示带电粒子经过的区域如图 5-44 中阴影部分所示，其中间空白区域的面积 $S_0 = 2\left(\dfrac{\pi r^2}{4} - \dfrac{r^2}{2}\right)$，则阴影部分的面积 $S = \dfrac{\pi r^2}{2} + \dfrac{\pi\,(2r)^2}{4} - S_0 = \pi r^2 + r^2$，代入 $r = \dfrac{mv}{qB}$，则 $S = (\pi + 1)\dfrac{m^2 v^2}{q^2 B^2}$。

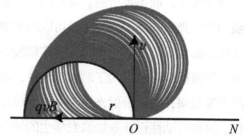

图 5-44　带电粒子经过的区域

第六节　Tracker

目前，传统高中力学实验教学正面临着一系列严峻的挑战。首先，实验数据收集的烦琐性成为制约物理现象深层规律揭示的重要因素，这无疑增加了教学工作的难度。其次，教学过程中过于注重理论知识的传授，却未能充分关注学生的实际操作能力和应用技能的培养，导致学生在这两方面的能力得不到有效提升。此外，教学方法的僵化也严重抑制了学生的学习兴趣，使得教学效果不尽如人意。

针对上述核心问题，本小节提出在传统力学实验教学的基础上，引入Tracker动态捕捉软件作为教学辅助工具的策略。该软件充分利用信息技术的优势，旨在通过创新教学方式，激发学生的学习兴趣，培养学生的自主探究能力，进而全面提升学生的核心素养。此举不仅能够克服传统实验教学中的种种不足，还能够为学生提供一个更加开放、多元的学习环境，促进他们的全面发展。

一、Tracker 软件功能

（一）运动抓取

在现代科学研究领域，对实验视频中运动物体的精确追踪与分析变得越来越重要。为了实现这一目标，Tracker 软件应运而生，成为一款功能强大的工具。它实现对实验视频中运动物体的精确选定，并通过自动化或用户手动控制的方式，追踪并研究选定对象，进行逐帧的深度分析。

Tracker 软件凭借其强大的功能，精确获取物体的运动轨迹。无论是微小的位移还是高速的运动，它都能准确地捕捉并记录下来。这一特性使得 Tracker 软件在物理学、生物学、工程学等多个领域的研究中发挥了重要作用。例如，在物理学实验中，研究人员可以利用 Tracker 软件分析物体的运动规律，验证物理定律的适用性。

（二）物理建模

Tracker 的建模工具是一款功能强大的软件，它具备建立质点运动学模型、动力学模型以及双体系统的能力。这款工具的主要目标是帮助用户创建高度精确的物理模型，并与视频数据的每一帧进行同步覆盖，提供一种直观的方式来比较理论预测与实际观测之间的差异。

首先，Tracker 的建模工具允许用户建立质点运动学模型。质点是物理学中的一个基本概念，指的是只有质量而不考虑形状和大小的理想化物体。通过建立质点的运动学模型，用户可以研究物体的位置、速度、加速度等运动学参量，深入了解物体的运动规律。这一功能对于物理学研究、工程设计和教学等领域都具有重要意义。

其次，Tracker 的建模工具还具备建立动力学模型的功能。动力学是研究物体运动状态变化的原因和规律的学科，涉及力、质量、加速度等关键要素。通过建立动力学模型，用户可以深入了解物体受力情况、运动状态以及能量转化等方面的知识。这对于解决工程问题、探索自然现象以及推动科学技术进步都具有重要意义。

此外，Tracker 的建模工具还支持双体系统的建模。双体系统是指由两个相互作用的物体组成的系统，常见于航空航天、机械工程等领域。通过建立双体系统的模型，用户可以研究两个物体之间的相互作用、运动状态以及能量传递等问题。这对于提高系统性能、优化设计方案以及保障运行安全都具有重要意义。

（三）数据处理

Tracker 软件是一款功能强大的数据分析工具，其不仅具备精确的测量能力，还拥有强大的数据处理和分析功能。在现实世界中，教师经常需要获取各种物理参数，如长度、速度、加速度等，而 Tracker 软件正是为此而生。通过其精确的测量功能，教师可以轻松获取这些关键参数，并且以极高的效率进行数据处理。

Tracker 软件的数据分析功能同样令人瞩目，迅速深入分析收集的数据，计算出平均值、最大值、最小值、标准差和标准误差等统计指标。这些统计指标对于数据分析和科学研究至关重要，帮助教师更好地了解数据的分布特征和变化趋势。

除了基本的统计分析功能，Tracker 软件还具备自动函数拟合功能。它内置了线性、二次、三次函数拟合，正弦函数拟合以及指数函数拟合等多种拟合函数供用户选择。这些函数拟合功能可以帮助教师更好地理解和描述数据的变化规律，发现数据背后的潜在规律。

为了满足用户不同的需求，Tracker 软件还提供了"拟合分析器"功能。这一功能允许用户自定义函数公式进行拟合分析，为用户提供了更大的灵活性和自由度。无论是科研工作者还是数据分析师，都可以根据自己的研究需求，选择最适合的函数公式进行分析。

（四）视频资源

随着信息技术的迅猛发展，信息化、网络化已成为现代教育的重要特征。为了满足广大用户对海量视频资源的需求，Tracker 软件推出了信息图书馆浏览器，这一创新工具极大地提升了用户的视频资源访问体验，为教育资源的共享与利用注入了新的活力。

信息图书馆浏览器凭借其强大的搜索引擎和智能分类功能，能够快速、准确地为用户提供与学习、教育、科研等相关的视频资源。用户只需在搜索框中输入关键词，便可轻松找到所需的视频资料，无需在浩如烟海的互联网资源中盲目寻找。此外，浏览器还支持多种视频格式的播放，确保用户顺畅观看视频内容。

除了便捷的资源访问功能外，信息图书馆浏览器还为用户提供了一个分享平台。用户可以将自己创建和编辑的视频或视频生成的文件上传至资源库，与全球的教育工作者、学者、学生等分享自己的知识和经验。这一功能极大地促进了教育资源的共享与利用，使得优质的教育资源得以广泛传播，为教育公平普及做出了积极贡献。

此外，Tracker 软件还不断优化信息图书馆浏览器的性能，提升用户体验。例如，通过智能推荐算法，浏览器根据用户的浏览历史和兴趣爱好，为其推荐相关的视频资源，帮助用户发现更多有价值的内容。浏览器还支持多语言切换，满足不同国家和地区用户的需求。

二、Tracker 软件使用

（一）安装要点

Tracker，这款免费的视频分析与建模软件，已经在科学教育与研究领域引起了广泛的关注。它基于开源物理（Open Source Physics，OSP）Java 框架开发，为用户提供了一个强大且灵活的工具，以便对各种物理现象进行精确的分析和建模。

Tracker 是由美国卡布里洛大学教授道格拉斯·布朗及其团队开发，致力于创建一个易于使用且功能强大的软件，以支持物理教学和研究。为确保软件的顺利运行，用户只需在电脑中安装 QuickTime7（仅限 Windows/Mac 系统）或 Java 1.6 及以上版本，即可轻松体验 Tracker 的所有功能。

自发布以来，Tracker 已经经历了十余次的更新迭代，每次更新都为用户带来了新的功能和优化。最新版本可通过 OSP 官方网站（www.compadre.org）免费下载，为用户提供了实践的机会，还帮助学生更好地理解和掌握物理学的基本原理。

Tracker 运用 Xuggle 视频引擎，支持多种视频格式解码，如 avi、mov、mp4、wmv、flv 等。这意味着用户可以轻松导入和分析各种来源的视频数据。当然，如遇不兼容的视频格式，用户也不必担心。学生可以利用"格式工厂"等第三方软件进行格式转换，确保视频数据顺利导入 Tracker 进行分析。

此外，Tracker 还具备强大的数据分析和可视化功能。用户通过软件内置的图表和数据分析工具，直观地展示实验数据的变化趋势，更深入地理解物理现象的本质。这些功能使得 Tracker 成为一款非常实用的物理教学和研究工具。

总之，Tracker 作为一款免费的开源视频分析与建模软件，不仅为用户提供了丰富的实验视频资源和强大的数据分析功能，还具备易于使用和灵活的特点。它已经成为许多物理教师和学生进行物理实验和研究的首选工具。无论是初学者还是专业人士，Tracker 都能为学生提供强大的支持和帮助。

（二）使用要点

在现代科学研究和技术进步中，对物体运动情况的精确捕捉和分析至关重要。为了满足这一需求，Tracker 这款软件应运而生，其功能之强大，操作之简便，堪称物体运动分析的利器。Tracker 资源库里的实验视频，不仅展现了它的卓越功能，而且还提供了丰富的应用场景。

首先，获取实验视频是第一步。Tracker 支持从多种来源获取视频资源，包括手机、信息摄像机等视频录制设备，以及互联网上的教育视频等。拍摄视频时，需要注意采光环境、研究对象与背景的对比度，以及摄像头的稳定性。为了更精确地记录运动过程，建议使用高帧率的视频录制设备，并尽量使用支架固定设备，以减少抖动。在视频中加入已知长度的参照物，有助于后续的分析和定标。

Tracker 的核心功能——捕捉和追踪物体运动。通过"视频→导入"功能，用户可以轻松将拍摄好的视频导入软件。加载成功后，利用"剪辑设定"功能，用户可以选取所需的视频片段并查看视频属性。在分析视频中物体的运动时，用户需要建立坐标系以便进行精确分析。

Tracker 提供了灵活的坐标系设置选项，包括直角坐标系、极坐标系等，可以根据实验需求进行调整。以 Tracker 资源库中的自由落体实验视频为例，用户可借助"轨迹→坐标轴"选项在视频中清晰地展示直角坐标系，同时还能根据个人需求灵活调整坐标原点的位置，以满足不同的分析需求。在本例中，教师选择小球刚开始下落的位置作为坐标原点，如图 5-45 所示。

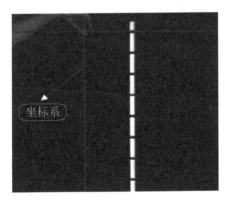

图 5-45　建立基于小球下落点为坐标原点的坐标系

建立好直角坐标系后，需要对坐标轴进行定标。这通过在视频中选择一个已知长度的物体作为参考物来完成。在本例中，教师选择一个竖直放置的白色圆管，其每段长度为 10cm。使用"定标工具→定标尺"功能，按住 Shift 键点击视频中已知间距的两点，并输入实际长度，即可完成定标。详见下图：在成功构建直角坐标系之后，下一步是对坐标轴进行精确的定标操作。这通常涉及在视频画面中选取一个具有已知长度的物体作为参照标准。在本案例中，教师选择了一个竖直摆放的白色圆管作为参照物，其每段长度均为 10cm。为了完成定标过程，需要利用"定标工具"中的"定标尺"功能。具体操作步骤如下：首先，确保"定标工具"已激活；接着，按住 Shift 键，在视频画面中依次点击已知间距的两个点；然后，在弹出的对话框中输入这两个点之间的实际长度（即白色圆管的某段长度，如 10cm）；最后，确认输入无误后，即可完成定标操作。通过以上步骤，可以确保坐标系中的单位长度与实际物体尺寸相对应，从而提高后续测量和分析的准确性，如图 5-46 所示。

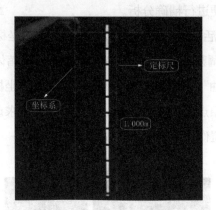

图 5-46　长度定标示意图

在完成定标步骤后，接下来就可以对物体的运动进行追踪了。用户可以通过点击菜单栏中的"轨迹"选项来创建一个"质点"。随后，同时按住 Ctrl+Shift 键，选中需要追踪的研究对象（如小球），系统便会自动开始追踪。为了进一步提升追踪的精确度，用户还可以选择手动追踪模式。在这种模式下，只需按住 Shift 键，用户便可以逐个手动标记小球的位置。每当一个位置被成功追踪，相关的运动数据就会实时以图形和表格的形式展示在窗口的右侧，便于用户直观地查看和分析物体的运动情况，如图 5-47。这些数据包括位移、速度、加速度等，有助于用户对物体运动进行深入分析。

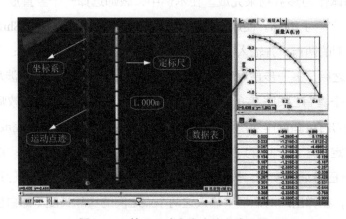

图 5-47　基于手动方式追踪小球位置

最后，得到实验数据后，教师需要对这些数据进行分析。Tracker 提供了强大的数据分析功能，用户通过多种方式对实验数据进行处理。例如，可以绘制位移－时间图、速度－时间图等，以直观地展示物体运动的规律。此外，Tracker还支持多种拟合函数供用户选择，如线性拟合、抛物线拟合等。利用软件的"拟合分析器"自定义函数公式进行拟合，以满足更复杂的分析需求。为了进一步提高精度，选择分布较均匀的数据点进行拟合。例如图 5-48 为抛物线拟合过程，选择抛物线拟合来分析小球的竖直分运动。

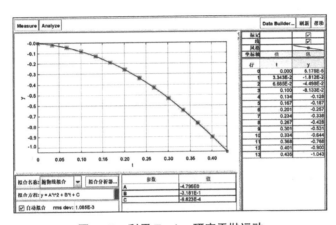

图 5-48　利用 Tracker 研究平抛运动

三、Tracker 软件应用目标

（一）物理观念

物理观念，作为学生通过系统学习所形成的对客观世界的深刻理解，是物理学教育的核心目标之一。这一观念不仅涉及物质、运动和能量等核心概念，更是对物理规律和概念在学生思维中的高度抽象与升华。这种抽象思维能力，为学生利用物理学视角解析世界提供了坚实的理论基础。首先，物理观念的形成离不开学生的自主探究实践。物理学是一门实验科学，通过实验探究，学生可以亲自观察、测量、分析和总结物理现象，形成自己的物理观念。例如，在探究光的折射现象时，学生通过观察光线在不同介质中的传播路径变化，可以深入理解光的折射规律，形成对光的折射现象的独特认识。其次，教师的系统讲授也是培养学生物理观念的重要途径。教师通过生动的案例、形象的比喻和系统的理论阐述，帮助学生建立物理观念的整体框架。教师引导学生对物理现象进行深入的思考，培养学生的批判性思维和创新能力。例如，学生可以利用所学的力学知识，分析汽车行驶过程中的动力学问题，提出合理的解决方案。这种将理论知识应用于实际问题的能力，是学生物理观念形成的重要标志。

因此，物理观念的培养是一个长期的过程，需要学生自主探究和教师系统讲授的共同努力。只有当学生真正建立起物理观念，才能深入理解客观世界，并运用物理学知识解决实际问题。因此，教师应重视物理观念的培养，为学生提供更多的实践机会和系统的理论指导，帮助学生建立坚实的物理基础。

（二）科学思维

科学思维是人类认识客观世界的重要工具，尤其在物理学领域，它扮演着至关重要的角色。科学思维的培养并非一蹴而就，而是需要学生在不断地学习与实践中逐步积累。其中，物理模型构建是科学思维的核心环节。通过建立物理模型，学生将复杂的物理现象进行简化和抽象，更直观地揭示其本质。例如，在研究宏观物体的运动时，将其简化为质点模型，忽略其形状和大小，只关注其质量和运动轨迹。这样的简化不仅便于计算，还帮助学生更好地理解运动的本质。

除了物理模型构建，科学地推理与论证也是科学思维的重要组成部分。在科学研究中，推理与论证是不可或缺的思维方式。通过逻辑推理和实证分析，科学家验证假设的正确性，发现新的物理规律，推动物理学的发展。例如，牛顿通过观察和推理，提出了万有引力定律，揭示了天体运动的规律，为后来的科学研究提供了重要基础。

此外，对前人观点的质疑与创新也是科学思维的重要体现。科学的发展离不开对现有理论的质疑和挑战。只有通过不断地质疑和创新，教师才能发现现有理论的不足，提出新的观点和理论，推动科学的进步。爱因斯坦就是通过对牛顿力学进行了质疑和挑战，提出了相对论，为现代物理学的发展奠定了基础。

在培养科学思维的过程中，教学方法的选择至关重要。为了帮助学生更好地理解和应用科学思维，教师应选取贴近生活的物理现象作为教学案例。通过引导学生观察和分析这些现象，让学生感受到科学思维在实际生活中的应用价值。教师还应鼓励学生采用适当的方法探究物理规律，培养学生的探究能力和创新精神。

（三）科学探究

科学探究的过程是一个充满活力与创造力的互动过程，它不仅涉及教师与学生的交流讨论，还包括学生与学生之间的合作与碰撞。在这个过程中，教师的角色至关重要，教师需要为学生创造一个自由、开放且包容的课堂氛围，让每个学生都有机会表达自己的观点和疑问。这样的环境鼓励学生勇于质疑，进行大胆的猜想，并积极参与讨论，极大地激发学生的学习兴趣，提高教学效率。要实现这一目标，教师需要转变传统的教学观念，从知识的传授者转变为学习的引导者。这意味着教师需要引导学生主动探索物理问题，而不是简单地将答案灌输给学生。通过引导学生进行讨论和解决问题，教师帮助学生建立自己的知识体系，培养学生的批判性思维和解决问题的能力。教师组织学生进行小组讨论，让学生共同探讨物理问题，并分享彼此的观点和见解。这样的讨论不仅帮助学生深入理解物理概念，培养学生的沟通能力和团队合作精神。教师设计一些具有挑战性的任务，让学生在完成任务的过程中进行科学探究。这些任务涉及实验设计、数据分析、模型构建等方面，旨在培养学生的实践能力和创新思维。因此，科学探究的过程是一个充满挑战与机遇的旅程。在这个过程中，教师需要扮演好引导者的角色，为学生创造一个自由、开放且包容的课堂氛围，引导学生积极参与讨论和解决问题。只有教师才能真正激发学生的学习兴趣，提高学生的学习效率，培养出更多具有创新精神和实践能力的优秀人才。

（四）科学态度与责任

赫尔巴特的名言："无教学的教育不存在，同样，无教育的教学也不可接受。"为教师揭示了教育与教学之间不可分割的纽带。在物理教学中，教师不仅要传授知识，更要深入挖掘其中的育人价值，注重培养学生的情感态度。

物理学作为一门自然科学，与人类社会的发展紧密相连。它不仅是科技进步的基石，更是人类探索自然、认识世界的工具。在物理教学中，实验探究是一个不可或缺的环节，着重培养学生的科学态度。这包括实事求是、严谨细致的实验精神，以及勇于探索、敢于创新的科学品质。教师还要关注学生坚强品质的塑造，让学生在遇到困难时不轻易放弃，而是坚持不懈地追求真理。此外，小组合作也是物理实验探究中不可或缺的一环。这种合作精神不仅有助于学生在物理学习中的互助成长，更是学生未来步入社会、融入集体的重要品质。

最终，物理教学的目标应是培养出具备独立思考、热爱科学品质的学生。学生应在掌握物理知识的同时具备批判性思维和创新精神，为社会的科技进步和文明发展贡献自己的力量。

四、Tracker 软件应用原则

（一）科学性

科学性原则强调教学须遵循科学理论，按学科内在逻辑组织材料，以系统培养科学思维，构建正确观念。高中物理内容设计尤需遵循此原则，因其具有严密理论体系和精确标准。与初中物理比，高中物理更深更广，要求学生探索现象本质，运用逻辑推理或数学方法。学生初入高中，可能因思维未成熟、数学应用不熟练而遇困。故教师设计内容时，应以物理理论为基础，培养逻辑思维和数学能力。教学中，可用生活实例引出概念，用科学探究法引导学生思考，借数学工具助理解。如教自由落体，可从日常现象引入，引导探究规律，破除思维定式。教师还应重视学生特点，从生活经验出发，联系新旧知识，体现科学性，引导学生观察实验，建构知识框架。科学性原则对培养科学思维和全面发展至关重要，教师应遵循此原则，有意识培养能力，帮助学生突破误区，适应高中教学，建立正确观念，解决实际问题。

（二）直观性

直观性原则强调教师在物理实验教学时，应生动展现物理现象，引导学生深入思考，并以直观方式展示抽象物理规律。高中阶段，学生正从具象思维向抽象思维过渡，对探索世界充满热情。但观察常片面，研究缺乏依据，故需借助信息化资源提供感性材料，直观展示物理过程。经验之塔理论指导教学从具体经验向抽象经验发展。利用 Tracker 等工具，直观展现物理规律，如小车速度变化，有助于学生理解规律，锻炼逻辑思维能力。结合实例、数据，对比实验、模拟仿真等方式，直观理解物理现象，如牛顿第二定律，提高学习兴趣和记忆。总之，直观性原则在物理实验教学中至关重要，有助于培养学生抽象思维和批判性思维。

（三）探究性

在物理教学中，探究性原则与建构主义学习理论以及"做中学"的观点紧密相连。建构主义学习理论认为，学生是学习的主体，学生通过主动建构知识来形

成自己的理解。而"做中学"则强调通过实践活动来获取知识，使学生在实际操作中理解和掌握物理规律。例如，在探究单摆的周期与摆长的关系时，教师先让学生自己动手进行实验，观察单摆的运动规律，然后再通过数学推导得出周期公式。学生不仅通过实验验证公式的正确性，而且更深入地理解单摆的运动规律。

教师应积极营造一个轻松愉快、充满思辨的课堂探究氛围。在这样的氛围下，学生更愿意表达自己的观点，与他人交流讨论。教师组织学生进行小组讨论，鼓励学生在讨论中相互启发、相互学习。学生不仅可以在交流中深化对物理规律的理解，提高自己的语言表达能力和团队协作能力。

五、Tracker 软件应用案例

为了更好地将 Tracker 运用于高中力学实验，以下选取几个应用案例展开分析。

案例一：《探究小车速度随时间变化的规律》

（一）设计思路

1. 案例内容概述

本案例为 2019 年人教版高中物理必修 1 第二章第一节节选，是学生首次接触物理实验的起点，对后续探究匀变速直线运动规律至关重要。教材以"探寻运动规律"为指导，选用重物牵引小车为实验对象。在学生已掌握直线运动速度测量的基础上，本案例按实验构思、操作、记录、分析的顺序，引导学生深入探究小车速度随时间的变化规律。教学重点是实验设计与数据记录，难点是数据的精确有效分析。

2. 学情分析

在深入探究本章节内容之际，虽然学生已掌握打点计时器测速度的方法与原理，对加速度概念有初步认识，然而，在实验探究流程上尚显生疏，可能影响实验设计；实验器材精确度有限，数据记录误差较大；数学思维待提升，影响物理规律描述的准确性。

3. 教学目标

物理观念：让学生深刻认识运动的普遍性与多样性，掌握重物牵引下小车速度随时间变化的规律，为构建匀变速直线运动模型奠定基础。

科学思维：通过探究小车速度变化，学会探索物理规律的方法；绘制 v–t 图像，认识物理图像在解析问题中的价值。

科学态度与责任：鼓励学生独立设计实验，培养积极思考与解决问题的能力，塑造严谨务实的科学态度；通过合作讨论，体会科学探究的协作与创新。

4. 流程设计

教师播放苏炳添东京奥运会百米赛跑视频，激发学生兴趣，培养民族自豪感。提问苏炳添速度变化，引出课程内容：探究小车速度变化。指导学生阅读教材，明确实验目的和所需测量的量。分组实验，记录数据，交流讨论。利用 Tracker 软件分析数据，绘制 v–t 图像，揭示小车速度变化规律。整个教学流程如图 5-49 所示。

（二）教学过程

1. 新课导入

在新课导入阶段，教师借助生活中普遍存在的场景，引导学生运用物理学的观点来观察和分析生活中的各种现象，以期培养学生的观察力和激发学生对物理学的兴趣。具体而言，教师展示苏炳添东京奥运会百米赛跑视频，引出本课主题。学生观察视频，深入分析苏炳添跑步速度变化。学生观察后发现，苏炳添在跑步的起始阶段，速度逐渐加快，而在接近终点时，速度则逐渐减慢，这是因为现实中物体运动速度并非恒定，而是随时间变化而改变。

为了更深入地研究物体运动背后的规律，教师需要选取具体的事例进行实验研究。因此，在本节课中教师选用小车为研究对象，通过实验探究重物牵引下小车速度随时间变化的规律，有助于教师更深入地理解物体运动的基本规律，并为后续的学习打下坚实的基础。

2. 实验思路

教师引导学生深入研读课本内容，随后提出实验设计的具体方案。在此过程中，学生需要明确需要测量的物理量，以及为测量这些选择适当的实验仪器。经过详细分析，学生发现可以利用砝码拉动小车在水平导轨上运动，并使用打点计时器来精确测量小车的运动速度及所经过的时间。

3. 实验实施

在物理教学中，实验是不可或缺的一环。通过实验，学生能直观地理解理论

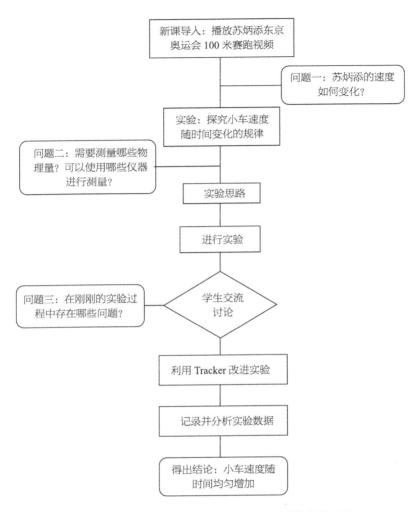

图 5-49 《探究小车速度随时间变化的规律》教学流程

知识，并培养团队协作、沟通能力以及独立思考的能力。本研究将详细介绍教师在指导学生进行分组实验时的具体步骤和注意事项，以及如何利用 Tracker 软件改进实验，旨在提升学生的实践能力和信息素养。在分组实验与小组讨论环节，教师需要根据教材要求，指导学生按照步骤进行分组实验。在实验过程中，教师应积极巡视，观察学生的实验操作，及时解答学生在实验过程中遇到的困惑。通过设置分组实验与小组讨论环节，培养学生的团队协作与沟通能力。为了提升学生将理论知识应用于实践的能力，教师引导学生思考，除了打点计时器外，实验室还有哪些工具可用于分析物体速度变化。经过分析，学生可能会提出采用频闪仪。

此时，教师应带领学生回顾频闪仪测速原理，并介绍 Tracker 软件的功能及操作方法。

Tracker 软件是一款强大的视频分析工具，帮助学生在实验中获得更准确的数据。在利用 Tracker 软件改进实验的过程中，教师应指导学生按照以下六个步骤进行。

Step1：录制视频。为了确保后续数据分析的精准性，教师应在课前精心准备，预先录制一段小车在重物牵引下沿直线运动的视频。在录制过程中，应选取一个已知长度的物体作为定标工具，以视频中的导轨为例，其长度应确定为 90 厘米。这些准备工作将为后续的数据分析奠定坚实的基础。

Step2：导入并设定实验视频。启动 Tracker 软件，通过菜单栏导入预先拍摄的小车运动视频。然后剪辑并设定需要分析的视频片段，同时设定好帧率。确保软件准确地捕捉到小车的运动轨迹。

Step3：建立坐标系。在软件界面中明确展示坐标轴，将小车的起始位置设定为坐标原点，并借助定标工具精确设定长度单位，构建统一坐标系，为后续的数据分析工作提供便利。

Step4：对象追踪。创建质点，并采用手动追踪方式逐帧分析小车车轮位置。相关运动数据将实时显示在右侧窗口。确保数据的实时性和准确性。

Step5：数据记录与分析。在右侧表格中选择数据进行分析和拟合，以降低实验误差。引导学生结合打点计时器知识，分析如何处理数据以最大限度减少误差，并从数据中总结小车速度随时间变化的规律。帮助学生更好地理解实验结果，并提升数据处理能力。

Step6：实验拓展。鼓励学生积极利用 Tracker 软件，在家中自主设计实验，深入探究小球从高处下落时速度随时间变化的内在规律，培养学生积极探究的精神与实践操作的能力。

因此，通过分组实验、理论知识与实践的结合以及利用 Tracker 软件改进实验等方法，教师有效地培养学生的团队协作、沟通能力、独立思考能力以及将理论知识应用于实践的能力。

（三）案例分析

在深入分析上述案例后，发现其展现出了几个显著的特点，这些特点不仅体现在教学流程的组织上，也体现在教学活动的设计和技术应用上。首先，从教学流程的组织来看，教师遵循科学性原则，深入理解了教材，并严格按照实验流程设计教学内容。这一做法确保了学生全面把握物理规律的探究过程，熟悉实验的逻辑和步骤。以问题解决为主线，教师巧妙地将各个教学环节串联起来，形成了一个有机整体，使学生在探究过程中不断发现问题、分析问题并解决问题。

其次，从探究性原则出发，教学活动的设计充分凸显了学生的主体地位。分组实验和交流讨论环节的设置，使学生在参与实验的过程中相互协作、相互学习，有效激发了学生的学习兴趣。这种教学方式不仅有助于培养学生的科学探究能力，还增强了学生的团队合作意识和沟通能力。

此外，在直观性原则的指导下，教师利用 Tracker 软件的可视化功能，清晰展示了实验过程，丰富了实验探究的形式。通过软件的应用，学生直观地观察到实验现象和数据变化，更好地理解物理规律，提高数据收集效率，缓解教学时间紧张的问题。

综上所述，通过深入分析上述案例，看到教师在教学流程的组织、教学活动的设计和技术应用上所做的改进。这些改进不仅提高了学生的学习效果，也促进了学科核心素养的培养。

案例二：《自由落体运动》

（一）设计思路

1.设计内容概述

人教版高中物理必修 1 第二章第四节，探讨了匀变速直线运动规律在自由落体运动中的应用。教材从物体下落速度的影响因素切入，回顾伽利略与亚里士多德的争议，纠正学生错误观念，引入自由落体概念。深入分析实验数据，揭示其内在规律和特性，并介绍重力加速度。教学核心在于掌握自由落体性质及规律，难点在于帮助学生摒弃错误观念。通过学习，学生将更好地理解匀变速直线运动在生活中的应用，提升物理学原理的掌握能力。

2.学情分析

高中生在逻辑思维的构建上仍处于初级阶段，且其对于物理现象的理解可能受到日常生活经验的局限，因此存在一种误解，即认为"重的物体下落速度必然更快"。这种观念可能会对学生的学习产生一定的干扰。

3. 教学目标

物理观念：深入且正确地理解自由落体运动的概念，掌握其规律与性质。

科学思维：学习伽利略与亚里士多德的争论，体会科学推理的重要性。通过探究自由落体运动，培养科学思维，鼓励质疑与批判精神。

科学态度与责任：了解伽利略生平，激发追求真理、敢于实践的精神。强调实事求是的态度，通过交流合作，培养团队精神和创新能力。

4. 流程设计

首先，教师通过播放一系列视频片段，展示自然界中普遍存在的落体运动现象。这样的设计旨在激发学生对于物理现象的好奇心，并鼓励学生更加细心地观察和理解生活中的各种物理现象。其次，教师引导学生观察这些运动，并尝试总结它们的共同特征。帮助学生将注意力集中在物理学的角度，通过观察现象进行抽象概括，教师引入自由落体运动主题。随后，演示硬币与纸张同时释放的实验，激发学生思考物体下落快慢的影响因素。学生交流讨论，提出重力、空气阻力等猜想。教师运用逻辑与实验验证猜想，证明下落速度与重力无关。结合牛顿管实验，深入阐述自由落体概念。最后，引导学生利用 Tracker 软件探究自由落体规律，深化理解重力加速度。整个教学流程如图 5-50 所示。

（二）教学过程

1. 新课导入

在新课导入时，教师选取生活中的落体运动为切入点，引导学生细心观察生活现象，运用物理理论进行深入思考，激发学生对物理学习的兴趣，提升观察力和抽象概括能力。教师还通过多媒体展示自然景象，如大雪纷飞、柳絮飘飘等，以吸引学生注意，引导学生分析这些运动所共有的特征。经过深入思考，学生会发现它们都属于下落的运动类型。在此基础上，教师顺利地引入自由落体运动的概念，为后续的学习打下坚实的基础。

2. 实验思路

在科学教育的广阔天地中，教师扮演着至关重要的角色。教师不仅是知识的传递者，更是学生科学探究能力的培养者。教师精心设计实验演示，引导学生细心观察现象，鼓励他们进行科学的合理猜想，从而有效提升学生的科学探究能力。

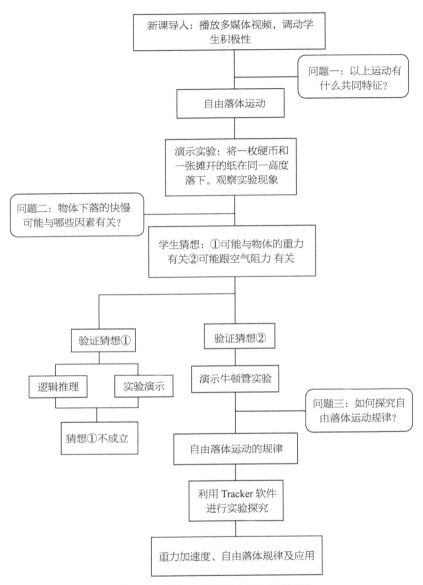

图 5-50 《自由落体运动》的教学流程

在教师的引导下，学生不再是被动的知识接受者，而是成为主动的探索者。学生观察实验现象，通过逻辑推理和实验探究两种方法对猜想进行验证。这一过程不仅使学生体验到科学研究的严谨性，也锻炼了学生的实践动手能力。例如，教师在研究小球自由落体运动时，利用 Tracker 软件能简化数据收集，直观展现小球速度变化规律，让学生亲身体验科学探究的乐趣，激发对科学的热爱。学生相互学习、相互启发，学生的科学探究能力得到了进一步的巩固和提升。这种教学方式不仅培养了学生的科学素养，也为学生未来的科学研究奠定了坚实的基础。

3. 实验实施

深入探究物体下落规律，教师进行了实验演示：将一元硬币与摊开纸从同高处释放，直观展现空气阻力影响。学生观察到硬币下落更快，提出重力与空气阻力可能影响下落速度。通过介绍亚里士多德与伽利略的争论，学生逻辑推理得出重力与下落速度无关的结论。实验验证显示，纸团与硬币下落速度相近，证明重力非决定因素。牛顿管实验则揭示，无空气阻力时，不同重量物体下落速度相同。教师定义自由落体运动，并引导学生用 Tracker 软件分析自由落体规律。通过分析小球自由落体视频，学生发现其为匀加速直线运动，加速度接近 9.8m/s^2。学生总结自由落体特点，教师提供 g 值表格，引导学生分析 g 值与纬度关系。最后，教师推导自由落体公式，布置课外活动测量反应时间。

（三）案例分析

经过对教学流程的科学编排与精心设计，教师巧妙地以日常生活中屡见不鲜的落体现象为切入点，逐步引导学生深入探究自由落体运动的内在规律。教学内容紧密围绕知识点逻辑进行组织，通过一系列精心设计的提问，串联起各个教学环节，旨在深化学生对自由落体运动的理解，并提升其逻辑思维能力。

在探究性教学方面，教师充分利用演示实验的趣味性，有效激发学生的学习兴趣，引导他们仔细观察实验现象、积极提出猜想，并基于这些猜想展开深入的规律探索。这一教学过程充分尊重了学生的主体地位，有效培养了学生的科学探究能力。

在提升教学直观性方面，教师创新性地运用了 Tracker 软件的可视化功能，使学生能够直观地观察小球下落的全过程，从而丰富了探究形式，提高了数据收集的效率。Tracker 软件的运用不仅简化了数据收集过程，提高了数据的准确性，而且其强大的数据分析功能还帮助学生快速得出规律，节省了教学时间，同时也有助于提升学生的信息化素养。

《自由落体运动》一课是笔者利用 Tracker 软件改进力学实验教学的实践案

例。在教学过程中，学生对牛顿管演示表现出浓厚的兴趣，积极参与课堂讨论，部分学生已经能够熟练运用 Tracker 软件进行自主探究。师生之间的交流充分，教学氛围活跃，取得了显著的教学效果。

第七节　Phyphox

高中物理课程旨在培育学生的物理学科核心素养，核心在于深入学习和掌握物理概念及规律。然而，物理作为一门实验科学，其实验教学的重要性不言而喻。受限于昂贵的专业实验器材，许多学校不得不依赖视频动画来展示实验现象，这无疑加大了学生学习物理的难度，同时也不利于核心素养的培养。因此，新课标倡导教师利用生活中的素材来优化和创新实验设计。

随着信息化时代的到来，物理教育也面临着新的挑战和机遇。信息化手段，如互联网、智能手机等，为物理实验教学提供了新的可能性。智能手机作为现代生活的必需品，其内置的多种传感器，如压力传感器、声音传感器、磁场传感器和加速度传感器等，为物理实验教学提供了有力的技术支持。结合这些传感器和相应的应用软件，如 Phyphox，教师可以实现物理量的测量、数据采集处理、实验结果可视化等功能，改善教学效果，培养学生的核心素养。

经过深入研究和实际应用发现 Phyphox 软件在数据呈现、导出、自制教具测量、远程访问控制以及多传感器复杂实验平台搭建等方面均展现出卓越的性能。然而，目前在国内，关于 Phyphox 的研究与应用尚处于起步阶段，尚显不足。鉴于此，本研究致力于全面探索智能手机传感器与 Phyphox 在高中物理实验教学中的应用，旨在为实验教学提供更为信息化、数字化的解决方案，以提升教学质量和效果。

数字化实验设备通过简化数据收集过程，实现了实时处理与可视化，从而有效捕捉了实验过程中的突变现象，优化了那些难以测量或控制的实验环节。相较于传统实验设备，数字化实验系统无疑具有显著的优势。然而，不容忽视的是，数字化实验系统的成本相对较高，这在一定程度上制约了众多学校的实验条件的改善。因此，教师应积极创新实验教学方式，充分利用现有资源，帮助学生深入理解和掌握物理知识，以促进学生全面发展。

由于高中物理实验探究性强，更能提高学生的学习兴趣和科学思维能力，因此，教师应重视高中物理实验教学，充分利用智能手机等信息化手段改进实验教学方式，以培养学生的物理学科核心素养。

一、Phyphox 简介

2016 年，德国亚琛工业大学第二物理研究所推出了物理实验手机软件 Phyphox 的 1.0 版。该版本充分运用了手机内置的多种传感器，如压力传感器、陀螺仪传感器和加速度传感器等，以实现实时数据采集。

在 2017 年，Phyphox 开发团队在原有软件的基础上进行了功能强化，特别引入了"远程控制"功能。此功能允许用户在相同的 Wi-Fi 或无线热点网络环境下，利用另一台静态设备实时访问并控制处于运动状态的手机屏幕。这为用户带来了极大的便利，使得远程操作和运动设备的监控变得更加高效。

同时，为了满足用户的个性化需求，Phyphox 提供了强大的自定义功能。用户只需访问特定的在线编辑页面（https://phyphox.org/editor），即可根据个人喜好和实验需求，轻松定制专属的手机实验。这一创新功能不仅提升了用户的灵活性，还进一步增强了使用的便利性。

Phyphox 软件的核心模块包括：Main（主菜单）、Input（输入）、Output（输出）、Views（视图创建）、Analysis（分析）、Export（导出管理）以及 XML（文件生成）。这些模块共同构成了软件的基本框架，为用户提供了全面的实验管理和操作体验。其中，Main 模块位于界面左下方，集中了"加载实验"和"下载实验"两大功能按钮。用户可以通过简单的拖拽操作上传分享的实验文件，并在实验完成后轻松下载并导入到手机 Phyphox 应用程序中。

Input/Output 模块允许用户添加如音频、传感器、位置和蓝牙等外部数据源和输出目标，以实现与外部设备的数据交互。

Views 模块提供了六种不同类型的实验界面，包括信息、分隔器、数值、图形、编辑和按钮，这些界面元素有助于提升实验的可读性和操作性。

Analysis 模块作为实验操作程序编写的核心界面，以模块化的方式集成了所有前期元素，并通过内部数学运算实现了元素间的有效连接。用户在操作过程中，仅需点击元素顶部的加号即可完成数据输入的关联设置。

Export 模块则为用户提供了便捷的数据导出功能。用户需首先选定所需的数据缓冲区，进而创建导出集，以便对数据进行合理的分组。随后，用户可为每个分组添加相应的缓冲区，确保数据之间的顺畅传输和内部计算。通过这一系列设置，用户能够高效地完成数据的整合与导出操作，最终获取所需的结果。

XML 模块向用户展示实验设置的源代码，有助于用户深入学习 XML 并检查潜在错误。

以上是对 Phyphox 物理实验手机软件的简要介绍，该软件以其强大的功能和灵活的定制性，为物理实验提供了新的可能性。

二、基于 Phyphox 的物理实验要点

（一）新课标高中生必做实验与 Phyphox 的关系

高中物理实验旨在通过测量各种物理量来深化对物理原理的理解。传感器技术在此过程中扮演着至关重要的角色，用于精确测量这些物理量。在 2019 年人教版的高中物理教材中，必修和选修课程均包含了一系列必做的实验。这些实验与 Phyphox 软件的功能模块有着紧密的联系。

在必修一中，涉及的实验包括"探究速度随时间变化规律""测本地的重力加速度""研究物体从斜面上滑下的动摩擦系数""探究加速度与力、质量的关系"以及"模拟电梯探究超重和失重现象"。这些实验分别对应了 Phyphox 软件中的光电门传感器、加速度（不含 g）传感器、斜面传感器、应变式力传感器和应变式压力传感器功能模块。

必修二中的实验包括"利用加速度传感器测向心加速度""验证向心加速度与圆周运动半径的关系"和"探究向心加速度与加速度关系"。这些实验分别依赖于 Phyphox 软件中的加速度（不含 g）传感器、力传感器和向心加速度功能模块。

必修三中的实验则包括"测量小磁针的磁场和地球磁场的倾角""演示动量和冲量的关系"以及"探究动量守恒定律"。这些实验分别利用了 Phyphox 软件中的磁力计、加速度（不含 g）与力传感器以及加速度（不含 g）功能模块。

在选择性必修一中，涉及的实验有"探究关于弹簧振子的频率""已知摆长求重力加速度"以及"观察多普勒效应"。这些实验分别利用了 Phyphox 软件中

的弹簧传感器、摆和周期传感器以及音频发生器功能模块。

Phyphox 软件通过蓝牙连接外部设备，如 Arduino，使实验者能够便捷地编写程序并获取传感器数据，以直观图形展示，简化处理与分析工作。在物理学学习中，该软件结合外部设备可设计生动实验，模拟复杂现象，降低学习难度，提升兴趣与积极性。同时，优化实验设计和数据处理流程，减少篇幅，提高报告简洁性和可读性，最大程度地帮助学生验证实验现象，克服学习重难点。因此，Phyphox 软件在高中物理实验教学中具有广泛的应用价值。它不仅提供丰富的功能模块以满足不同实验需求，还通过蓝牙连接外部设备获取传感器数据，并以直观的方式展示和处理这些数据。通过利用 Phyphox 软件创设实验环境，可以帮助学生更好地理解和掌握物理概念和规律，提高学习效果。

（二）Phyphox 在高中物理教学中的应用优势

智能手机与 ESP32 单片机的普及与应用简便性为实验研究的实施提供了强大的支持。在高中物理课堂教学中，引入 Phyphox 辅助物理教学，不仅能有效激发学生的学习兴趣，还显著提升了课堂专注度。具体而言，Phyphox 的应用优势主要表现在以下几个方面：

首先，Phyphox 显著拓展了实验平台。传统的高中物理实验往往受限于实验室环境，因为传统实验器材通常体积庞大、结构复杂且移动不便。而 Phyphox 的应用使得实验不再局限于固定的实验室空间，学生可以利用智能手机随时随地进行物理实验，从而极大地拓宽了实验教学的可能性。

此外，Phyphox 还降低了实验成本。传统实验器材的采购和维护成本较高，而 Phyphox 作为一款免费的物理学习应用，无需额外的硬件投入，大大降低了实验成本。这使得更多的学校和学生能够享受到物理实验的乐趣，促进了物理教学的普及和发展。

同时，Phyphox 提高了实验的精确性和安全性。传统实验器材在操作过程中可能存在误差和安全隐患，而 Phyphox 应用通过精确的传感器和算法，能够实时记录和分析实验数据，提高了实验的精确性。此外，由于实验过程主要在手机上进行，也减少了学生在操作复杂实验器材时可能发生的意外伤害，提高了实验的安全性。

最后，Phyphox 增强了学生的学习体验。通过利用智能手机的交互性和趣味性，Phyphox 能够让学生在轻松愉快的氛围中学习物理知识，从而提高他们的学习积极性和参与度。此外，应用中的实验设计和数据可视化功能也有助于学生更直观地理解物理现象和原理，增强了他们的学习效果。

综上所述，智能手机与 ESP32 单片机的普及与应用为实验研究提供了强大支持。在高中物理教学中，引入 Phyphox 不仅激发了学生的学习兴趣，还提升了课堂专注度。它拓展了实验平台，降低了成本，提高了实验的精确性和安全性，并增强了学生的学习体验。因此，应积极推广和应用 Phyphox，以促进物理教学的创新与发展。高中物理教学任务繁重，时间紧迫，导致一些实验被简化或以视频和仿真实验替代，无法有效培养学生的核心素养。然而，通过利用 Phyphox，则能有效解决这一问题。

例如，在人教版必修二的圆周运动课程中，通过运用 Phyphox 应用中的向心加速度传感器功能，学生能够有效地测量自行车车轮在转动过程中向心加速度与角速度之间的关系。这种创新的应用方式不仅使学生重新认识了物理实验的趣味性和实用性，更深入地理解了物理知识与日常生活的紧密联系，从而激发了他们的探索思维和创新能力。

此外，Phyphox 的易获取性和可重复性为实验教学提供了极大的便利。该应用以智能手机作为主要的"实验工具"，能够实时显示实验数据，如时间、加速度、力的大小以及图像、转动速率等，使得实验过程更加直观和可控。同时，Phyphox 还能与 ESP32 单片机结合，形成新的传感器，为师生个性化设计物理实验提供了广阔的空间。

以人教版高中物理必修一中的超重和失重课程为例，传统的实验方法往往存在观察时间短、数据难以记录等问题，难以帮助学生深入理解物理概念和规律。然而，借助 Phyphox 的压力传感器，教师可以设计更加直观和有趣的实验，让学生在课后也能继续探究和学习。

Phyphox 的远程访问功能进一步增强了实验的直观性和可控性。在实验教学中，教师可以通过电脑端控制整个实验过程，便于学生观察和记录实验现象。而学生则可以利用 Phyphox 将实验数据导出为 Excel、CSV 等格式，方便进行后期的处理和分析。这种教学方式不仅充分体现了学生在课堂中的主体地位，还有助于培养他们的科学探究精神和团队合作能力。例如，在人教版选择性必修一动量守恒定律课程中，学生可以利用 Phyphox 内置的加速度传感器测量两个智能手机在碰撞瞬间的加速度，并通过分析加速度与时间的关系图线来验证动量守恒定律。相较于传统实验方法，这种基于 Phyphox 的远程控制方式不仅使实验过程更加便捷和高效，还有助于学生在实际操作中深入理解物理原理和规律。

由此可见，Phyphox 作为一款功能强大的物理实验应用，为高中物理实验教学带来了革命性的变革。它不仅提高了实验教学的趣味性和实用性，还有助于培养学生的科学探究精神和创新能力。因此，在未来的物理教学中，应该充分利用 Phyphox 等现代科技手段，不断优化和创新实验教学方法，以更好地促进学生的全面发展。

（三）Phyphox 在高中物理实验教学中的应用要点

1. 教学任务分析技术

在教学过程中，必须深入剖析学生学习的具体内容，以及他们在学习过程中所经历的内部过程和所需的内部条件。在设计教学方案时，教学任务分析不仅是其中一个关键步骤，更是教学设计的核心组成部分。对于物理概念和规律的教学任务分析，需要从多个维度进行深入探讨。

首先，需要构建清晰明了的物理概念和规律的图式结构，并通过图示的方式直观地展示给学生。这种直观的教学方式有助于学生更好地理解和掌握所教授的物理概念和规律，从而提升他们的学习效果。

其次，需要根据图示的内容，明确本节课所要教授的物理内容，即新的知识点或结论。。这有助于针对性地设计教学方案和选择适当的教学方法，以满足学生的学习需求。

此外，分析学习途径也是教学任务分析中不可或缺的一环。特别是对于实验学习途径，需要深入探究各种实验形式，如演示实验、探究实验和验证实验等。通过引导学生亲身参与实验过程，他们可以更深入地理解物理概念和规律，并培养实验技能。

同时，在分析学习途径时，还需要清晰地列出不同实验途径中学生需要经历的各个环节，以及每个环节需要解决的问题、采用的策略以及所需技能。这有助于更好地指导学生在实验过程中进行学习和探索，确保他们能够在实践中获得成长。

在教学任务分析中，"清序列"环节尤为重要。对于实验归纳途径（即探究实验），应首先深入分析确定教学内容中各主要结论的逻辑获得过程，然后明确每个子环节所采用的策略，最后确保学生在规划方案、设计实验、执行实验、获得数据、整理数据以及验证结论等各个环节中都能得到充分的指导和支持。

通过以上系统而全面的教学任务分析，可以更加有效地进行物理概念和规律的教学，提高教学质量和学生的学习效果。同时，这种分析还有助于不断优化教学方案，使其更加符合学生的学习需求和认知规律，从而进一步提升教学效果。

因此，在教学过程中，必须深入分析学生学习内容及内部过程与条件。教学任务分析是教学设计的核心，针对物理概念和规律的教学，需构建清晰的图示结构，明确教授内容，探究实验学习途径，列出学生需经历环节及所需技能。特别是实验归纳途径，需深入分析结论的逻辑获得过程，明确策略，确保学生各环节得到指导。这有助于系统分析教学任务，提升教学质量和学习效果。

2. 应用要点

在物理实验教学中，教师经常会遇到一些现象不明显或者操作复杂的实验。面对这样的情况，如何有效地提高教学效率，突破教学中的重点和难点呢？一个值得推荐的方法是借助 Phyphox 传感器进行针对性的设计与探究。这一方法的前提是教师必须对学生的实际情况和本节课的教学内容有深入的了解和分析。Phyphox 传感器作为一种现代化的教学工具，其多样性和灵活性为物理实验教学带来了无限的可能性。与传统的实验方法相比，使用 Phyphox 传感器进行实验更加直观、生动，能帮助学生更好地理解和掌握物理实验规律。在使用 Phyphox 进行课堂教学时，教师需要遵循一定的任务分析步骤。首先，要明确教学内容与目标。这意味着教师需要清楚地知道本节课希望学生掌握的物理实验规律以及预期的实验结果和数据。教师才能有针对性地进行实验设计和教学安排。其次，根据教学内容，教师需要分析应采取的教学策略。考虑到 Phyphox 传感器的多样性，不同的实验可能需要不同的方法和路径。因此，教师需要根据具体的实验内容和学生的实际情况，选择最适合的教学策略。最后在规划实验时，巧妙结合 Phyphox 软件功能，如提出启发性问题、构建假设等，能激发学生兴趣并培养科学思维。以探究物体超重和失重为例，利用 Phyphox 压力传感器模拟电梯运动中的压力变化，引导学生观察和思考相关物理现象。通过这种实验，学生能在操作中感受物理学的魅力，深刻理解和掌握物体超重和失重的物理规律。此实验方式兼具趣味和教育性，有助于提升学生综合素质和科学探究能力。具体来说，设计实验环节时，教师需要遵循以下步骤：首先，明确实验目的和研究对象；其次，确定实验过程中的物体状态及需要测量的物理量；接着，选择合适的实验仪器和测量方法；然后，设定实验条件；最后，确定实验仪器的连接方式。以超重和失重实验为例，学生可借助 Phyphox、ESP32、智能手机和砝码等器材，按步骤设计实验，深化研究弹力变化与速度、加速度方向的关系，加强对超重和失重现象的理解。此外，使用 Phyphox 传感器进行实验教学带来一些额外的好处。例如，帮助学生更好地理解和掌握实验原理和方法，提高学生的实验技能和科学素养。通过亲身参与实验设计和操作过程，学生培养自己的创新思维和实践能力。

因此，教学任务分析旨在明确学习过程的子环节和子问题解决策略，揭示物理学习机制。同时，将探讨 Phyphox 在各子环节的潜在应用。教学设计时，教师应明确教学内容和学生期望的学习成果。明确教学目标有助于教师从预定目标出发，有针对性地选择和组织教学信息。在完成教学任务分析后，教师应针对每个教学目标规划一系列教学路径，并确保这些路径遵循逻辑思维过程。在此基础上，教师应设计必要的教学活动，以满足课程需求。在课堂教学过程中，教师应根据教学目标对每个步骤进行测量和评价。这种形成性评价有助于及时了解学生在 Phyphox 高中物理实验教学中的表现，并为后续教学活动提供重要指导。

三、Phyphox 的教学模式开发案例——以《超重和失重》为例

（一）《超重和失重》教学内容分析

1 教学目标和要求

帮助学生理解超重和失重现象的基本概念，掌握相关物理原理，并应用这些知识解决实际问题。为了达成这一目标，教师需要采用多种教学方法和手段，其中 Phyphox 软件作为一种辅助工具，发挥重要作用。

首先，通过 Phyphox 软件，学生可以直观地观察到超重和失重现象，加深对这一现象的理解。软件中的实验模拟功能让学生亲自操作，观察不同条件下的物体运动状态，理解超重和失重现象的本质。

其次，Phyphox 软件帮助学生掌握相关物理原理。通过软件中的数据分析功

能，学生分析实验数据，了解物体在超重和失重状态下的受力情况和运动规律，掌握相关物理原理。

最后，Phyphox 软件帮助学生应用所学知识解决实际问题。软件中的实际案例分析功能让学生了解超重和失重现象在实际生活中的应用，培养学生的应用能力和解决问题的能力。

例如，在实际教学中，教师让学生利用 Phyphox 软件观察电梯在上升和下降过程中的超重和失重现象。通过软件的数据记录和分析功能，学生能直观地看到电梯在不同阶段的加速度和速度变化，深入理解超重和失重现象的本质。教师还引导学生分析电梯在不同楼层停留时的受力情况，进一步巩固学生对相关物理原理的掌握。

此外，教师还结合实际生活中的案例，让学生利用 Phyphox 软件分析超重和失重问题。例如，让学生观察过山车在运行过程中的超重和失重现象，或者分析宇航员在太空中的生活状态。通过这些实际案例的分析，学生更加深入地理解超重和失重现象在实际生活中的应用，提高自己的应用能力和解决问题的能力。

2. 教学难点和重点

在《超重和失重》的教学中，难点主要集中在如何帮助学生理解超重和失重现象的本质，以及如何在实验操作中准确观察和记录数据。而重点则在于通过实践操作，使学生深刻领会超重和失重现象的物理规律，并运用所学知识解决实际问题。

为了突破这些教学难点和重点，教师利用 Phyphox 软件辅助教学。Phyphox 软件作为一款基于智能手机的物理实验工具，具有操作简便、数据记录准确等特点。该软件使学生轻松进行超重和失重实验，实时记录数据，加深理解。教师利用 Phyphox 软件中的加速度传感器测量物体在超重和失重状态下的加速度变化。通过对比不同状态下的加速度数据，学生能直观地感受到超重和失重现象对物体运动状态的影响。教师结合牛顿第二定律等物理规律，对实验数据深入分析，帮助学生更好地掌握超重和失重的物理本质。此外，Phyphox 软件帮助学生分析实际生活中的超重和失重问题。通过收集实际数据并分析，学生能更加深入地理解超重和失重现象在实际生活中的应用。例如，在乘坐电梯时，教师利用 Phyphox 软件来观察电梯启动、停止过程中的加速度变化，更直观地感受到超重和失重现象的存在。

（二）Phyphox 在《超重和失重》教学中的应用价值

1.帮助学生理解超重和失重现象

Phyphox 作为一款创新的物理学习工具，其在帮助学生理解超重和失重现象方面具有显著优势。通过实时数据采集和分析，Phyphox 让学生直观地观察到物体在加速上升或下降过程中的受力变化，深入理解超重和失重的物理原理。

例如，在超重和失重实验时，学生利用 Phyphox 软件记录不同加速度下物体的重量变化。通过对比实验数据，学生能清晰地看到当物体加速上升时，其显示重量超过实际重量，即超重现象；而当物体加速下降时，其显示重量小于实际重量，即失重现象。这种直观的数据展示有助于学生形成对超重和失重现象的深刻认识。

此外，Phyphox 软件还提供了丰富的实验案例和模拟场景，帮助学生将理论知识与实际生活相结合。通过分析电梯升降、过山车运行等实际场景中的超重和失重问题，学生能更加深入地理解这些现象背后的物理原理，并学会运用所学知识解决实际问题。

2.Phyphox 在《超重和失重》教学中的优势分析

Phyphox 在《超重和失重》教学中的应用展现出显著的优势。首先，Phyphox 软件通过其直观的用户界面和丰富的实验工具，为学生提供了一个沉浸式的学习环境。这种环境帮助学生更直观地理解超重和失重现象，增强学生的学习兴趣和动力。例如，通过 Phyphox 软件，学生能实时观察并记录实验数据，如加速度、速度等关键参数，更深入地理解超重和失重过程中的物理规律。

其次，Phyphox 软件具有高度的灵活性和可扩展性，能够适应不同的教学需求。教师可以根据教学目标和学生的实际情况，定制个性化的实验方案。软件还支持多种传感器和设备的接入，为实验提供了更多的可能性。这种灵活性使得 Phyphox 在"超重和失重"教学中具有广泛的应用前景。

此外，Phyphox 软件还具备强大的数据分析和可视化功能。通过对实验数据的处理和分析，学生可以更深入地理解超重和失重现象的本质。软件提供的可视化工具也帮助学生更直观地理解实验结果，加深对物理规律的认识。

最后，Phyphox 软件还具有高度的互动性和社交性。学生可以通过软件与他人分享自己的实验成果和经验，拓宽自己的视野和知识面。这种互动性不仅激发学生的学习兴趣和积极性，还能培养学生的合作精神和交流能力。

（三）Phyphox 在《超重和失重》教学中的应用案例

1. 实验前准备：明确实验目的和所需设备

Phyphox 软件作为一款开源的物理实验工具，具有操作简便、功能强大的特点。它通过智能手机或平板电脑的内置传感器来测量加速度、速度、位移等物理量，为超重和失重实验提供了便捷的数据采集手段。此外，Phyphox 软件还提供了丰富的实验模板和数据分析工具，使得实验过程更加高效和准确。在超重和失重实验前，明确实验目的和所需设备是至关重要的。首先，教师需要清晰地设定实验目的，以便有针对性地设计和执行实验。实验的主要目的是通过 Phyphox 软件来观察、记录和分析超重和失重现象，帮助学生更深入地理解这些物理概念。通过实际操作，学生可以直观地感受到超重和失重状态下的物体运动规律，加深对牛顿运动定律的理解。

在明确实验目的后，接下来需要精心准备所需的实验设备。实验所需的主要设备包括智能手机或平板电脑（安装 Phyphox 软件）、加速度计（用于测量物体的加速度变化），以及可能的辅助设备如支架、绳子等。这些设备的选择应基于实验目的和预算考虑，确保它们满足实验要求并提供准确的数据。

2. 利用 Phyphox 设计超重和失重实验方案

在利用 Phyphox 设计超重和失重实验方案时，教师首先需要明确实验目的和所需设备。Phyphox 作为一款功能强大的物理学习软件，其内置的加速度计和陀螺仪等传感器为实验提供了便捷的数据采集工具。教师选择了加速度计作为核心设备，因为它可以直接测量物体在超重和失重状态下的加速度变化。设计实验方案时，教师采用自由落体运动的模型。通过让物体自由下落，教师观察物体从静止开始加速下落的过程中，加速度计记录的数据变化。这种变化直接反映了物体从超重状态逐渐过渡到失重状态的过程。实验操作中，教师使用 Phyphox 软件实时记录加速度数据，并通过图表展示出来。通过对比不同物体在不同高度下的自由落体运动数据，教师发现加速度的变化规律，验证超重和失重现象的存在。分析实验结果时，教师以牛顿第二定律为理论依据。该定律指出，物体的加速度与作用力成正比，与物体质量成反比。在超重和失重状态下，加速度变化反映作用力与质量的关系。实验总结与反思阶段，教师认为 Phyphox 在超重和失重实验中的应用效果显著。通过软件的数据记录和分析功能，教师直观地观察到超重和失重现象，并深入理解其背后的物理原理。教师也意识到在实验设计和操作过程中仍有许多改进的地方，例如优化数据采集频率、提高实验精度等。此外，教师还尝试将 Phyphox 应用于实际生活中的超重和失重问题。例如，在乘坐电梯时，教师通过软件记录电梯启动、停止过程中的加速度变化，更直观地感受到超重和失重的影响。这种应用不仅增强了教师对物理原理的理解，也拓宽了 Phyphox 软件在实际问题中的应用范围。

3. 实验操作：使用 Phyphox 软件记录数据

在"超重和失重"的教学实验操作时，教师充分利用了 Phyphox 软件来记录和分析数据。这一环节不仅增强了学生对超重和失重现象的理解，也让学生亲身体验到了科学探索的乐趣。

在实验开始前，教师明确了实验目的，并准备了必要的设备，包括加速度计等。随后，教师利用 Phyphox 软件设计了实验方案，该软件的用户友好界面和直观操作使得实验设置变得简单高效。实验操作阶段，学生使用 Phyphox 软件实时记录数据。通过加速度计的读数，教师清晰地观察到超重和失重状态下加速度的变化。这些数据不仅为实验结果提供了有力支持，也让学生对物理现象有了更深刻的认识。在实验数据分析环节，教师利用 Phyphox 软件内置的分析工具对收集到的数据进行了处理。通过对比不同状态下的加速度数据，学生直观地理解了超重和失重对物体运动状态的影响。以"利用 Phyphox 探究 下蹲和起立过程中的超失重规律"为例，下蹲、站立过程的加速度图像如图 5-51 所示，下蹲过程的加速阶段如图 5-52 所示，下蹲过程的减速阶段如图 5-53 所示，起立过程的加速阶段如图 5-54 所示，起立过程的减速阶段如图 5-55 所示。这种直观的数据展示方式，使抽象的物理概念变得易于

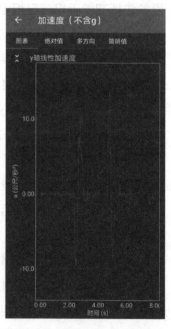

图 5-51　下蹲、站立过程的加速度图像

理解。

4. 分析实验结果：超重和失重现象的观察与解读

在利用 Phyphox 软件的超重和失重实验中，教师观察到了一系列有趣的现象。首先，通过软件精确的数据记录功能，教师清晰地看到在电梯上升和下降过程中，乘客所经历的超重和失重状态。例如，当电梯以 $2m/s^2$ 的加速度上升时，乘客所承受的重力会超过其实际体重，这就是超重现象。此时，Phyphox 软件记录的数据显示，乘客的体重在短时间内增加了约 10%。而当电梯以同样的加速度下降时，乘客则会经历失重状态，感觉像是被轻轻托起。软件记录的数据显示，乘客的体重在短时间内减少了约 10%。某次实验中，研究者从一层到七层的加速度图像如图 5-56 所

图 5-52　下蹲加速阶段的加速度图像

图 5-53　下蹲减速阶段的加速度图像

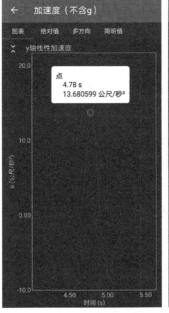

图 5-54　起立过程加速阶段的加速度图像

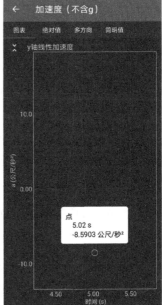

图 5-55　起立过程减速阶段的加速度图像

示，从七层到一层的加速度图像如图 5-57 所示。这些观察结果不仅验证了牛顿第二定律在超重和失重现象中的应用，也让教师对日常生活中的物理现象有了更深入的理解。Phyphox 软件正是通过其强大的数据记录和分析功能，激发了教师对超重和失重现象的想象力，让教师更深入地探索这一物理世界的奥秘。此外，教师还利用 Phyphox 软

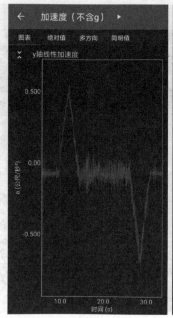 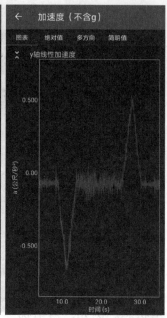

图 5-56　电梯从一层至七层的　　图 5-57　电梯从七层至一层的
　　　　　加速度图像　　　　　　　　　　　加速度图像

件分析了实际生活中的超重和失重问题。例如，在乘坐过山车时，乘客会经历多次的超重和失重状态。通过软件记录的数据，教师更直观地理解这些现象背后的物理原理，增强教师的安全意识和自我保护能力。

5. 实验总结与反思：Phyphox 在超重和失重实验中的应用效果

在超重和失重实验中，Phyphox 软件的应用效果显著。通过实际案例的操作与分析，教师深入了解了 Phyphox 在帮助学生理解超重和失重现象方面的独特价值。实验过程中，学生利用 Phyphox 软件设计并实施了实验方案，通过软件记录实验数据，并进行了详细的分析。实验结果显示，Phyphox 软件能够准确捕捉超重和失重过程中的关键数据，为学生提供了直观、生动的实验体验。

例如，在一个具体的实验案例中，学生通过 Phyphox 软件记录了不同加速度下物体的重量变化。学生发现，当物体加速上升时，其重量会增加，表现出超重现象；而当物体加速下降时，其重量会减少，表现出失重现象。这一实验结果与牛顿第二定律相契合，验证了 Phyphox 软件在实验教学中的准确性和可靠性。

此外，Phyphox 软件还具有强大的数据分析和可视化功能。学生利用软件提

供的图表和统计工具，对实验数据进行了深入地分析和比较。这不仅有助于学生更好地理解超重和失重现象的本质，还培养了学生的科学思维和数据处理能力。

第八节　Algodoo

新课标鼓励信息技术与物理教学的融合，利用信息媒体资源并开发教学信息产品，拓宽学习途径，推动改革创新。但传统实物实验存在局限，如难以实现理想实验、器材昂贵及操作挑战。本研究以 Algodoo 软件为例，尝试融入教学，弥补不足，提升教学质量和效果。

一、Algodoo 的定义

Algodoo 是一款由瑞典公司开发的 2D 仿真模拟软件，起源于硕士生 Emil Emerfeld 为其导师创建的 Phun 程序，以其英文名"2D Physics Sandbox"著称，提供高度自由的模拟环境，采用先进的数值模拟法实现高质量的仿真效果，控制菜单栏和编辑工具栏功能强大，支持创建和编辑物体，调整物体特性，并允许用户新建和储存场景，浏览他人作品，拓宽学习和交流渠道。Algodoo 软件在高中物理教学中的应用具有显著优势。首先，它提供理想化的实验环境，如无摩擦力和无空气阻力的环境，更准确地模拟物理现象。其次，该软件具有强大的可视化功能，使用者通过相应的设置可以清晰地展示速度、力量等矢量物理量的方向变化情况。此外，Algodoo 还具有丰富的图表功能，使用者可以方便地展示虚拟仿真实验中相关物理量的变化情况。因此，Algodoo 软件以其独特的仿真模拟功能、强大的可视化能力和丰富的图表功能，在高中物理教学中展现出明显的优势和应用价值。

二、Algodoo 的功能

（一）模拟情境，理解知识

高中物理教学中，经常会涉及一些理想化的物理场景，如光滑、无空气阻力、无重力等，这些场景在实验教学中往往难以实现。理想斜面实验就是其中的一个例子，它是研究物体在斜面上下滑运动规律的基础实验，但在实际操作中，很难完全消除摩擦力和空气阻力的影响，导致实验结果与理论值存在偏差。这种情况不仅会影响学生对物理概念的理解，还可能使学生对物理学产生误解和困惑。

为了解决这个问题，可以利用现代科技手段，如 Algodoo 虚拟仿真软件来模拟这些难以实现的物理场景。该软件采用先进的物理引擎和三维渲染技术，高度还原真实物理场景，并允许用户自由调整各种参数，如重力、摩擦力、空气阻力等，创建出各种条件各异的物理场景。在高中物理教学中，利用 Algodoo 虚拟仿真软件来模拟理想斜面实验等难以实现的物理场景，具有多方面的优势。

首先，该软件生动呈现物理场景，使学生更加直观地理解相关概念。例如，在理想斜面实验中，通过调整摩擦力和空气阻力等参数，可以模拟出完全光滑和无阻力的斜面，让学生清晰地观察到物体在不同条件下的运动规律。

其次，该软件帮助学生建立正确的物理直觉。在高中物理学习中，许多学生往往因为缺乏实验经验而难以形成正确的物理直觉。而利用 Algodoo 虚拟仿真软件，学生可以在不同的物理场景中自由探索，通过观察实验结果和模拟数据，逐渐建立起正确的物理直觉。利用 Algodoo 软件模拟的平抛运动及其动能、势能、机械能图像如图 5-58 所示。从图像可以看出，球在平抛过程中，动能增大，势能减小，而动能与势能的总和，即机械能是不变的。

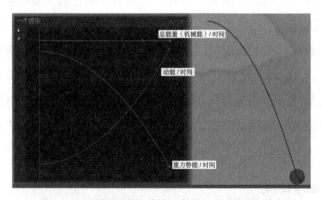

图 5-58　平抛运动和动能、势能、机械能的图像

最后，该软件在提升学生的学习效果方面发挥着积极作用。借助模拟实验的功能，学生能够更加深入地理解物理概念和原理，从而巩固所学知识。同时，虚拟仿真软件的交互性和趣味性设计，有效激发了学生的学习兴趣和积极性，有助

于进一步提高学习效果。

（二）呈现情境，增强感受

在高中物理教学中，经常会遇到一些抽象复杂且难以通过实物实验来展示的知识点，如开普勒三大定律等。这些知识点对于学生来说，由于缺乏直观的感受和实践操作的机会，往往难以深入理解和掌握。传统的口述和图片讲解的授课形式虽然也能传达一定的信息，但很难激发学生的学习兴趣和想象力。因此，寻找一种将这些抽象知识点直观化、形象化的教学方法显得尤为重要。

近年来，随着科技的不断进步，虚拟仿真软件逐渐进入教育领域，为高中物理教学提供了新的可能性。其中，Algodoo 虚拟仿真软件就是一款非常优秀的工具。该软件可以模拟各种物理现象，如碰撞、重力、运动等，通过动态视图的形式将抽象的知识点呈现在学生面前，使学生更加直观地感受和理解物理规律。

以开普勒三大定律为例，通过 Algodoo 虚拟仿真软件，教师可以模拟行星绕太阳运动的轨迹，让学生观察到行星轨道的椭圆形、太阳位于椭圆的一个焦点等特征，深入理解开普勒第一定律。软件模拟行星运动速度与轨道半径之间的关系，让学生亲身体验到开普勒第二定律的实质。至于开普勒第三定律，通过软件模拟不同行星的轨道周期和半长轴的关系，学生可以直观地感受到二者之间的平方正比关系。

除了帮助学生更好地理解和掌握抽象知识点外，Algodoo 虚拟仿真软件提高学生的学习兴趣。传统的物理教学方式往往枯燥乏味，难以激发学生的学习兴趣。而虚拟仿真软件则通过生动的动态视图和有趣的实验操作，吸引学生的注意力，激发学生的好奇心和探索欲望。这种寓教于乐的教学方式不仅可以提高学生的学习效果，还可以培养学生的科学精神和创新能力。

当然，虽然虚拟仿真软件具有诸多优点，但在实际应用中仍需注意一些问题。首先，教师需要熟练掌握软件的使用方法，以便制作出高质量的教学课件。其次，教师需要合理安排教学进度和内容，确保软件的使用不会影响正常的教学秩序。最后，教师还需要注意软件的安全性和稳定性，确保学生在使用过程中不会遇到任何问题。

（三）动态呈现，深化认知

在现代教育技术的推动下，物理课堂教学已经逐渐超越了传统的板书和 PPT

展示模式。特别是对于加速度、速度等物理量的变化情况，如果只是通过简单的文字和图像来展示，学生往往难以形成深刻、有效的认识。为了改善这一状况，许多教育者开始尝试引入虚拟仿真软件，如 Algodoo，以增强学生的学习体验和理解深度。

Algodoo 虚拟仿真软件以其强大的图表和力的可视化功能，为物理课堂教学带来革命性变革。它动态展示矢量物理量的变化，使学生直观观察变化过程。这种动态表现方式激发学生好奇心和探究欲，有助于深入理解物理现象。

在课堂上，教师利用 Algodoo 软件来引导学生进行定量分析。例如，在探究加速度与力的关系时，教师通过软件模拟不同力作用下的物体运动情况，并实时展示加速度的变化数据。学生通过观察图表和箭头图标，自行分析加速度与力之间的关系，并验证先前的定性分析的正确性。这种教学方式不仅培养了学生的观察力和分析能力，还促进了学生对相关知识的有效吸收。

此外，Algodoo 软件还具有丰富的实验场景和参数设置，教师可以根据学生的实际情况和教学需求进行个性化定制。例如，教师设置不同的物体质量、摩擦力等参数，以模拟真实世界中的不同场景。通过引入 Algodoo 虚拟仿真软件，教师为学生提供更加生动、直观的学习体验，帮助学生深刻理解加速度、速度等物理量的变化情况。

三、Algodoo 的应用原则

（一）适宜性

随着信息技术的不断进步，Algodoo 虚拟仿真软件逐渐崭露头角，成为高中物理教学领域的新兴工具。然而，对于这一创新教学辅助手段，教师的态度却呈现出两极分化的现象。一方对其推崇备至，认为其可广泛应用于各类教学内容；另一方则对其持否定态度，认为其并无实际价值。这两种观点均显得过于偏颇，缺乏深入而全面的辩证思考。

在新时代背景下，高中物理教师需以更为开放而审慎的态度面对这一新兴教学工具。他们应深入了解 Algodoo 软件的特点与优势，明确其在教学中的适用场景，以便更好地发挥其辅助教学的作用，从而进一步提升教学质量。这既是顺应时代发展潮流和教育创新趋势的必然要求，也是贯彻高中物理新课程改革理念、推动教学改革的实际举措。

首先，Algodoo 虚拟仿真软件模拟理想型实验，弥补现实生活中实验器材的不足。例如，理想斜面实验在现实生活中难以实现，但通过 Algodoo 软件，可以轻松模拟出理想的斜面运动情况，帮助学生直观地理解斜面上的物体受力情况，加深对物理知识的理解。

其次，对于一些难以通过实物进行演示的公式定理，如开普勒三大定律等，Algodoo 虚拟仿真软件同样发挥巨大的作用。通过软件模拟行星运动轨迹，学生可以直观地观察到行星运动规律，更好地理解开普勒定律的内涵。

此外，Algodoo 虚拟仿真软件解决实验器材价格昂贵的问题。对于一些价格昂贵的物理实验器材，如研究康普顿效应所需的实验仪器，一般学校可能无法购买。然而，通过 Algodoo 软件，可以模拟出这些实验器材的功能，让学生在不增加学校经济负担的情况下，依然接触到先进的物理知识。

最后，Algodoo 虚拟仿真软件帮助学生更好地观察一些实际操作中发生速度快、时间短的实验现象。例如，斜抛运动等实验在实际操作中很难准确捕捉到实验现象。而通过软件模拟，控制实验速度，让学生有足够的时间观察和分析实验现象，更好地理解斜抛运动的规律。

综上所述，教师要根据教学内容和实验特点，合理选择使用软件辅助教学，以提高教学质量。教师也要保持辩证的态度，既不过度依赖软件，也不完全否定其价值。只有这样教师这样才能充分发挥 Algodoo 虚拟仿真软件在高中物理教学中的优势，为培养新时代的物理人才做出更大的贡献。

（二）生本原则

在物理实验教学中，像 Algodoo 这样的虚拟仿真软件成为不可或缺的教学工具。在此过程中，坚持生本原则至关重要。所谓生本原则，就是在教学中必须充分尊重学生的主体地位，强调学生的参与感和体验感。

在虚拟仿真实验教学中，贯彻生本原则的具体表现是鼓励学生积极参与实验的全过程。通过亲手操作、细致观察、深入分析以及全面总结，学生切实掌握实验知识和技能。这种做法不仅极大地激发了学生的学习兴趣和动力，更有助于培养学生的实验能力和科学素养。以 Algodoo 等为代表的虚拟仿真软件，具备强大的实验模拟功能，能够模拟各种实验现象和过程。在教学中，教师应充分利用这些功能，引导学生深入参与实验过程。例如，教师设定具体的实验任务，让学生在虚拟环境中进行实验操作，观察实验现象，记录实验数据，并进行深入的分析和总结。学生便能在实践中逐步掌握实验知识和技能，提升学生的实验能力。此外，在虚拟仿真实验教学中，教师应注重培养学生的自主学习和探究学习能力。

　　例如，教师允许学生利用虚拟仿真软件自主设计实验方案，进行实验探究，激发学生的学习兴趣和动力，培养学生的创新思维和科学探究能力。学生利用Algodoo软件仿真卫星绕地球的运动，图5-59展示的是卫星绕地球做椭圆轨道的运动，图5-60呈现的是卫星绕地球做椭圆运动时动能和势能变化的图像。学生在自主设计和进行实验的过程中，也能发现自己的不足和问题，有针对性地进行改进和学习。虚拟仿真实验教学突破了实物实验的限制，解决了实验条件不足的问题，让学生在虚拟环境中更加自由地进行实验操作和探究。虚拟仿真实验教学还具有直观性强的特点。通过虚拟仿真实验教学，学生能更加直观地观察实验现象和过程，更加深入地理解和掌握实验知识和技能。这种教学方式让学生在实践中发现和解决问题，进一步培养学生的实验能力和科学素养。更重要的是，虚拟仿真实验教学具有个性化教学的优势。教师根据不同学生的特点和需求，设定不同的实验任务和难度，让学生在适合自己的环境中进行实验学习和探究。

图5-59　卫星绕地球的椭圆轨道运动

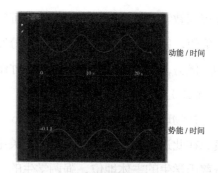

图5-60　卫星沿椭圆轨道绕地球运动时
动能和势能变化的图像

　　因此，生本原则在虚拟仿真实验教学中的应用具有重要意义。通过充分发挥学生的主体地位和作用，利用虚拟仿真软件的功能和优势，可以让学生在实践中深入理解和掌握实验知识和技能，提高学生的学习效果和科学素养。这也为教师提供了一种新的教学手段和方式，有助于推动实验教学的改革和创新。

（三）合理性原则

合理性原则，作为使用 Algodoo 虚拟仿真软件的核心指导原则，强调了以事实为基础的重要性，提升学生的学习兴趣、提高教学效果。那么，如何在各个环节都体现出合理性原则呢？

首先，从教学前的内容开发来看，合理性原则强调教师在利用 Algodoo 虚拟仿真软件开发教学内容时，必须确保内容的科学性，避免知识错误。这意味着教师在设计教学内容时，必须对所涉及的物理概念和原理有深入的理解，确保所设计的教学内容真实反映物理世界的本质。例如，在模拟自由落体运动的过程中，教师需要确保虚拟环境中的重力加速度、阻力等因素的设置符合实际情况，避免误导学生。

其次，利用 Algodoo 软件开展实验需确保步骤合理。实验步骤应清晰明确，先后顺序合理，才能确保虚拟仿真实验在课堂上顺利进行，同时也帮助学生更好地理解和掌握物理知识。以探究牛顿第二定律为例，教师先让学生观察质量、加速度和力之间的关系，再分析实验结果，最后总结定律内容。此实验步骤有助学生深入理解物理规律，培养实验能力和科学思维。

最后，教师在使用 Algodoo 软件进行仿真实验时，需考虑学生已掌握的知识经验。这意味着教师应根据学生的实际情况，选择适合的实验内容和难度，确保学生在虚拟实验中获得成功的体验。教师还需要在实验过程中及时给予学生指导和帮助，帮助学生解决实验中遇到的问题，提高学生的实验能力和学习兴趣。

因此，合理性原则在高中物理教学中具有重要的指导作用。无论是教学前的内容开发，还是实验步骤的设计，再到课堂上的实验教学，都需要遵循这一原则，以确保 Algodoo 虚拟仿真软件在高中物理教学中发挥出最大的作用，为提高学生的物理学习效果做出积极的贡献。

四、教学设计案例——"斜抛运动"

（一）教材分析

"斜抛运动"是 2019 版人教版高中物理教材中的重要内容，它详细阐述了斜抛运动的基础理论和实际应用。教材首先为学习者提供了斜抛运动的基础定义，为后续的学习打下了坚实的理论基础。斜抛运动，简单来说，就是一种物体在受到初速度和重力作用下的运动轨迹。这种运动在现实生活中非常常见，比如喷泉喷出的水柱、投掷的铅球等都是斜抛运动的典型例子。

为了更好地帮助学习者理解斜抛运动，教材还通过生活中的实例——喷泉，对斜抛运动进行了生动的解释。喷泉喷出的水柱在空中划过一道优美的弧线，这正是斜抛运动的生动体现。学习者通过观察喷泉，直观地感受到斜抛运动的特点和规律，更好地理解斜抛运动的相关概念。

在理解了斜抛运动的基本概念后，教材进一步引导学习者深入探讨斜抛运动的轨迹关系式。在"思考与讨论"环节中，教材鼓励学习者自主推导出斜抛运动轨迹的关系式，并通过对关系式中各物理量的分析，深入理解斜抛运动的运动规律。这一环节不仅考察了学习者的理论知识掌握情况，还锻炼了学生的逻辑推理能力和实践能力。

除了探讨斜抛运动轨迹关系式，教材还讨论了炮弹在不同空气阻力下斜抛运动轨迹的差异。这一问题旨在引导学习者将斜抛运动的理论知识与实际应用相结合，思考如何在实际情况中运用斜抛运动的原理。通过这一问题的探讨，学习者可以更全面地掌握斜抛运动的相关知识，为未来的学习和工作打下坚实的基础。

综上所述，《斜抛运动》这一章节通过生动实例、理论推导和实际应用相结合的方式，全面展示了斜抛运动的相关知识和应用。它不仅帮助学习者深入理解了斜抛运动的基本概念和运动规律，还通过实际问题的探讨，锻炼了学习者的逻辑推理能力和实践能力。这一章节的学习对于培养学习者的物理思维和应用能力具有重要意义。

（二）学情分析

学生已掌握平抛运动等知识点，为学习斜抛运动打下基础。但高一学生相关能力仍需培养。斜抛运动知识复杂，学生难以迅速掌握和运用。因此，教师需要合理拆解本节课的知识点，循序渐进地引导学生进行学习。这样才能确保学生逐步深入理解斜抛运动的相关知识，并达到熟练运用的水平。

（三）教学目标

物理观念：理解斜抛运动定义与规律，解释生活中斜抛现象。

科学思维：分析斜抛运动速度与位移的变化，明确其分解的基本运动。

科学探究：设计实验方案，探索影响斜抛射程和射高的关键因素。

科学态度与责任：培养严谨求实的探索精神，增强科学研究责任感。

（四）教学重难点

斜抛运动，作为一种特殊的抛体运动，涉及物体在重力作用下的曲线轨迹。其特点在于物体以一定初速度和角度被抛出，形成独特的运动路径。为全面分析斜抛运动，需掌握速度、位移和时间等计算公式，这些公式是分析和计算斜抛运动参数的关键。斜抛运动可分解为水平匀速直线运动和竖直匀变速直线运动，这种分解有助于理解其运动特性。此外，射程和射高作为斜抛运动的重要参数，受初速度、发射角度和空气阻力等多种因素影响，深入探究这些因素对射程和射高的作用，有助于更全面地把握斜抛运动的规律。因此，本知识点的教学重点和难点分别是：

斜抛运动公式的掌握和应用。学生需要熟练掌握斜抛运动的速度、位移和时间等计算公式，并灵活应用于实际问题中。这需要学生具备扎实的数学基础和物理概念理解能力。

斜抛运动分解与合成。斜抛运动可分解为水平匀速和竖直匀变速直线运动，此分解法有助于学生理解斜抛特性。学生还需要掌握如何将分解后的运动合成为斜抛运动，以及如何处理合成后的运动参数。

射程和射高的影响因素。射程和射高是斜抛运动的重要参数，它们受到初速度、发射角度和空气阻力等多种因素的影响。学生需要深入探究这些因素对射程和射高的作用，理解它们之间的关系和变化规律。这需要学生具备较强的实验探究能力和数据分析能力。

综上所述，斜抛运动作为一种特殊的抛体运动，具有其独特的特点和规律。在教学过程中，教师需要注重学生实践能力和思维能力的培养，通过多样化的教学方法和手段，帮助学生全面理解和掌握斜抛运动的相关知识和技能。教师还需要关注学生的学习难点和困惑点，及时给予指导和帮助，确保学生顺利掌握斜抛运动的相关知识点。

（五）教学设计

1. 导入新课

在新课导入环节中，为有效引发学生对"斜抛运动"教学内容的兴趣与关注，教师将精心选取并播放一段姚明投篮的视频。通过展示这一具有代表性且生动的实际案例，教师旨在以直观、形象的方式，引导学生进入斜抛运动的学习主题，为后续教学活动的开展奠定坚实基础。

2. 概念阐释

运用 Algodoo 软件模拟无空气阻力篮球运动环境。通过软件可视化功能，展示篮球受力、速度变化及轨迹。实验旨在帮助学生直观理解斜抛运动概念，通过观察数据总结斜抛运动规律。

3. 公式推导

在现代教育技术飞速发展的背景下，运用先进的软件工具辅助教学已经成为教育领域的普遍趋势。Algodoo 软件作为一款物理模拟软件，凭借其强大的图表功能和直观的展示方式，为学生提供了一个全新的学习体验。以下阐述如何利用 Algodoo 软件的图表功能展示篮球在竖直和水平方向上的速度与位移变化，同时，通过推导斜抛运动的速度与位移公式，加深学生对相关公式的理解。这一过程旨在帮助学生掌握斜抛运动的本质，为后续学习打下基础。

首先，教师介绍 Algodoo 软件及其图表功能。Algodoo 是一款基于物理引擎的 2D 模拟软件，可以模拟各种真实世界的物理现象，如碰撞、重力、摩擦等。其图表功能可以实时记录并展示物体在运动过程中的各种数据，如速度、位移、加速度等，这些数据可以以图形化的方式呈现在用户面前，使得分析结果更加直观和易于理解。

其次，教师以篮球的斜抛运动为例，展示如何运用 Algodoo 软件的图表功能。教师需要在软件中设置一个斜抛运动的场景，包括篮球的初始位置、初速度、发射角度等参数。不同发射角度下，篮球运动轨迹如图 5-61 所示。通过软件的模拟功能，让篮球按照设定的参数进行斜抛运动。在运动过程中，软件会自动记录篮球在竖直和水平方向的速度与位移数据，并通过图表展示出来。

通过观察图表，学生可以清晰地看到篮球在竖直和水平方向的速度与位移变化情况。在竖直方向上，篮球的速度逐渐减小，位移先增大后减小；在水平方向上，篮球的速度保持不变，位移逐渐增大。这些现象都符合斜抛运动的物理规律。

最后，学生观察图表后根据所给数据，推导斜抛运动的速度与位移公式。利

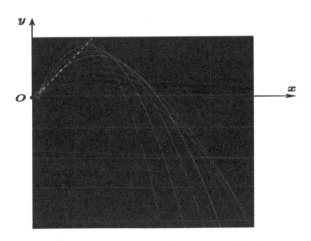

图 5-61　不同发射角度下篮球的运动轨迹

用竖直方向上的速度与位移关系，推导出竖直方向上的速度公式和位移公式。利用水平方向上的匀速直线运动规律，推导出水平方向上的速度公式和位移公式。将这两个方向的公式组合起来，就可以得到斜抛运动的速度与位移公式。

通过这一过程，学生加深了对斜抛运动物理规律的理解，还锻炼了自己的观察力和推导能力。Algodoo 软件的图表功能也为学生提供了一个直观、生动的学习工具，使得学习过程更加有趣和高效。

除了斜抛运动之外，Algodoo 软件的图表功能还可以应用于其他物理现象的模拟和分析中。例如，利用这一功能来研究自由落体运动、平抛运动、圆周运动等物理现象的速度与位移变化情况。通过不断地实践和探索，学生可以逐渐掌握运用 Algodoo 软件进行物理模拟和分析的方法，提高自己的物理学习水平和能力。

由此可见，运用 Algodoo 软件的图表功能来展示篮球在竖直和水平方向的速度与位移变化情况，是一种有效的教学方法。通过这一过程，学生能更加深入地理解斜抛运动的物理规律，提高自己的推导能力和观察力。这种教学方法也使得学习过程更加生动和有趣，激发了学生的学习兴趣和积极性。因此，教师应充分利用这一工具来辅助教学，提高物理教学的质量和效果。

4. 探究影响因素

首先，教师将指导学生进行射程和射高公式的推导工作。接着，将组织学生深入探讨影响射程和射高的各种因素。最后，利用 Algodoo 软件这一工具，让学生亲自探究这些因素对射程和射高的具体影响，以期达到更深刻的理解和掌握。

5. 课堂小结

在深入探讨斜抛运动奥妙的基础上，师生一同回顾本堂课的主要内容，旨在强化学生对斜抛运动相关概念、公式及影响因素的深入理解与全面掌握。

首先，教师再次梳理了斜抛运动的基本概念。斜抛运动，作为一种常见的机械运动形式，是指物体以一定的初速度沿斜上方抛出后，在重力作用下所做的曲线运动。这一过程中，物体的运动轨迹形成一条抛物线，且物体的速度、加速度等物理量均随时间发生变化。教师详细讲解了斜抛运动的特点，以及它与平抛运动、竖直上抛运动等机械运动形式的区别与联系。

紧接着，教师回顾了斜抛运动的基本公式。通过推导和解析，学生深入理解了斜抛运动中的速度公式、位移公式以及时间公式等关键内容。这些公式不仅帮助教师计算斜抛运动中的各个物理量，还揭示斜抛运动的内在规律。教师强调了公式的应用条件和注意事项，以便学生在实际运用中准确无误。

此外，教师深入探讨了斜抛运动的影响因素。斜抛运动的轨迹和速度等物理量受到多个因素的影响，如抛出角度、初速度、重力加速度等。教师通过实例分析和图表展示，让学生直观感受这些因素对斜抛运动的影响。教师引导学生思考如何在实际应用中运用这些知识，例如在航空航天、体育运动等领域中斜抛运动的应用案例。

回顾过程中，学生积极参与讨论，纷纷提出自己的疑问和见解。教师耐心解答，不断引导学生深入思考，使学生对斜抛运动的理解更加深入、全面。

最后，在课堂总结环节，教师强调了斜抛运动在实际生活中的应用价值，鼓励学生将所学知识运用到实际中去，发挥知识的力量。教师也提醒学生要不断探索、勇于实践，以更好地理解和掌握斜抛运动的相关知识。

通过这一堂课的回顾与总结，学生对斜抛运动的理解更加深入，掌握得更加牢固。学生不仅掌握了斜抛运动的基本概念、公式及影响因素，还学会了如何将这些知识运用到实际中去。这堂课的回顾与总结，为学生今后的学习和实践奠定了坚实的基础。

通过 Algodoo 软件的可视化功能，学生对斜抛运动的概念有了更深入的理解。借助软件的绘图功能，学生推导出了斜抛运动的速度、位移以及射程、射高的公式，明确了公式的来源。最后，学生通过软件轻松改变物理量，探究了影响斜抛运动的各种因素及其对射程和射高的影响。

第六章 信息技术赋能物理深度教学的模式

第一节 线上线下相结合的教学模式

一、概述

实验是物理学的基础，是物理教学的重要内容。实验教学有助于学生理解物理规律、深化概念，提升核心素养。但现实中，因课时紧、器材有限，学生实验常变为教师演示。为改善此状况，提出软硬件两方案。软件上，教师应重视实验教学，改进模式，优化设计，确保学生亲自动手探究；硬件上，保障实验仪器充足，学时足够，建立网络教学平台。

在当前信息技术赋能物理深度教学的背景下，线上线下相结合的教学模式显得尤为重要。课前阶段，利用线上教学，通过微课视频、案例引导和文献阅读等方式开展学习。课堂阶段则采用线下教学，按照提出问题、设计方案、实验操作、修正方案、汇报成果的流程进行。课后阶段，采用线下与线上相结合的方式，完成实验报告的撰写，开展虚拟实验和拓展应用等。简而言之，这种模式可以划分为课前（P）、课堂（C）、课后（A）三个阶段，这三个阶段紧密相连，有机结合。

线上资源的质量，不在数量，而在精选。选择对实验课有铺垫作用的素材是关键。线上线下结合的教学平台应整合功能，方便学生一站式完成线上任务。课堂实践操作也应在统一仪器和教室内进行，减轻学生负担。基于"信息技术"的高中物理实验课特点在于师生角色的转变。线上线下相结合的教学模式强调学生的主体性，教师在课前、课堂和课后都扮演着演示者、指导者、答疑者的角色，而学生则是真正的实验操作者、观察者和探究者，这完全颠覆了传统实验教学中

"教师做、学生看"的模式。

二、实施要点

为了全面挖掘信息技术的优势，在结合线上与线下教学模式时，需确保其与具体的教学内容紧密相连。高中物理新教材选择性必修第一册第四章第4节"用双缝干涉测量光的波长"实验是核心教学内容，具有重要地位。传统方法重波长计算，轻实验现象展示，导致学生理解不深。本小节以该实验为例，探讨线上线下教学模式在物理实验中的应用，旨在使学生更深入地参与和理解实验过程。

（一）线上课前引导学生开展自主预习

根据教材的编排逻辑，前一章节详细阐述了"光的干涉"的理论知识，为本节实验课的学习奠定了扎实的理论基础。因此，本节课的核心目标应聚焦于实践操作与变量探索。为实现这一目标，教师需要精心准备一份课前预习的线上资源包。这份资源包应全面涵盖实验原理、双缝干涉实验亮条纹位置的分析、托马斯·杨与杨氏双缝干涉实验的简介，以及实验操作视频等核心内容。

其中，实验原理是本次实验的理论基石，对双缝干涉实验亮条纹位置的深入探讨则是对实验原理中某些近似处理的进一步阐释。这些内容将有助于学生更加深入地理解前一节课中公式的推导过程以及本节课实验的原理，进而加深学生对于实验理论基础的认识。同时，对于"托马斯·杨与杨氏双缝干涉实验"的介绍，将有助于学生全面了解托马斯·杨的生平及其对光干涉效应的研究，进一步认识到双缝干涉实验在光的波动理论中的重要地位，并激发学生对实验的兴趣和热情。

为了使学生能够直观地了解和掌握实验的操作过程，需录制实验操作过程的微视频。该视频详细展示实验的步骤和操作方法，可作为学生预习的材料或实验操作时的参考，以确保实验的顺利进行。

此外，还需提供预习资源包，允许学生根据自己的学习进度和兴趣自主选择学习的顺序和内容，建议学生的预习时间不超过15分钟。

教师可通过平台监控学生的预习情况，及时了解和掌握学生的学习进度和问题，以便在实验课上进行有针对性的指导和解答。同时，学生也可在平台上与教师或同学进行交流，提出预习中遇到的问题和困惑，共同解决学习难题，确保实验课的顺利进行。

（二）线下课堂开展实验操作

尽管课堂是线下形式，但教学方法仍可充分利用多媒体技术实现光学实验的"可视化"，有效提升实验的效率。这种技术的应用，将有助于更直观、生动地展示实验过程，加深学生对光学原理的理解与掌握。

1. 测量光的波长

在进行光的波长测量（大约需要 20 分钟）这一传统教学重点内容时，传统的授课方式通常需要占用一节课的时间进行详细讲解。然而，通过"线上线下相结合"的教学模式，学生课前已利用线上资源包初步了解实验原理与步骤。课堂上，教师概述相关理论，重点聚焦学生的实践操作。若学校硬件设施较为先进，理想情况下，每位学生都能拥有一套实验仪器，为学生提供最佳的实验体验。然而，若学校硬件条件有限，也可以采取分组实验的方式，即几位学生共用一套仪器。虽然这种情况下学生动手操作的机会减少，但分组合作的形式为学生提供了合作与交流的机会，使其从中获得不同的实验体验。

在实验操作中，条纹间距的读数是难点和重点。为解决这个问题，使用现代化工具是关键。学生将仪器对准目镜，实验现象投屏至电子黑板。教师在演示时，学生可清晰观察调节动作，实时看到效果。相比传统语言描述，此法教学效果更佳。

在实验过程中，已知参数为 d。通过测量双缝到屏的距离 l 和相邻两条亮条纹之间的距离 Δx，学生可以利用公式 $\lambda = \dfrac{d}{l}\Delta x$ 来计算出入射光的波长。

2. 分组科学探究

在科学探究分组活动中，准确测量入射光波长至关重要。但目标远不止于此，更希望学生全程参与，深入理解物理学实验科学的本质。为此，设计分组科学探究环节，从问题提出开始，聚焦于四个核心探究点：

①当双缝间距 d 发生变化时，干涉条纹将如何变化？

②入射光波长 λ 变动时，干涉条纹将有何响应？

③调整双缝与屏幕间的距离 l，干涉条纹又将如何展现其变化趋势？

④白光干涉条纹具有哪些独特性质与特征？

针对四个核心问题，将学生分为四组，每组有组长和组员。组长抽签确定探究主题。小组成员合作设计实验、操作，并得出结论。每组选代表汇报，对比干涉图样。学生拍摄干涉图样并投屏，便于全班观察、交流。在条件允许时，可考虑更多小组，每组探究不同问题，提高参与度和探究积极性。

第一组增大双缝间距（从 0.20mm 至 0.25mm），干涉图样条纹间距减小。

第二组改变入射光波长（红光换为绿光），干涉图样条纹间距同样减小。

第三组增大双缝与屏幕间距离，干涉图样条纹间距增大。

第四组采用白光入射，观察到中央为白色亮条纹，其他干涉条纹彩色分布。

实验中观察到的不同色光在同一实验装置的双缝干涉图样如图 6-1 所示。

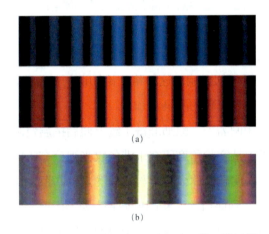

(a)

(b)

图 6-1　不同色光在同一实验装置的双缝干涉图样

通过对比实验结果，学生深刻认识不同因素对条纹间距的影响，而非仅停留在公式 $\Delta x = \dfrac{l}{d}\lambda$ 的理解层面。实践经验将增强学生在实验题目上的分析推理能力。在探究中，学生可能遇到干涉图样清晰度不足、模糊或不完整等问题。教师应鼓励学生面对问题，肯定他们观察到的现象和真实问题，并鼓励他们分析问题、寻找解决方案。学生提出的改进和修正点将成为未来解答实验试题的宝贵经验。通过分组探究实验，采用线上线下结合的教学模式，实现多样化学习。学生在发现式学习中自主发现问题、提出问题；在合作式学习中，通过小组讨论形成解决方案并进行实验。这一过程凸显学生主体地位，同时，引导式学习和互动式学习让教师发挥引导和拓展作用，促进学生间的交流。最后，教师总结成果，让学生获得知识和成就感。

3. 线上线下相结合进行巩固与拓展

在实验课堂落下帷幕，学生纷纷投入到紧张而富有挑战性的数据处理工作中。他们细致地分析着实验数据，通过精密的计算，成功地求得了入射光的波长。接着，学生根据自己的小组所承担的研究任务，精心撰写了实验报告。然而，这仅仅是探究之旅的起点，随着他们研究的深入，越来越多的新问题涌现出来。

他们好奇地探索着干涉条纹的光强是否真的相等，这个看似简单的问题却蕴含着丰富的物理内涵。他们进一步追问，双缝间距对干涉条纹的影响是众所周知的，那么双缝的缝宽是否也会对干涉条纹产生影响呢？这个问题触及了物理学的核心领域，激发了学生的探究欲望。

此外，他们还关注到了日常生活中常见的 LED 灯，思考着不同的光源是否会对实验结果产生显著的影响。这种将理论知识与日常生活相结合的思考方式，正是科学家们不断追求真理的源泉。

为了满足学生知识需求，教师准备了线上课后拓展资源包。资源包内含虚拟仿真实验，帮助学生从实验角度研究干涉条纹光强分布等问题。教师引导学生从数学角度分析和解决问题，体会数学与物理的紧密联系。课后拓展活动由学生自主决定内容和程度，确保自主性和时间效益。活动一般控制在 30 分钟内，高效且压力适中。课前预习资源包不仅可用于复习，还能满足对物理学有浓厚兴趣的学生进行实验的需求。在使用白炽灯时，注意在双缝前放置单缝观察干涉现象。此实验有助于学生深入理解相干光，感受物理学的魅力，实验课堂使学生掌握基本物理知识，激发探索勇气，在师生共同努力下，让物理学殿堂更绚丽多彩。

第二节　智慧课堂模式

一、概述

随着教育信息化的发展，智慧课堂因其独特优势受到广泛关注。智慧课堂以"云—台—端"为基础架构，为现代教育注入新活力。探究智慧课堂内涵与特点时，需关注其在不同学科的应用。

物理学揭示自然规律，强调学生思维和应用知识的能力。智慧课堂下，体现物理学科特点成为研究重点。高中物理注重培养核心素养，特别是运动观念。为此，本研究选择虚拟仿真实验作为辅助手段。

虚拟仿真实验最初用于替代危险或难以实施的实验。针对中学生开发的软件具备精美模型，模拟力与运动过程。学生可直观观察受力变化，深入理解运动规律。本研究旨在探讨虚拟仿真实验在高中物理智慧课堂中的应用，并设计教学流程，实现智慧课堂与物理教学的深度融合。

二、实施要点

（一）虚拟仿真实验在高中物理智慧课堂中的应用

1. 创设情境，助力物理知识构建

（1）教学分析

物理学，这一学科源于日常生活的点滴细节，其知识内涵在解决实际问题时方显真章。教学过程中，核心目标是培养学生运用物理学原理解决实际问题的能力。因此，问题情境在物理教学中至关重要。问题情境的创设并非随意的行为，而是经过精心策划与选择。

首先，情境必须能充分激发学生的学习兴趣，使学生在探究物理现象的过程中保持高度的热情。其次，情境中所蕴含的物理知识必须与学生的认知基础相契合，以便学生在熟悉的框架内展开思考与探索。

为了实现这一目标，教师通常会从实际生活中选取情境，如追击相遇、传送带等与学生生活紧密相连的场景，或者选取学生感兴趣的情境，如影视作品、热门游戏等，以此激发学生的学习动机。这些情境不仅有助于学生快速理解物理原理，培养学生的知识应用能力。

然而，生活情境和趣味情境不能直接用于物理教学。教师需对这些情境进行剖析与加工，构建适合教学的理想情境。这些情境常与学生体验或前概念冲突，引发认知冲突，促使学生主动寻找解决方案，深化对物理知识的理解与掌握。

（2）案例分析——"小船渡河"问题

小船渡河问题作为运动合成与分解知识的实际应用范例，在教学内容中占据重要地位。在传授这部分知识时，学生普遍反馈对运动（涵盖速度与位移）的分解与合成过程理解上存在一定的困难。鉴于此，教师运用等效替代的思维方式，系统阐述运动分解与合成的法则，以期帮助学生突破学习难点。

鉴于学生已对力的分解原理有了较为深入的理解，因此能够顺利迁移到速度作为矢量同样可以进行分解的概念上。具体而言，物体的速度 v 可以分解为 v_1 和 v_2 两个分速度，这些分速度与合速度 v 在效果上具有等价性。

在小船渡河的场景中，学生需要深入理解船的运动是受到水流速度和船速共同作用的结果。然而，对于这两种速度如何共同影响船的运动情况，学生往往感到迷茫。为此，教师充分利用矩道高中物理实验室中的"渡河问题"模拟实验，通过动画演示的方式，为学生构建一个贴近生活的物理场景，使他们能够直观地观察小船在流动河流中的运动轨迹。

在"渡河问题"的课件中，教师灵活调整河流速度和小船速度的参数，引导学生深入剖析分速度的作用效果以及合成后的运动情况。学生通过调整物理量，可以观察到小船运动轨迹的实时变化。通过这一仿真实验，学生发现小船的实际速度 $v_{合}$ 随着水流速度 $v_{水}$ 和静水速度 $v_{船}$ 的变化而发生变化，且这一变化过程遵循平行四边形定则。以最短位移渡河为例，当 $v_{水} > v_{船}$ 时，小船渡河过程如图 6-2 所示。

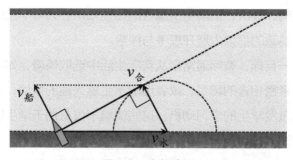

图 6-2　小船渡河

在学生掌握了速度分解与合成的规律后，教师进一步引导他们分析小船过河时的最短位移和最短时间问题。学生通过改变速度的大小和方向来验证自己的假设，从而锻炼他们运用速度的合成与分解知识解决实际问题的能力。

2. 交互操作，帮助学生验证猜想

（1）教学分析

高一学生抽象思维不足，需观察现象或结果来接受知识。传统教学中，教师演示现象或结果，辅以理论分析帮助学生理解。例如，学习关联速度时，学生常困惑于如何判断物体运动速度。为帮助学生理解，可设计实践活动，让学生操作物体并观察运动状态。通过实践，学生能更直观地理解速度关联，轻松掌握相关知识。为解决学生抽象思维困难，虚拟仿真实验成为新手段。该实验方法依赖信息技术，将实验主动权交给学生。学生可利用虚拟环境，根据疑问设置物理量，进行反复验证和实验。与传统的实验方式相比，虚拟仿真实验不仅操作简便，而且无需担心器材损耗和安全问题，为学生提供了一个更加自由、安全的实验环境。通过虚拟仿真实验，学生能更加深入地理解物理现象，提高自己的抽象思维能力，为未来的学习和研究奠定坚实的基础。

（2）案例分析——平抛运动

平抛运动作为高中物理学科的核心内容，对于学生深入理解曲线运动以及构建重要物理模型具有至关重要的意义。其核心在于掌握运动分解的方法以及分析不同运动形式之间的内在联系。因此，学生需深入剖析平抛运动的核心要素，构建相应的物理模型，并将其扩展至一般抛体运动的范畴。

为帮助学生更好地把握平抛运动的特点，并培养其模型构建能力，建议在教学中引入虚拟仿真实验。然而，在传统的教学过程中，展示平抛运动的过程以及收集相关数据往往面临诸多困难。虽然数字化实验技术能够在一定程度上解决这些问题，但在实际操作过程中仍面临一定的挑战，如调整初速度时需反复测试落点以防止设备损坏等。

为克服这些挑战，教师可采用虚拟仿真实验的方式，通过模拟实验过程收集数据来验证学生的猜想。具体而言，可以模拟小物块在不同条件下的平抛运动情况，帮助学生直观感受物理量对运动的影响。此外，通过改变高度和初速度等参数，学生可以观察到这些变化仅影响落点位置，而物体在竖直方向上始终做自由落体运动，在水平方向上则做匀速直线运动。小球以不同的初速度做平抛运动的仿真模拟如图 6-3 所示。这种教学方式有助于学生更加明确地理解平抛运动的核心要素，进而提升其在物理学科中的综合素质。

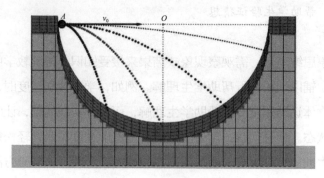

图 6-3　小球的平抛运动

3.动态展示，辅助学生理解过程

（1）教学分析

在高中物理课程体系中，力与运动的知识占据着举足轻重的地位。在必修一、二教材内容的学习过程中，学生通过深入探究牛顿运动定律以及功能关系，全面掌握了匀速、匀变速直线、圆周以及抛体运动中的受力与运动之间的相互关系。而在电磁学部分，受力分析与运动分析依然是教学的难点所在，其中涉及对安培力、洛伦兹力等带电粒子在电磁场中所受到的力及其运动状态的深入分析。因此，培养学生的力与运动分析应用能力，已然成为物理教学中的一项核心目标。

高中学生已经初步具备了抽象思维能力，能够较好地理解单一运动过程。然而，在面对涉及多个运动阶段的复杂过程时，他们往往难以在脑海中构建出完整的运动图景。为了帮助学生更好地理解和把握这些复杂运动过程，物理教师常常借助现代信息技术手段，通过动画演示的方式，将物体的运动过程直观、清晰地呈现在学生面前。

以往，教师常利用 Flash 等软件制作动画来辅助教学，但这种方式在课堂上难以实现即时调整和优化。如今，随着技术的不断进步，教师开始利用更为先进的矩道实验室技术，为学生提供更加生动、灵活的学习体验。这种技术的应用，不仅丰富了教学手段，也极大地提高了教学质量和效率。

（2）案例分析——带电粒子在复合场中的运动

通过模拟带电粒子在复合场中的运动，可展示不同环境条件下粒子运动的特点。在模拟过程中，实验室精确调整电、磁场强度及粒子电荷量等参数，确保模拟结果的准确性。此举旨在帮助学生构建复杂物理模型，培养解决实际问题的科学思维能力，从而更好地应对高考物理中对该内容的重点考查。

2018 年高考全国 Ⅱ 卷第 25 题就是典型案例，用虚拟仿真平台模拟的带电粒子在复合场中的运动如图 6-4 所示。

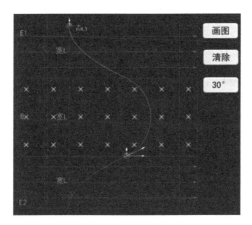

图 6-4　模拟带电粒子在复合场中的运动

在动画展示中，学生可以清晰地观察到粒子运动轨迹和速度方向的变化。同时，由于磁感应强度、粒子初速度、质量、电荷量等参数均可调整，学生可以通过改变条件来观察粒子运动状态的变化，从而更深入地理解和掌握粒子在磁场中运动的模型和应用。这一功能有助于提高学生的解题能力和对物理知识的综合运用能力。

4. 数据可视，降低数理分析难度

（1）教学分析

高中与初中物理学习的显著区别在于定量分析的要求。初中教学侧重于培养学生对物理的基本认识，学生的认知能力还在发展中，需要通过生活中的实例来展示简单的物理规律。因此，初中生对物理的理解大多基于直观、可观测的生活现象。这导致学生在面对物理问题时，更倾向于依赖感性认识和直观经验，而非客观真理。

进入高中后，学生可能会遇到与自身主观认识或生活经验相悖的物理现象，引发认知冲突。对于高一的学生来说，若不能妥善处理这种主客观认识之间的矛盾，将进一步阻碍他们在物理学科上的深入学习。目前，高一学生在处理物理问题时，往往过度依赖主观经验进行阐释，更倾向于进行定性的分析而非深入的剖析。即便是在教师的引导下，学生才逐渐尝试进行定量计算。有鉴于此，教师在物理教学过程中，应着重培养学生的计算能力和数据分析能力。在传统的教学模式下，数据分析过程往往显得单调且缺乏趣味性，这与总结物理规律的方式形成鲜明对比。定量分析对于高一学生而言，无疑是一种挑战，同时也是他们思维方式转变的重要过程。为协助学生顺利完成这一转变，并减少他们对于定量分析的抵触情绪，教师应积极利用虚拟仿真实验，将原本抽象的纸质数据转化为直观易懂的图像形式，以此引导学生深化对物理现象的理解，并帮助学生更好地总结物理规律。

（2）教学案例分析——匀变速直线运动的推论

匀变速直线运动是高一学生新接触的重要运动模型，在物理课程中占据重要地位。学生需理解其基本概念，判断物体运动状态，并灵活应用。

除基本规律外，学生还需掌握特定情境下的推论，但推导过程对高一学生来说具有挑战性。目前，学生多通过记忆掌握知识，忽视推导过程，降低学习兴趣和解决问题的能力。

为解决此问题，教师利用高中物理实验室平台，构建可视化运动模型。以自由落体运动为例，展示小球运动过程，实时显示时间和速度，并呈现速度图像和位移图像。学生可通过观察理解匀变速运动规律和图像含义。

通过 v–t 图像，学生发现初速度为零的匀加速直线运动速度变化均匀，每秒末速度之比呈等差数列。教师再利用公式验证并推导其他结论。这种从简单图像到复杂公式的教学方法有助于培养高一学生的数理分析能力。

（二）矩道高中物理实验室在高中物理智慧课堂中的应用

矩道实验室是矩道科技为 K–12 教育阶段打造的虚拟仿真实验软件，涵盖多学科领域，其核心在于高度真实的 3D 互动及前沿 VR 教学系统。高中物理版含107 个实验，涵盖广泛知识点，配备详细实验信息。软件具有丰富的功能模块，如力学、电学、光学探究平台及器材库，帮助学生深入理解物理规律。基于矩道高中物理实验室的应用与分析，设计虚拟仿真实验在高中物理智慧课堂中的应用流程，以满足教学需求。

1.课前环节

（1）分析学情

在传统的教学模式中，教师往往能够直接观察到学生在课堂上的学习状态，但在课前与课后两个阶段，对学生学习情况的掌握却显得相对困难。为了解决这一问题，智慧课堂的概念应运而生，它充分利用了网络和智能移动终端的先进技术。

在智慧课堂的框架下，教师在课前利用这些技术工具，对学生的知识技能水平进行测试，精准地把握他们当前的知识储备以及所面临的问题。基于这些信息，教师可以更加有针对性地制定教学目标，确保教学内容与学生的实际需求相匹配。

若学生在已学知识点上存在困惑，教师可为这些知识点设计微课。微课资源将上传至智慧教学云平台，供学生按需下载学习。通过这种方式，学生可以在课前进行自主学习，弥补知识上的不足或纠正错误的认知，为课堂上的深入学习做好充分的准备。

（2）自主回顾

学生在学习新课之前，进行有针对性的回顾是一种至关重要的学习方法。在传统的教学模式下，老师常常会在课程开始时带领学生进行知识回顾，然而，这种做法不仅可能影响课堂效率，而且学生容易盲目跟随，缺乏独立思考，这使得老师难以准确评估学生在这一阶段的复习效果。为了改进这一状况，充分利用云平台的智慧课堂功能，发挥其资源共享和教学监控的优势，将学情采集和有针对性的复习安排在课前，通过引导学生观看微课等方式进行复习强化，为课堂上的新课教学做好充分的准备。这种方式不仅提高了学生的学习效率，也使老师更准确地了解学生的学习情况，进行更有针对性的教学。

2.课中环节

（1）创设情境

借助虚拟现实等尖端科技，虚拟仿真实验能构建出按需调整的虚拟问题环境，这在高中物理智慧课堂中具有显著优势。教师根据教学目标，在课堂之初设定一个贴近生活或与学生已有知识相呼应的问题情境。由于生活情境常复杂多变，难以完全契合教学需求，因此，通过仿真实验的信息技术能力，教师可以灵活设计并构建适应教学需求的虚拟环境。

课前，教师可根据大纲筛选生活情境，结合高中物理实验室探究平台，构建理想化问题情境。学生在情境中发现问题并进行探究，将知识与实际情境相结合，提升解决实际问题的能力。在课堂上，教师适时引入这一预设的问题情境，引导学生进行深入思考和探索。这种方法激发学生的学习兴趣，使知识更加贴近实际，增强学生对知识的理解和应用能力。在仿真环境中思考问题时，学生快速集中注意力，并借助自身认知基础，将问题与日常生活相联系，更高效地掌握和运用知识。

（2）问题猜想

教师在阐述问题情境时，应审慎设问，旨在引导学生做出符合逻辑的合理解释。问题的设计需确保相互间存在紧密的逻辑联系，以形成一条清晰的问题链条，进而帮助学生深化对知识的理解与掌握。学生在学习过程中，需时刻保持对教师问题的关注与思考，确保自身思维与教师的讲解同步进行，从而避免在思考过程中偏离正确的轨道。当面对复杂或难以理解的问题时，教师可将其拆解为若干个相对简单的子问题，引导学生逐一解答，并逐步引导学生聚焦于核心问题，鼓励学生提出合理的猜想与假设，进而提升学生的问题解决能力。

（3）分组探究

为深入培养学生的科学探究能力，教师在学生提出假设后，应当积极引导他们进行假设的验证工作。在这一过程中，虚拟仿真实验为学生提供了一个高效且实用的工具，使学生能够亲身参与并自主展开探索活动。

矩道实验室作为一款功能强大的虚拟仿真实验平台，为学生提供了一个高度仿真的实验环境，支持学生进行实验操作，并根据其操作过程实时反馈实验结果。这一特点使得学生在进行实验时能够更加真实地感受到实验的过程和结果，从而加深对物理知识的理解。

在教学过程中，教师可充分利用矩道高中物理实验室的功能，创建具有针对性的问题情境。通过交互操作，教师可以方便地调整实验变量，为学生展示不同的实验条件和结果。而学生则可以使用平板电脑等终端设备操作共享的情境课件，在教师的指导下尝试调整实验变量，观察实验过程和结果的变化，从而验证自己的假设。

这种基于虚拟仿真实验的教学方式，不仅有助于培养学生的科学探究能力，还能够加深他们对物理知识的理解和应用。通过亲身参与和自主探索，学生能够更加深入地理解物理现象的本质和规律，为未来的学习和研究奠定坚实的基础。

（4）合作交流

高中物理知识体系纷繁复杂，相较于初中阶段，其涉及的物理情境更为多元化。学生需要深入学习并掌握多种运动形式及其复杂运动分析技巧，以应对日益复杂的物理问题。

在教学过程中，教师需要灵活运用多变的问题情境，以引导学生深入思考和探索。然而，若学生过于依赖独立探索，可能会在一定程度上影响学习效率。因此，教师需要合理设计教学活动，以促进学生之间的合作与交流。

例如，学生在解决复杂过程的"追击相遇"问题时，往往会遇到诸多挑战。此时，智慧课堂平板的辅助教学显得尤为重要。教师可以利用这一现代教育工具，引导学生进行分组探究，共同探讨不同情境下的物理问题。图6-5展示的是某小组模拟的匀加速物体追匀速物体的情境。

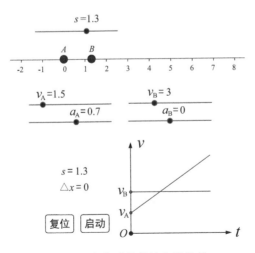

图6-5　匀加速物体追匀速物体

通过分组探究，学生可以更加深入地理解物理现象和规律，同时展示各自的探究成果。这种方式不仅有助于减少研究时间，提高教学效率，还能有效培养学生的沟通协作能力和科学探究素养。因此，在高中物理教学中，教师应积极运用智慧课堂平板等现代教育工具，以推动教学质量的提升。

（5）巩固练习

完成新课程后，教师应确保学生有足够的练习时间。通过智慧课堂云平台，教师能迅速推送练习题至学生平板，确保每位学生接收练习任务。学生需在平板上独立完成练习并上传解题过程，以培养独立思考和自主学习能力，同时帮助教师实时掌握学习进度和解题情况。教师应审查学生提交结果，针对问题详细解答和剖析，帮助学生加深对知识点的理解和记忆，提高解题能力。教师还可展示代表性解答过程，让学生汲取经验、拓展思路，提升物理学科素养和实际应用能力，为未来学习和发展奠定基础。

3.课后环节

（1）课后检测

课后检测运用智慧课堂是引入移动智能设备平板，以实现对学生课后学习的有效监督与管理。在此平台上，教师可以有针对性地布置作业，以此检验学生对课堂知识的掌握程度。而学生则可以利用智慧课堂平台，轻松下载所需的测试题目，并完成作答后提交至系统。教师会对学生的作答进行细致审阅，确保学生的学习效果达到预期标准，从而全面提升教学质量和学习效果。

（2）反馈评价

在仔细审查了学生的作业之后，教师应迅速提供反馈意见，并给出具有针对性的指导建议；学生则应当依据教师的反馈进行深入反思，以巩固并深化对相关知识点的理解和掌握。

第七章 信息技术赋能物理深度教学的评价

第一节 评价概述

一、背景介绍

随着科技发展，信息技术已融入生活，教育领域也不例外。高中物理作为重要课程，其教学效果备受关注。然而，传统物理教学方式存在诸多问题，如知识点单一、方法陈旧、效果难评估等。因此，利用信息技术提升高中物理教学效果成为当前教育领域的重要课题。

近年来，随着人工智能、大数据等信息技术的发展，教育机构开始将其应用于物理教学中。智能教学系统实时监控学生学习情况，大数据分析学生习惯和难点，制定精准教学方案。这些技术丰富了教学内容，提高了教学方法的多样性和灵活性。

然而，信息技术的应用也带来了挑战，如有效性和安全性问题、与传统方法的平衡、教学效果评估等。通过全面评价教学内容、方法和效果，了解信息技术在物理教学中的作用和价值，为决策者提供有利参考。结合案例和实践经验，分析信息技术在物理教学中的实际应用效果，为教育工作者提供借鉴和启示。

二、评价对象

在信息技术赋能高中物理深度教学的评价机制研究中，评价对象占据核心地位，涵盖了教学内容、教学方法、教学效果、教师、学生以及整个教学过程。全面评价这些对象，可以深入了解信息技术在高中物理教学中的实际应用效果，为改进教学提供有力支持。教学内容的评价关注知识点的覆盖程度、深度和广度以及实用性，如利用虚拟现实技术提高教学效果。教学方法的评价涉及线上线下相结合和智慧教学方式的有效性，例如通过对比不同教学方式激发学生的学习兴趣和积极性。教学效果的评价主要关注学生知识掌握程度、实践能力提升程度以及创新思维培养程度，信息技术教学可帮助学生从记忆、理解层面提升到应用、分析、评价和创造层面。评价还包括教师和整个教学过程，以了解教师的教学能力和专业素养，并发现教学中存在的问题和不足，为改进教学提供有力支持。

三、评价原则

（一）目的明确

评价应以促进学生物理学科核心素养的提升和学习能力的提高为目的。围绕"物理观念""科学思维""科学探究""科学态度与责任"等物理学科核心素养收集反映学生发展情况的信息，判断学生达到的水平和学习中的问题，明确进一步学习的方向；创造机会让学生开展自我评价和相互评价，学会正确评价自己的进步，反思自己的不足，更好地进行学习。

（二）可信有效

可信指评价过程中所收集的数据和资料符合学生的实际情况，有效指评价的工具确实指向学生的物理学科核心素养，反映学生物理学科核心素养的真实水平。

（三）全面深入

评价不仅要依据课程标准全面检查学生所学的基础知识和基本技能，更重要的是要深入检测学生是否通过基础知识和基本技能的学习形成正确的物理观念，是否掌握了科学的思维方法，是否具有相当的探究、解决实际问题的能力，是否具有科学的态度和责任感，判断学生所达到的物理学科核心素养水平。

（四）主体多元及方式多样

要发挥学校、教师和学生等不同角色在评价中的作用，从不同视角进行评价，应将单项评价与整体评价、定量评价与定性评价、终结性评价与形成性评价有机结合，及时准确地反馈评价结果，保证评价结果与改进策略的一致性。

（五）激励进步

要将评价作为进一步促进学生学习和发展的重要手段，建立学生成长记录档案，记录学生成长轨迹，激发个性潜能，激励学生不断地发展进步。

第二节　评价内容

一、教学内容评价

（一）知识点的覆盖程度

信息技术赋能高中物理深度教学评价机制研究中，知识点覆盖程度是评价内容质量的重要指标。要全面评估教学内容是否涵盖高中物理核心知识点，需细致分析和评估教学内容。可参考高中物理课程标准，明确各级应掌握的知识点，与教学内容比对，发现是否全面、系统地覆盖核心知识点。为具体评估覆盖程度，可采用量化分析方法，如统计教学内容涉及的知识点数量，与课程标准对比，计算覆盖率，直观了解覆盖情况。还需分析知识点深度和广度，评估是否满足学习需求。除量化分析，可结合教学案例评估覆盖程度。选典型案例，分析涉及知识点及讲解方式，发现是否注重实际应用和拓展，能否激发学习兴趣和思维能力。还可借鉴教育专家观点和评价模型。如引用布鲁姆认知领域教育目标分类理论，按知识理解、应用、分析、评价和创造等层次分类评估。全面了解教学内容在不同认知层次上的覆盖情况，更准确地评估质量。

（二）教学内容的深度和广度

在信息技术赋能高中物理深度教学的评价机制研究中，评价的核心要素之一是教学内容的深度和广度。深度教学要求学生掌握基础知识，并强调对物理概念和原理的深入理解和应用。广度则体现在教学内容涵盖的范围和跨学科的联系上。为评价深度，利用布鲁姆认知领域教育目标分类理论，通过观察学生在知识理解、应用、分析、评价和创造六个层次上的表现来评估。为拓宽广度，教学内容应涵盖物理学各领域并与其他学科建立联系。此外，采用问卷调查、访谈等定性评价方法和借鉴国内外优秀教学案例与评价模型，可更具体地评价教学内容的深度和广度，并不断完善和优化教学内容。

（三）教学内容的实用性

在信息技术赋能的高中物理深度教学评价中，教学内容的实用性至关重要。它不仅关乎学生能否将知识应用于生活，更关乎能否通过实用性激发学生的兴趣和探究欲望。例如，在力学教学中，可以引入如桥梁分析、航天计算等实际案例，同时借助信息技术如仿真实验，让学生在实践中体验知识的应用。而在电磁学教学中，引入无线充电、电磁灶等现代科技产品，则能让学生深刻感受到知识与现实生活的紧密联系，培养创新思维和实践能力。因此，评价教学内容时，必须深入剖析其实用性，确保真正服务于学生的未来发展。

二、教学方法评价

（一）线上线下相结合的教学方式评价

在信息技术赋能高中物理深度教学的评价机制中，线上线下相结合的教学方式评价显得尤为重要。这种评价方式不仅关注传统课堂的教学效果，还充分考虑到信息化教学资源的利用和线上学习平台的优势。通过对学生在线学习平台的使用情况、作业完成情况以及考试成绩的综合分析，更全面地评估线上线下相结合的教学方式的效果。

例如，通过对学生在线学习平台的使用数据进行统计，发现学生在某个知识点上的学习时长、互动次数以及完成任务的效率。这些数据直观地反映出学生对线上教学资源的利用情况，以及线上线下教学方式对学生学习效果的促进作用。结合学生的作业完成情况和考试成绩，进一步分析线上线下教学方式对学生知识掌握程度和实践能力提升程度的影响。

此外，为了更深入地评估线上线下相结合的教学方式的效果，采用课堂观察和评估的方法。通过实地观察学生在课堂上的表现、参与度和互动情况，更直观地了解线上线下教学方式对学生学习体验和学习效果的影响。邀请教师和学生参与反馈调查，收集他们对线上线下教学方式的意见和建议，以便进一步完善和改进教学方式。

（二）智慧教学方式评价

在智慧教学方式评价中，不仅要关注技术的运用，更要关注其对教学效果的实质性影响。智慧教学通过引入先进的信息技术手段，如大数据分析、云计算、人工智能等，为高中物理教学带来了革命性的变革。例如，通过大数据分析，教师可以精准掌握学生的学习情况，及时调整教学策略；云计算则为学生提供了丰富的学习资源，实现了学习空间的无限延伸；而人工智能则辅助学生进行自主学习，提高学习效率。以高中物理中的力学教学为例，智慧教学方式的应用使得抽象的概念变得直观易懂。通过虚拟现实技术，学生可以身临其境地体验各种力学现象，加深对力学原理的理解。智能教学系统根据学生的学习进度和反馈，智能推荐相关习题和教学资源，帮助学生巩固知识，提高学习效果。然而，智慧教学方式的应用也面临一些挑战。如何平衡技术与教学内容的关系，避免技术过度依赖，是智慧教学方式评价中需要关注的问题。此外，智慧教学方式的应用也需要教师具备一定的信息素养和技术应用能力，这也是评价智慧教学方式时不可忽视的方面。

三、教学效果评价

（一）学生知识掌握程度评价

在信息技术赋能高中物理深度教学的评价机制中，学生知识掌握程度是评价教学效果的重要指标之一。为了全面评估学生的知识掌握程度，结合定量评价和定性评价的方法，从多个维度进行分析和评估。

首先，通过定量评价，利用考试成绩、作业完成情况以及在线学习平台的使用数据来评估学生的知识掌握情况。例如，通过考试成绩分析，发现学生在某个知识点上的掌握程度，以及班级整体的学习效果。作业完成情况则反映学生课后的学习态度和努力程度。在线学习平台的使用数据可以揭示学生在线学习的活跃度和参与度。

然而，定量评价只能提供客观的数据，无法深入了解学生的学习过程和思维过程。因此，结合定性评价的方法，如教师和学生的反馈调查、课堂观察以及学生作品展示等，来全面了解学生的知识掌握程度。通过教师和学生的反馈调查，了解学生对教学内容、教学方法以及教学效果的满意度和意见，发现教学中存在的问题和改进的方向。课堂观察则可以观察学生在课堂上的表现，了解学生的学习态度和思维习惯。而学生作品展示则直接反映学生的知识掌握情况和创新能力。

在评估学生知识掌握程度时，注意评估的时效性和动态性。随着时间的推移，学生的知识掌握程度会发生变化，因此需要定期进行评估，及时调整教学策略和方法。关注学生的学习进步和成长，通过对比不同时间点的评估结果，分析学生的学习轨迹和成长路径，为个性化教学提供有力支持。

（二）学生实践能力提升程度评价

在信息技术赋能高中物理深度教学的评价机制中，学生实践能力的提升程度是衡量教学效果的关键指标之一。通过实施智慧教学方式和线上线下相结合的教学模式，学生的实践能力得到了显著的提升。例如，在引入虚拟现实（VR）技术的物理实验中，学生亲身参与模拟实验，通过实际操作来加深对物理原理的理解。这种教学方式不仅提高了学生的参与度，还使他们在实践中培养了解决问题的能力。

为了更具体地评估学生实践能力的提升程度，采用了多种评价方法。首先，通过作业完成情况分析，发现学生在完成与现实生活相关的物理作业时，运用所学知识解决实际问题，显示出实践能力的提升。其次，在线学习平台的使用情况分析显示，学生在平台上积极参与讨论，分享自己的实验经验和心得，这也反映了他们实践能力的增强。

此外，还采用了定性评价方法，如教师和学生的反馈调查。通过调查，了解到学生对智慧教学方式和线上线下相结合的教学模式表示满意，认为这些方式有助于他们更好地理解和应用物理知识。

（三）学生创新思维培养程度评价

在信息技术赋能高中物理深度教学的评价机制中，学生创新思维的培养程度是衡量教学效果的重要指标之一。创新思维的培养不仅关系到学生个人的发展，更是国家和社会进步的重要推动力。因此，在评价过程中，特别关注学生在创新思维方面的表现。

首先，通过观察学生在课堂上的表现来评估学生的创新思维。例如，当教师提出一个物理问题时，学生是否主动思考并提出新的解决方案？他们是否运用所学知识，结合实际情况，进行创造性的思考？这些表现都可以作为评价学生创新思维的重要指标。

其次，通过分析学生的作业和作品来评估学生的创新思维。例如，在物理实验中，学生是否独立思考并设计出新颖的实验方案？他们是否运用所学知识，解决实验中的问题，并提出新的想法和见解？这些都可以作为评价学生创新思维的重要依据。

此外，借助一些评价工具来量化学生的创新思维。例如，可以设计一份包含创新思维问题的问卷，让学生回答并评分；或者，可以邀请专家对学生的作品进行评价，从创新性、实用性等方面给出具体的意见和建议。这些评价工具可以帮助教师更加客观地评估学生的创新思维水平。

最后，注意培养学生的创新思维是一个长期的过程，需要教师在教学过程中注重启发和引导。例如，通过组织物理竞赛、科技创新等活动，激发学生的创新热情，提高学生的创新能力。教师还可以通过与学生交流、互动，了解学生的想法和困惑，帮助学生解决问题，促进学生的创新思维发展。

第三节　评价方法

一、定量评价方法

（一）考试成绩分析

考试成绩分析是评价信息技术赋能高中物理深度教学效果的重要手段之一。通过对学生的考试成绩进行深入分析，可以直观地了解学生在知识掌握、实践能力和创新思维等方面的表现，为教学改进提供有力依据。

首先，对学生的考试成绩进行整体分析，了解学生在各个知识点上的掌握情况。通过对比不同班级、不同学生的成绩分布，发现学生在哪些知识点上存在普遍困难，哪些知识点掌握得相对较好。这有助于针对学生的实际需求，调整教学内容和方法，提高教学效果。

其次，对考试成绩进行纵向对比，分析学生在不同学习阶段的表现变化。通过对比学生入学时的成绩与学期末的成绩，了解学生在经过一段时间的学习后，知识掌握程度和实践能力的提升程度。这有助于评估教学方法的有效性，以及学生对教学内容的吸收情况。

此外，运用统计分析方法，对考试成绩进行更深入的分析。例如，通过计算学生的平均分、标准差等指标，了解学生在各个知识点上的离散程度，发现潜在的教学问题。运用相关分析、回归分析等统计方法，探究影响学生成绩的各种因素，为教学改进提供科学依据。

最后，需要注意的是，考试成绩分析只是评价教学效果的一种手段，不能作为唯一的评价标准。结合其他评价方法，如教师和学生的反馈调查、课堂观察与评估等，全面了解教学效果的真实情况。也要关注学生的个性差异和全面发展，避免过分追求考试成绩而忽视了学生其他能力和素质的培养。

（二）作业完成情况分析

在信息技术赋能高中物理深度教学的评价机制研究中，作业完成情况分析是定量评价方法中的重要一环。通过对学生作业的细致分析，深入了解学生在知识掌握、实践能力提升以及创新思维培养等方面的具体情况。例如，通过对比不同学生群体的作业完成情况，发现哪些教学方法更为有效，哪些知识点学生掌握得更为牢固。作业完成情况分析能帮助及时发现学生在学习过程中存在的问题和困难，有针对性地调整教学策略，提高教学效果。

以一道涉及牛顿第二定律的物理题为例，通过分析学生的解题过程，评估他们对物理概念和公式的理解程度。如果学生在解题过程中出现了概念混淆或公式应用错误，这就表明在相关知识点的教学上可能还存在不足，需要进一步加强。通过分析学生的解题思路和方法，了解学生的思维方式和创新能力。如果学生在解题过程中灵活运用所学知识，提出新颖独特的解题思路，这就说明的教学方法在培养学生的创新思维方面取得了积极成效。

此外，作业完成情况分析应结合其他评价工具和方法进行综合评估。例如，将学生的作业成绩与学生的课堂表现、考试成绩等进行对比分析，得出更为全面准确的评价结果。邀请其他学科的教师或专家参与评价过程，从不同角度和层面对学生的作业完成情况进行分析和评估，以提高评价的客观性和准确性。

（三）在线学习平台使用情况分析

在线学习平台作为信息技术赋能高中物理深度教学的重要工具，其使用情况对于评价教学效果和机制至关重要。通过深入分析在线学习平台的使用数据，更准确地了解学生的学习行为和习惯，优化教学方案和提升教学质量。

首先，通过在线学习平台的访问量和活跃度数据，直观地看到学生对信息技术的接受程度和参与度。例如，若平台访问量持续上升，且学生在线学习时长增加，这表明学生对信息技术赋能的教学方式持积极态度，愿意主动参与到线上学习中。反之，若访问量低迷，则可能意味着教学内容或方法需要调整，以更好地吸引学生的兴趣。

其次，在线学习平台上的互动数据也是评价教学效果的重要依据。例如，学生在线提问的数量和质量、参与讨论的积极性等，都能反映出学生对知识点的掌握程度和思维活跃度。若学生在平台上频繁提问、积极参与讨论，说明他们对教学内容有深入的思考和探索，这有助于培养学生的创新思维和实践能力。

此外，通过在线学习平台的学习数据分析，可以构建个性化的学习路径和推荐系统。例如，根据学生的学习进度和成绩变化，平台智能推荐相关的学习资源和练习题，帮助学生巩固知识点和提升学习效果。这种个性化的学习方式不仅符合学生的学习需求，也有助于提高教学效率和质量。

二、定性评价方法

（一）教师和学生的反馈调查

在信息技术赋能高中物理深度教学的评价机制研究中，教师和学生的反馈调查是至关重要的一环。通过收集和分析教师和学生的反馈，能更深入地了解教学过程中的问题和挑战，优化教学方案，提高教学效果。

在实际操作中设计一份详细的反馈调查问卷，包括教学内容、教学方法、教学效果等多个方面。大部分教师认为信息技术的应用使得教学内容更加丰富和生动，但同时也存在部分教师对于如何有效整合线上线下教学资源表示困惑。针对这一问题，组织一次教师研讨会，邀请信息教育领域的专家进行分享和交流，帮助教师更好地掌握信息技术的应用技巧。

另一方面，学生的反馈也提供了宝贵的参考。他们普遍认为信息技术的应用使得学习变得更加有趣和高效，但同时也反映一些问题，如部分线上资源的质量参差不齐，影响了学习效果。针对这一问题，需要加强线上资源的审核和管理，确保资源的质量和适用性。

此外，采用 SWOT 分析模型对反馈数据进行深入分析。通过识别教学过程中的优势、劣势、机会和威胁，并制定针对性的改进措施，如加强教师培训、优化线上资源等，提高教学效果，增强学生的学习体验。

（二）课堂观察和评估

课堂观察与评估在信息技术赋能高中物理深度教学的评价机制中扮演着至关

重要的角色。通过深入课堂，直观地了解教师的教学方式、学生的互动情况以及课堂氛围等多个方面。例如，在一次课堂观察中，注意到教师利用信息技术，如虚拟现实（VR）设备，可以为学生模拟了物理实验中的复杂场景。学生通过佩戴 VR 眼镜，仿佛置身于真实的实验环境中，这种沉浸式的体验极大地提高了学生的学习兴趣和参与度。

课堂观察不仅关注教师的教学手段，还注重学生的学习效果。通过观察学生的课堂表现，评估他们对知识点的掌握程度以及实践能力的提升情况。例如，在一次关于牛顿运动定律的课堂上，教师设计了一系列互动实验，要求学生根据实验数据推导出相关公式。学生积极参与，通过小组讨论和实际操作，加深了对知识点的理解，还提高了解决实际问题的能力。此外，课堂观察与评估还需要结合定量数据进行分析。例如，通过收集学生的课堂参与度、作业完成情况以及考试成绩等数据，来评估教学效果的优劣。这些数据可以与课堂观察的结果相互印证，为提供更全面、客观的评价依据。

（三）学生作品展示和评估

在信息技术赋能高中物理深度教学的评价机制中，学生作品展示和评估是不可或缺的一环。这一环节不仅是对学生学习成果的直接体现，更是对教学效果的直观反馈。通过学生作品的展示，教师能清晰地看到学生在知识掌握、实践能力和创新思维等方面的表现，为后续的教学调整提供有力依据。

在评价学生作品时，采用了多元化的评价方法和工具。除了传统的作业批改和考试成绩分析外，还引入了在线学习平台的使用情况分析，以及课堂观察与评估等多种手段。这些方法和工具的运用，使得更加全面、客观地评价学生的作品。

以一次物理实验报告为例，要求学生利用信息技术进行实验数据的采集和处理，并撰写实验报告。在评价过程中，不仅关注报告的格式和内容是否符合要求，更注重学生在实验设计、数据分析和结论得出等方面的表现。通过对学生作品的深入分析，发现大部分学生能熟练运用信息技术进行实验数据的处理和分析，但在实验设计和结论得出方面还存在一定的不足。针对这些问题，及时调整了教学策略，加强了对学生实验设计和数据分析能力的培养。

此外，还鼓励学生进行作品展示和交流。通过课堂展示、小组讨论等形式，让学生将自己的作品呈现给其他同学和教师，激发学生的学习热情和创造力。也鼓励学生对其他同学的作品进行点评和建议，让他们在交流和互动中不断提升自己的能力和水平。

第四节　评价流程

一、制定评价计划

在制定评价计划时，首先要明确评价的目标和范围。针对"信息技术赋能高中物理深度教学的评价机制研究"这一主题，构建一个全面、客观、科学的评价体系，以评估信息技术在高中物理深度教学中的实际效果。评价范围则包括教学内容、教学方法和教学效果等多个方面。

在制定评价计划时，充分考虑各种因素，包括评价对象的特点、评价目的、评价资源等。针对高中物理深度教学的特点，采用定量评价和定性评价相结合的方法，以全面反映教学的实际情况。制定具体的评价标准和评价量表，以确保评价的客观性和科学性。

在评价计划的实施过程中，注重数据的收集和分析。例如，通过考试成绩、作业完成情况、在线学习平台使用情况等数据来反映学生的学习效果和教师的教学质量。通过教师和学生的反馈调查、课堂观察与评估等方式来收集更多的信息，以便更全面地评估教学的实际效果。

此外，在评价计划的制定过程中，可以借鉴一些经典的评价模型和方法。例如，采用柯克帕特里克四层次评估模型来评估学生的学习效果，该模型包括反应层、学习层、行为层和结果层四个层次，全面反映学生的学习过程和成果。

二、设计评价工具和量表

在设计评价工具和量表时，首先要明确评价的目的和对象，以确保评价工具的有效性和针对性。对于信息技术赋能高中物理深度教学的评价机制研究，设计一系列的评价工具，如问卷调查、观察记录表、学生作品评价表等，以全面收集评价信息。

在设计评价量表时，参考布鲁姆的认知领域教育目标分类理论，将教学内容、教学方法和教学效果分别划分为不同的层次和维度，并为每个层次和维度设定相应的评价指标和权重。例如，在教学内容评价方面，从知识点的覆盖程度、深度和广度、实用性等维度出发，设计相应的评价量表，以评估教学内容的完整性和有效性。

结合具体的教学案例和学生作品，对评价量表进行实证分析和验证。例如，在评估学生实践能力提升程度时，选取一些具有代表性的学生作品，如物理实验报告、科技创新项目等，进行详细的评价和分析。通过对比学生的作品质量和创新能力，更加客观地评估教学效果，并为后续的教学改进提供有力的依据。

此外，借鉴一些经典的教育评价理论和方法，如量化评价和质性评价相结合的方法、形成性评价和总结性评价相结合的方法等，以丰富和完善评价工具和量表。通过这些评价方法和工具的应用，更加全面、客观地评估信息技术在高中物理深度教学中的应用效果，为教学改进和优化提供有力的支持。

三、实施评价活动

在实施评价活动的过程中，首先要明确评价活动的实施要点。这些要点包括制定评价计划、设计评价工具和量表、实施评价活动、分析评价结果以及反馈与改进。制定评价计划是整个评价活动的起点，需要明确评价的目的、对象、内容和方法，确保评价活动的针对性和有效性。设计评价工具和量表则需要根据评价内容和方法，选择合适的评价工具，制定科学的量表，确保评价结果的客观性和准确性。在实施评价活动时，需要遵循评价计划和量表，采用多种评价方法相结合的方式，确保评价活动的全面性和深入性。分析评价结果则需要运用数据分析、案例研究等方法，对评价结果进行深入剖析，找出存在的问题和不足，为反馈与改进提供依据。最后，反馈与改进是整个评价活动的关键环节，需要根据评价结果，及时反馈给教师和学生，指导他们进行改进和提高，同时也需要对整个评价活动进行总结和反思，不断完善评价机制和方法。

例如，在教学内容评价方面，可以采用问卷调查、访谈等方法，收集学生和教师对教学内容的意见和建议，结合考试成绩、作业完成情况等数据，对教学内容的深度、广度和实用性进行综合评价。在教学方法评价方面，通过课堂观察、学生反馈等方式，对线上线下相结合的教学方式、智慧教学方式等进行评估，找出存在的问题和不足，提出改进建议。在教学效果评价方面，可以采用对比分析、趋势分析等方法，对学生知识掌握程度、实践能力提升程度和创新思维培养程度等进行评价，为教学改进提供依据。

四、分析评价结果

在评价信息技术赋能高中物理深度教学的效果时，采用定量和定性相结合的方法。首先，通过考试成绩分析，发现学生在掌握物理基础知识方面有了显著提升。其次，作业完成情况分析显示，学生在应用信息技术完成作业时的积极性和质量都有所提高。信息技术在激发学生学习兴趣和提升实践能力方面发挥了积极作用。在定性评价方面，开展教师和学生的反馈调查。大多数教师认为信息技术使得教学更加生动、直观，有助于突破传统教学的局限。而学生则普遍反映，信息技术让他们更轻松地理解抽象的物理概念，并且在实践中更灵活地运用所学知识。此外，采用课堂观察与评估的方法。通过观察发现，信息技术的引入使得课堂氛围更加活跃，学生参与度高涨。例如，在牛顿运动定律实验中，通过模拟实验软件，学生亲自操作并观察不同条件下的物体运动情况，这加深了对定律的理解，还激发了学生的探索精神。

五、反馈与改进

在信息技术赋能高中物理深度教学的评价机制研究中，反馈与改进是至关重要的一环。通过收集和分析各方面的反馈，了解教学方案的实际效果，发现存在的问题和不足，进而进行针对性的改进。这种循环往复的过程，有助于不断提升教学质量，实现教育教学的持续优化。

在收集反馈时，采用多种渠道和方式。一方面，通过定期的考试成绩分析，了解学生对知识点的掌握情况；另一方面，通过作业完成情况分析，发现学生在学习过程中存在的问题。此外，利用在线学习平台的使用情况分析，获取学生在线学习行为的数据，更全面地了解学生的学习状态和需求。

除了定量评价方法的反馈外，定性评价方法同样重要。通过教师和学生的反馈调查，了解他们对教学方案的看法和建议。课堂观察与评估则直接反映教师的教学效果和学生的课堂表现。而学生作品展示和评估，则展示学生在学习过程中的实践能力和创新思维。

在获得反馈后，对评价结果进行深入的分析。通过对比不同评价方法和渠道的数据，发现教学方案中的优点和不足。例如，如果考试成绩普遍偏低，那么可能是教学内容的深度和广度不够，或者教学方法不够有效。如果在线学习平台的使用率较低，那么可能是平台的功能和用户体验需要改进。

根据反馈的分析结果，制订具体的改进方案。这些方案可能包括调整教学内容的深度和广度、优化教学方法、提升在线学习平台的用户体验等。设定明确的改进目标和时间表，以确保改进工作的有效实施。

第八章　信息技术赋能物理深度教学的展望

第一节　大数据与人工智能辅助

一、分析学生学习行为

随着信息技术的迅猛发展，大数据和人工智能技术在教育领域的应用越来越广泛。高中物理教学作为培养学生科学素养和逻辑思维能力的重要阶段，如何有效利用这些先进技术分析学生的学习行为，提高教学效果，成为当前教育领域研究的热点之一。

首先，收集学习数据是应用大数据和人工智能技术分析学生学习行为的基础。通过利用在线学习平台、智能教学系统等工具，可以全面收集学生在学习过程中的各种数据，如学习时长、学习进度、成绩变化、互动次数等。这些数据不仅反映了学生的学习行为，还隐含着学生的学习习惯、学习偏好、学习难点等重要信息。

其次，通过大数据分析和人工智能技术，对学生的学习行为进行深入分析。例如，可以利用数据挖掘技术对学生的学习数据进行关联分析、聚类分析等，揭示学生的学习习惯和偏好；利用机器学习算法对学生的学习难点进行预测和识别，为教学提供有针对性的指导。

基于学生的学习行为分析结果，为每个学生制定个性化的教学方案。对于学习习惯不佳的学生，通过智能提醒、学习建议等方式引导他们改进；对于学习难点较大的学生，提供针对性的辅导和练习。这种个性化的教学方式更好地满足学生的需求，提高学生的学习效果。

此外，根据学生的学习行为变化和学习效果反馈，动态调整教学策略和方法。例如，如果发现某个知识点的学生掌握情况普遍较差，应及时调整教学计划，加强该知识点的讲解和练习；根据学生的实时反馈调整教学节奏和方式，使教学更加符合学生的需求。

最后，通过智能教学系统，为学生提供实时的学习反馈和建议。这些反馈和建议不仅可以帮助学生了解自己的学习情况和进步，还可以指导学生如何改进学习方法和提高学习效率。这种实时的反馈机制能激发学生的学习兴趣和动力，促进学生的自主学习和持续发展。

二、预测学生学习效果

在现代科技的助力下，教育正在以前所未有的速度进行革新。特别是大数据和人工智能技术的结合，为高中物理学习带来了无限的可能性。运用这些先进技术构建智能学习平台，为学生提供更加个性化、高效和有趣的学习体验。

首先，智能学习平台能够实时收集学生的学习数据，包括学习时长、学习进度、互动次数、错题记录等。这些数据是评估学生学习状况的重要依据。通过算法分析这些数据，平台可以预测学生的学习效果，为教师和学生提供及时的反馈。

其次，基于学生的学习数据和效果预测，平台可以智能推荐最适合学生的学习路径。这就像一位私人教练，根据学生的实际情况和需求，量身定制学习计划。例如，如果系统发现某个学生在力学部分存在困难，它可以推荐相关的视频教程、习题集或者虚拟实验。这种方式可以让学生针对自己的薄弱环节进行有针对性的学习，更好地掌握物理知识。

除了智能推荐学习路径，平台还可以实时提供学习反馈，让学生及时了解自己的学习状况。这种及时反馈可以让学生更加明确自己的学习进度和存在的问题，从而调整学习策略。如果系统预测到学生的学习效果可能不佳，它可以自动推送干预措施，如额外的练习、在线答疑或者推荐给老师进行人工干预。这种个性化的干预措施可以帮助学生及时解决问题，提高学习效果。

此外，智能学习平台利用大数据技术，可以智能组卷并生成个性化的测试题。每个学生都可以得到适合自己水平和需求的试卷，实现更有效的学习。这种方式不仅可以提高学生的学习效率，让学生更好地了解自己的学习情况，为接下来的学习做好准备。

除了传统的文字和图像资料，平台结合人工智能技术，还能创建虚拟物理实验室。在这个虚拟环境中，学生可以进行各种物理实验，如电路实验、力学实验等。这种虚拟实验不仅可以提高学生的实验技能，还能增强学生的学习兴趣和动力。虚拟实验还具有安全性高、成本低等优势，为物理实验教学提供了新的可能性。

在情感识别与心理干预方面，平台通过语音和图像识别技术，分析学生的情感状态。如果发现学生出现负面情绪，如焦虑、困惑等，平台自动推送心理干预措施，如心理咨询、放松训练等。这种心理干预可以帮助学生调整心态，提高学习效果。对于教师而言，了解学生的情感状态也可以帮助他们更好地关心和支持学生，建立良好的师生关系。

通过分析学生的学习数据和效果预测，教师可以制定更加精准的教学计划和策略。教师利用平台提供的数据分析工具，深入了解学生的学习状况和需求，提供更加个性化的教学服务。这种辅助决策系统可以帮助教师提高工作效率，减轻工作负担，同时也可以提高教学质量和效果。

三、优化学习评价方式

智能技术为学生提供多种评价方式，包括作业提交、课堂表现、学习时长等。这些评价方式不仅全面反映学生的学习情况，精准评估学生的能力水平，也为教师提供更加准确的评价依据。

（一）基于智能技术的综合评价

首先，教师利用智能技术设置不同难度级别的题目，检测学生对知识点的掌握情况，客观评价学生对知识的掌握程度和应用能力，培养其自主学习和解决问题的能力。

其次，课堂表现和学习时长是评价学生综合能力的重要指标。通过在线视频教学、实时互动等方式，教师观察学生在课堂上的表现，评估其学习态度、沟通能力和团队协作能力。学习时长也能反映学生对学习的投入程度，为教师提供评价学生学习态度的依据。

这种多元评价策略的实施，不仅使教师更加全面地了解学生的学习状况，还能激发学生的学习热情和动力，促使其在各个方面取得更好的进步。

（二）基于智能技术的及时反馈

通过智能技术工具，教师可以迅速获取学生的学习数据和反馈，及时了解学生的学习进度和难点。这种及时反馈不仅有助于教师及时调整教学策略和方法，更能为学生提供更加有效的指导和帮助。

一方面，教师通过学生的学习数据和反馈，发现学生在学习过程中存在的问题和困难。例如，如果学生在某个知识点上的得分普遍较低，那么教师就可以针对这一知识点进行重点讲解和辅导，帮助学生克服学习难点。

另一方面，及时反馈能激发学生的学习动力和积极性。当学生取得进步或成果时，教师通过在线评价系统及时给予肯定和鼓励，让学生感到自己的努力得到认可。这种正向反馈能增强学生的自信心和学习兴趣，促使学生更加努力学习。

此外，及时反馈还有助于建立师生之间的互信关系。当教师真诚地关心学生的学习情况并及时给予指导时，学生会感受到教师的关爱和负责任的态度，更加信任教师并愿意与其进行交流和沟通。这种互信关系的建立有助于营造良好的学习氛围和师生关系，为学生的学习和发展创造更加有利的条件。

第二节　智能化教学

一、个性化学习路径设计

高中物理个性化学习路径的设计是一个综合性的过程，旨在根据学生的个体差异和学习需求，为他们量身打造一套高效、有趣的学习方案。这一设计思路不仅能提升学生的学习效果，更能激发学生的学习兴趣，让他们在物理学习中找到自我价值和成就感。

首先，诊断评估是个性化学习路径设计的起点。这一步骤至关重要，因为它帮助教师全面了解学生的学习水平、兴趣点、优势领域以及面临的挑战。通过诊断性评估，教师获取到关于学生学习状况的一手数据，为后续的学习路径设计提供有力的支撑。

在了解了学生的学习现状后，接下来的步骤是设定个性化的学习目标。这些目标不仅包括知识层面的掌握，如理解物理概念和原理，还包括技能层面的提升，如实验操作和问题解决能力。培养学生的物理学习兴趣也是不可忽视的一环。因此，设定目标时需要充分考虑到学生的实际情况和个体差异，确保目标既具有挑战性又符合学生的实际需求。

为了满足学生的学习需求，教师需要为他们推荐丰富多样的学习资源。这些资源可以包括教材、教学视频、在线课程、实验器材等。通过合理利用这些资源，学生能更加深入地理解物理知识，提升学习效果。多样化的学习资源也能激发学生的学习兴趣，让他们在学习中保持持久的热情和动力。

在设定了学习目标和推荐了学习资源，接下来的任务是规划个性化的学习路径。这一步骤需要根据学生的学习目标、学习时间和学习方式进行合理安排。例如，对于基础薄弱的学生，可以设计一些基础知识的强化训练；对于兴趣浓厚的学生，可以引导他们深入探究物理现象背后的原理。此外，还需要根据学生的时间安排和学习习惯，为他们制定合适的学习计划，确保学习路径的可行性和有效性。

最后，学习反馈与调整是个性化学习路径设计中不可或缺的一环。在学习过程中，教师需要定期收集学生的反馈意见和学习成果，以便及时了解学生的学习进展和遇到的困难。教师还需要根据学生的学习情况对学习路径进行适时的调整和优化，以确保学习效果和兴趣的持续提升。这种动态调整的过程需要教师和学生的共同参与和努力，才能实现最佳的学习效果。

总之，高中物理个性化学习路径的设计是一个系统性、综合性的过程。它需要根据学生的实际情况和学习需求进行灵活调整和优化，同时也需要学生的积极参与和配合。这样才能让学生在物理学习中找到适合自己的学习路径，实现高效、有趣的学习体验。

二、智能推荐学习资源

针对高中物理的智能化学习资源推荐，可从以下几个方面进行深入探讨和具体实施。

首先，基于智能推荐算法为学生量身打造个性化的学习体验。这一策略基于学生的学习历史、成绩、兴趣爱好等多维度数据，通过智能算法分析，精准推送符合学生需求的学习资源。例如，当系统检测到某学生在力学部分存在困难时，可自动推荐相关的视频教程、习题集以及实验教程，以帮助学生攻克难关。这样能提高学生的学习效率，培养学生的自主学习能力。

其次，构建个性化学习资源库。这个资源库应涵盖各种类型的学习资源，如教材、视频、音频、实验器材等，以满足学生多样化的学习需求。学生可根据自己的学习进度和兴趣，在资源库中自由搜索和选择适合自己的学习材料。这能激发学生的学习兴趣，培养学生的探索精神和创新思维。

再者，利用智能学习路径规划技术优化学习方式。这一技术基于学生的学习目标和实际情况，通过智能算法分析，为学生量身定制个性化的学习计划。学生只需按照规划好的学习路径逐步完成任务，就能有效提高学习效果。此外，智能学习路径规划能帮助学生发现潜在的学习问题，及时调整学习策略，避免走弯路。

最后，借助智能学习反馈与调整机制提升学习效果。在学习过程中，智能系统会实时收集学生的学习数据，分析学生的学习情况和问题，并给出相应的反馈和建议。学生可根据这些反馈和建议，及时调整自己的学习方法和策略，更有效地提升学习效果。这种动态的学习过程让学生更好地掌握知识，培养学生的自主学习能力和问题解决能力。

然而，要实现上述智能化学习资源推荐，需要建立完善的数据收集和处理机制，以及高效的算法模型。这需要投入大量的人力、物力和财力，以确保数据的准确性和算法的可靠性。需要注重学生的隐私保护和数据安全，确保学生的个人信息不被泄露和滥用。

综上所述，为高中物理学生智能化地推荐学习资源是一项具有深远意义的工作。通过利用智能推荐算法、构建个性化学习资源库、智能学习路径规划以及智能学习反馈与调整机制等策略，为学生创造一个更加高效、便捷、个性化的学习环境，助力他们在物理学习中取得更好的成绩和发展。

三、智能评估与反馈机制

随着信息技术的迅猛发展，高中物理教学正迎来一场革命性的变革。实现智能评估与反馈机制已成为提升教学质量、促进学生个性化发展的关键所在。利用人工智能、机器学习、大数据分析和物联网等前沿技术，为高中物理教学注入智能化元素，实现教学评估与反馈的革新。在高中物理教学中，运用机器学习算法构建自适应学习平台。这一平台根据学生的学习进度、成绩和表现，智能调整教学内容和难度，为每个学生量身定制个性化的学习路径。这不仅有助于激发学生的学习兴趣，更能提升学生的学习效果。通过自然语言处理和机器学习技术，打造智能助教。这款虚拟助教能实时解答学生的疑问，为他们提供及时的反馈和指导。无论是课前预习，课堂互动还是课后复习，智能助教都能为学生提供全方位的学习支持。

在高中物理教学中，收集学生在多个平台上的学习数据，包括在线学习平台、学习管理系统等。通过大数据分析技术，挖掘学生的学习模式和趋势，为教学提供科学的评估依据。这些数据不仅揭示学生的学习进度和成绩变化，还帮助教师发现学生的潜在问题和需求。利用历史数据和学生当前的学习表现，建立预测模型。这一模型可以预测学生未来的学习成果，为教师提供早期预警和干预的机会。通过及时发现和解决学生的学习问题，有效提升学生的学习效率和学习成果。

在高中物理教学中，引入物联网技术，对实验设备进行智能监控。通过在实验设备中嵌入传感器和物联网技术，实时监测实验过程中的数据变化，为学生提供即时反馈。这种即时反馈有助于学生更好地理解物理现象和原理，提升学生的实验技能和科学素养。

此外，物联网技术还可以用于优化学习环境。通过分析教室内的温度、湿度、光照等环境因素，结合学生的学习状态，为学生创造一个更加舒适、高效的学习环境。这种智能化的学习环境有助于提升学生的学习体验和学习效果。

第三节　虚拟现实与增强现实技术

一、沉浸式学习体验

在追求教育创新与科技融合的时代，高中物理教学正面临着前所未有的机遇与挑战。为了赋予学生一种沉浸式的创新学习体验，巧妙地结合多种先进技术，打造一个充满活力与探索氛围的学习环境。

　　首先，借助虚拟现实（VR）和增强现实（AR）技术的魔力，为学生创建一个栩栩如生的物理世界。这些高级技术让学生仿佛置身于真实的物理场景中，无论是探索微观粒子的世界，还是模拟宏大的宇宙空间，都能让学生身临其境地感受物理学的魅力。这种沉浸式的体验能增强学生的学习兴趣，帮助他们更加深入地理解物理原理。

　　其次，引入混合现实（MR）学习，将虚拟元素巧妙地融入真实环境，使得学生在现实世界中就能与虚拟物理现象进行互动。比如，通过 MR 技术，学生可以在课堂上亲手操作虚拟的实验器材，观察实验现象的变化，并实时获取数据和反馈。这种学习方式不仅提高了学生的实践能力，还培养了学生的科学探究精神。

　　再者，游戏化学习也是一种极具吸引力的教学方法。通过将游戏元素与物理学习内容相结合，可以激发学生的学习兴趣和动力。例如，设计一款以物理原理为基础的游戏，让学生在游戏中探索物理世界，解决物理问题，这不仅让学生在轻松愉快的氛围中学习，还能培养学生的创新思维和解决问题的能力。

　　此外，利用交互式多媒体和触摸屏幕技术，创建一个互动式的物理学习平台。这个平台让学生通过触摸、拖拽等操作方式，与物理现象进行互动，从而更加直观地理解物理原理。多媒体的丰富表现形式也能帮助学生更好地记忆和理解知识。

　　最后，结合物联网技术和传感器技术，打造智能物理实验室。这个实验室让学生进行远程实验操作和观察，实时获取反馈和指导。无论学生身处何地，都能随时随地进行物理实验，这无疑极大地拓宽了学生的学习空间和时间。

二、虚拟仿真实验与模拟训练

　　随着科技的飞速进步，虚拟仿真技术在教育领域的应用日益广泛，尤其在高中物理教学中显得尤为重要。它以其独特的优势，不仅强化了学生的实验技能，更在传统实验教学的基础上弥补了诸多缺陷，为学生提供了更为丰富和高效的学习体验。

　　虚拟仿真技术，作为一种高度逼真的模拟实验手段，让学生在无需实际器材的情况下，通过电脑软件或在线平台进行操作。这种技术为学生提供了一个安全、可控的实验环境，使他们在不受时间和地点限制的情况下，随时随地进行实验学习。虚拟仿真技术还模拟一些传统实验难以实现的复杂场景，如微观粒子运动、高速碰撞等，帮助学生更深入地理解物理概念和规律。

在实施虚拟仿真实验教学时，教师需要精心选择适合的虚拟仿真平台，如矩道实验室、PhET 等。这些平台通常具有丰富的实验资源和高度逼真的模拟环境，为学生创造一个接近于真实实验的学习体验。在选择平台后，教师需要根据教学目标和课程内容，为学生设计相应的虚拟实验环境和实验步骤。这些环境不仅包括各种实验器材和装置，还需要模拟实验操作的整个流程，以便学生全面了解实验过程。

在实验过程中，教师需要积极引导学生进行操作，提供即时的反馈和指导。教师还应鼓励学生反复进行模拟训练，以便他们熟练掌握实验技能和方法。通过这种教学方式，学生不仅在虚拟环境中体验实验的乐趣，而且在实践中不断提高自己的实验技能。

然而，尽管虚拟仿真技术具有诸多优势，仍需要认识到它不能完全取代真实实验的地位。真实实验具有其独特的真实感和经验，让学生在实际操作中感受到物理世界的奥秘和魅力。因此，在高中物理教学中，应将虚拟仿真技术与真实实验相结合，形成一种综合性的实验教学方式。

具体来说，教师通过虚拟仿真技术为学生提供预实验和模拟训练的机会，帮助他们熟悉实验流程和操作方法。然后，在真实实验中，教师引导学生将虚拟实验中的经验和技能应用到实际操作中，提高实验效果和学习质量。通过这种综合性的教学方式，学生不仅获得丰富的实验体验，而且全面提升自己的实验技能和学习效果。

三、增强现实辅助教学

在高中物理教学中，增强现实（AR）技术以其独特的优势，正逐渐展现出其不可替代的辅助作用。为了更好地利用这一技术，应采取一系列切实可行的措施。

首先，借助 AR 技术，构建出高度逼真的虚拟实验环境。这样的环境不仅为学生提供了一个全新的学习平台，还让他们在虚拟空间中自由互动，直观地观察各种物理现象。例如，在电场和磁场的实验中，通过 AR 技术，学生可以在虚拟环境中看到电荷的分布和磁场的线条，更深入地理解电场和磁场的特性。

其次，结合具体的物理知识点，设计出具有针对性的 AR 互动体验。这样的体验旨在帮助学生更直观地理解物理概念和原理。例如，在力学的学习中，通过 AR 技术，学生可以模拟各种力学实验，如碰撞、抛体运动等，更直观地感受到力的作用效果和运动规律。

此外，AR 技术的交互性也为学生提供了实时的反馈和指导。在虚拟实验过程中，学生可以随时查看实验结果和数据，了解自己在实验操作中的不足之处，提高实验操作的准确性和科学性。这种实时的反馈机制不仅有助于学生及时纠正错误，而且激发学生的学习兴趣和积极性。

然而，虽然 AR 技术在物理教学中具有诸多优势，但不能完全替代传统的实验教学。传统实验教学具有其独特的价值，如培养学生的实验技能和科学素养等。因此，应将 AR 技术与传统实验教学相结合，充分发挥它们各自的优势。

实施这些措施需要技术支持、资源投入和教师技术能力的提升。学校需要投入资金购买相应的 AR 设备和软件，为师生提供一个良好的学习环境。教师需要不断提升自己的技术能力，以更好地利用 AR 技术辅助教学。

在平衡虚拟实验与现实实验的关系方面，应注意确保学生实验技能和科学素养的全面发展。虚拟实验可以作为现实实验的有益补充，帮助学生更好地理解和掌握物理概念和原理。然而，现实实验同样重要，能培养学生的实验技能和科学素养，让他们在实践中得到锻炼和提高。

总之，在高中物理教学中，充分发挥 AR 技术的辅助作用具有重要意义。通过创建高度逼真的虚拟实验环境、设计具有针对性的 AR 互动体验以及提供实时的反馈和指导等措施，帮助学生更深入地理解物理概念和原理，提高学生的实验操作能力和科学素养。认识到 AR 技术并不能完全替代传统实验教学，应将两者相结合以发挥各自优势。在实施这些措施时，关注技术支持、资源投入和教师技术能力的提升等方面的问题，并平衡虚拟实验与现实实验的关系以确保学生实验技能和科学素养的全面发展。

参考文献

［1］习近平．高举中国特色社会主义伟大旗帜　为全面建设社会主义现代化国家而团结奋斗［N］.《人民日报》，2022-10-26（1）.

［2］中华人民共和国教育部．教育部《关于加强新时代教育管理信息化工作的通知》［EB/OL］. http：//www. moe. gov. cn/srcsite/A16/s3342/202103/t20210322_521669. html，2021-03-22.

［3］中华人民共和国教育部．关于印发《基础教育课程教学改革深化行动方案》的通知［EB/OL］. http：//www. moe. gov. cn/srcsite/A26/jcjkcjcgh/202306/t20230601_1062380. html，2023-06-01.

［4］怀进鹏．信息变革与教育未来——在世界信息教育大会上的主旨演讲［EB/OL］. http：//www. moe. gov. cn/jyb_xwfb/moe_176/202302/t20230213_1044377. html，2023-02-13.

［5］中华人民共和国教育部．普通高中物理课程标准（2017 年版 2020 年修订）［S］.北京：人民教育出版社，2020.

［6］王道俊，郭文安．教育学［M］.北京：人民教育出版社，2016.

［7］刘月霞，郭华．深度学习：走向核心素养［M］.北京：教育科学出版社. 2018.

［8］伊列雷斯．教师如何学习［M］.孙玫璐，译．北京：教育科学出版社，2010.

［9］郭玉英，姚建欣，张玉峰，等．基于学生核心素养的物理学科努力研究［M］.北京：北京师范大学出版社，2017.

［10］杜威．民主主义与教育［M］.王承绪，译．北京：人民教育出版社，2001.

［11］奥苏贝尔.意义学习新论：获得与保持知识的认知观［M］.毛伟，译.杭州：浙江教育出版社，2018.

［12］怀特海.教育的目的［M］.靳玉乐，刘富利，译.北京：中国轻工业出版社，2016.

［13］布鲁纳.布鲁纳教育论著选［M］.邵瑞珍，张渭城，等译.北京：人民教育出版社，1989.

［14］费希尔，弗雷.持放有度实施优质教学［M］.徐佳燕，张强，译.福州：福建教育出版社，2019.

［15］多尔.后现代课程［M］.王红宇，译.北京：教育科学出版社，2000.

［16］焦尔当.学习的本质［M］.杭零，译.上海：华东师范大学出版社，2015.

［17］皮亚杰.发生认识论原理［M］.王宪钿，等译.北京：商务印书馆，2017.

［18］奥苏伯尔，等.教育心理学——认知观点［M］.佘星南，宋钧，译.北京：人民教育出版社，1994.

［19］威金斯.追求理解的教学设计［M］.闫寒冰，宋雪莲，赖平，译.上海：华东师范大学出版社，2017.

［20］冯容士，李鼎.DIS，上海创造［M］.上海：上海教育出版社，2018.

［21］郭华.深度学习及其意义［J］.课程·教材·教法，2016（11）：25-32.

［22］崔允漷.指向深度学习的学历案［J］.人民教育，2017（20）：43-48.

［23］陈琳，文燕银，张高飞，等.教育信息化内涵的时代重赋［J］.电化教育研究，2020（8）：102-108.

［24］周佳伟，王祖浩.信息技术与学科教学如何深度融合——基于TPACK的教学推理［J］.电化教育研究，2021（9）：20-26，34.

［25］程莉莉.教育信息化转型的内涵特征、基本原理和政策要素［J］.电化教育研究，2023（4）：53-56，71.

［26］柴唤友，郑勤华，胡天慧，等.基于信息技术的表现性评价：概念解析、构成要素及分类框架［J］.中国电化教育，2024（2）：1-7.

［27］张嘉楠，李彦敏，张小红.智能时代教育技术变革的逻辑理路与指向研

究［J］. 中国电化教育, 2021（12）: 48–54.

［28］王芳芳. 再现—经历—转化: 深度教学的实现机制及其条件［J］. 课程·教材·教法, 2021（2）: 72–78.

［29］张良. 深度教学"深"在哪里? ——从知识结构走向知识运用［J］. 课程·教材·教法, 2019（7）: 34–39, 13.

［30］郭元祥. 论深度教学: 源起、基础与理念［J］. 教育研究与实验, 2017（3）: 1–11.

［31］罗祖兵. 深度教学: "核心素养"时代教学变革的方向［J］. 课程·教材·教法, 2017（4）: 20–26.

［32］余明芳. 为促进数学深度学习而教: 理念形塑、模式证析与实践示例［J］. 课程·教材·教法, 2023（10）: 90–96.

［33］朱开群. 基于深度学习的"深度教学"［J］. 上海教育科研, 2017（5）: 50–53, 58.

［34］夏冬平. 指向深度学习的中学数学教学策略创新［J］. 人民教育, 2022（12）: 73.

［35］郭华. 深度学习的关键是真正落实学生的主体地位［J］. 人民教育, 2019（Z2）: 55–58.

［36］葛玉海. "高阶思维课堂"让"深度学习"真实发生［J］. 人民教育, 2019（24）: 57–59.

［37］郭华. 深度学习的五个特征［J］. 人民教育, 2019（6）: 76–80.

［38］孙智昌. 学习科学视阈的深度学习［J］. 课程·教材·教法, 2018（1）: 20–26.

［39］邓格琳. 教育信息化2.0背景下翻转课堂再思考［J］. 人民教育, 2021（Z2）: 94–96.

［40］邬明杰. 技术与教学深度融合: 信息化常态课堂什么样［J］. 人民教育, 2018（11）: 69–72.

［41］郭宝祥. 掌握微课开发规律, 实现教育与信息技术的高效融合［J］. 人民教育, 2022（1）: 79.

［42］陈嘉映. 教育和洗脑［N］. 教育文摘周报, 2016–06–31（13）.

［43］肖力，周斌．推进信息化教学　打造精彩教学设计［J］．物理教师，2020（2）：25-29，32.

［44］胡小勇，朱龙，冯智慧，等．信息化教学模式与方法创新：趋势与方向［J］．电化教育研究，2016（6）：12-19.

［45］单婷．视频微课在物理深度教学中的创新探索［J］．物理教师，2023（3）：61-64.

［46］陶扬，王玉婷，邢红军．中学物理课程信息资源简介［J］．物理教师，2022（11）：75-78，81.

［47］梁荣君，阮庆元．结合 TPACK 框架实施物理概念教学及其模型构建［J］．物理教师，2019（9）：2-4，20.

［48］盛宝骥．用 GeoGebra 软件描绘电荷电势分布［J］．物理教师，2018（1）：71-73.

［49］金伟．数学技术与物理深度教学的融合探索［J］．智力，2023（36）：92-95.

［50］钭方健．基于 DIS 实验培养学生的科学思维能力［J］．物理教师，2016（12）：45-48.

［51］周家盛，庄伟．基于 Phyphox 的进阶式实验探究教学——以"用单摆测量重力加速度"教学为例［J］．物理教学，2023（12）：16-18，67.

［52］傅竹伟．创设真实情境　提升学生素养——运用 Tracker 软件辅助真实情境下探究活动的实践和探索［J］．物理教师，2022（10）：11-14.

［53］金伟．变力作用下动量定理的实验验证［J］．中学物理教学参考，2021（2）：62-63.

［54］张秀梅，赵明仁，陆春萍．技术赋能的中小学教学模式创生路径研究——政策、理论、成果、特点与趋势［J］．中国电化教育，2023（8）：32-40.

［55］金伟．解读新教材　设计新实验——以"动量定理"为例［J］．理科考试研究，2024（9）：46-48.

［56］徐进．基于建构主义的高中物理习题情境设计探究［J］．物理教学探讨，2014（6）：38-40.

［57］姚建欣，郭玉英．为学生认知发展建模：学习进阶十年研究回顾及展望

［J］. 教育学报, 2014（5）: 35-42.

　　［58］金伟. 数字化实验在高中物理教学中的应用探析［J］. 中学课程辅导（教师通讯）, 2021（12）: 3-4.

　　［59］郭玉英, 张玉峰, 姚建欣. 物理学科能力及其表现研究［J］. 教育学报, 2016（4）: 57-63.

　　［60］张智芸. 信息技术与教学深度融合背景下课堂教学互动研究［D］. 福建: 福建师范大学, 2018.

　　［61］金伟. HPS 理念下的物理课堂设计——以"伽利略对自由落体运动的研究"为例［J］. 中学物理, 2021（7）: 56-58.

　　［62］黎兴成. 深度教学空间论［D］. 重庆: 西南大学, 2023.

　　［63］卜彩丽. 深度学习视域下翻转课堂教学理论与实践研究［D］. 陕西: 陕西师范大学, 2019.

　　［64］金伟, 段兴艺, 褚占辉. DIS 支持下物理创新实验的开发路径［J］. 中学物理教学参考, 2024（10）: 52-55.

　　［65］卢海春, 尹白顺. 现代信息技术与高中物理实验教学的融合应用［J］. 物理教师, 2023（5）: 51-53.

　　［66］康淑敏. 基于学科素养培育的深度学习研究［J］. 教育研究, 2016（7）: 111-118.

　　［67］刘徽. 真实性问题情境的设计研究［J］. 全球教育展望, 2021（11）: 26-44.

　　［68］金伟. 创设探究教学情境 培养学科核心素养——"气体的等温变化"展示课回眸［J］. 中学物理教学参考, 2024（9）: 54-56.

　　［69］钟启泉. 真实性: 核心素养的精髓［N］. 中国教育报, 2019-06-20（7）.

　　［70］冯霞. 信息技术支持的多学科融合教学研究［D］. 湖北: 华中师范大学, 2018.

　　［71］单平宏, 潘双林. 以信息技术撬动教育教学新变革［J］. 人民教育, 2022（18）: 63-65.

　　［72］Crawford C. Non-Linear Instructional Design Model: Eternal, Synergistic

Design and Development [J] . British Journal of Educational Technology, 2004（4）: 413–420.

[73] S Cai, F Chiang, Y Som, et al. Applications of augmented reality–based natural interactive learning in magnetic field instruction [J] . Interactive Learning Environments, 2016（6）: 778–791.

[74] Siemens G. Connectivism: Learning as network–creation [J] . ASTD Learning News, 2005（1）: 1–28.

[75] Tariq M B, Chen X D, Hakim U, etal J. Analysis of curriculum development stages from the perspective of Tyer, Taba and Wheeler [J] . European Journal of Social Sciences, 2019（1）: 14–22.

[76] S Cai, K F Chiang, X Wang. Using the augmented reality 3D technique for a convex imaging experiment in a physics course [J] . The international Journal of Engineering Education, 2013（4）: 856–865.

DIS 支持下"动量定理"教学的崭新设计

一、教学内容分析

1. 教材分析

"动量定理"是从力对时间累计效应的角度来研究运动的，进一步揭示了运动状态变化与相互作用之间的关系，在日常生活和工农业生产中有广泛的应用。本节内容既是前一节动量的延伸，又是后一节理论推导动量守恒定律的基础，具有承上启下的作用。新课标要求："通过理论推导和实验，理解动量定理，能用其解释生产生活中的有关现象。"

2. 学情分析

学生已经具有加速度、受力分析、牛顿第二定律和动量等知识，掌握了矢量的运算法则，具备一定的推理论证能力、建模能力及科学探究能力。学生基于科学探究所构建的知识、所体验的方法、所形成的素养将更全面、更深刻、更牢固。故在理论推导的基础上，可以采用实验探究的方式，帮助学生深度内化动量定理，为学生运用动量定理分析解决综合性问题奠定基础。

3. 素养目标

（1）物理观念：在论证力的时间累积效应的过程中建立冲量概念和动量定理，能用动量定理解释相关现象和解决现实问题；通过具体实例进一步发展学生运动与相互作用的观念，让学生理解动量变化的本质原因是力的冲量。

（2）科学思维：创设物体受恒力作用的模型情境，论证得出力与力的作用时间的乘积具有特殊意义；能从理论和实验两个方面推导、论证动量定理；能灵活正确使用实验法和图像法等研究问题的思维方法；让学生在解决"高空坠物"的问题中经历模型建构、规律选择、赋值运算、反思批判等思维过程，提升学生的思维能力。

（3）科学探究：通过 DIS 实验探究得出动量定理适用于变力作用的情形；利用 DIS 进行碰撞对比实验探究泡沫的缓冲效果；能在 DIS 实验中收集数据、处理信息、分析论证、得出结论，形成良好的研究品质。

（4）科学态度与责任：在 DIS 实验中体会科学严谨、实事求是的科学态度；能在基于证据和逻辑的问题探究中发表自己的见解；依托碰撞对比实验强化学生的安全意识和社会责任感，感受 STSE 教育；基于对"高空坠物"问题的定量计算，帮助学生形成正确的价值观念和道德素养。

4. 教学重难点

（1）教学重点：理解动量定理内容及其表达式；应用实验法和图像法研究变力情形下的动量定理；应用动量定理解释有关现象和解决实际问题。

（2）教学难点：利用 DIS 验证变力作用下的动量定理。

5. 媒体工具与技术应用

（1）利用数字化自制教具"动量定理实验演示仪"，测定变力的冲量及钩码动量的改变量，从实验角度证明动量定理适用于变力的情况。

（2）利用力传感器、DIS 系统、小车等装置，演示碰撞力及其作用时间。

（3）借助 DIS 进行"碰撞对比实验"，直观呈现在有缓冲物的情况下碰撞时间会明显延长，碰撞力的最大值会小得多。

6. 教学流程（如图 1）

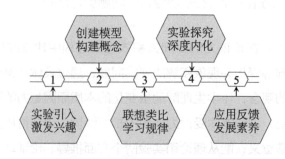

图 1　动量定理教学流程

二、教学过程

1. 实验引入，激发兴趣

只有当讲课内容、方法切合学生的求趣、求索、求真等心理需要时，才会引起学生快乐的情绪，激发学生的问题意识与探究动力，深度学习才能发生。本节课以趣味实验"抢打气球"引入课题：将一个吹得不太大的气球粘在墙壁上，朝气球开枪，气球没有被打破。有学生甚至用枪顶着气球打，气球仍然未破，如图 2 所示。

图 2　枪打气球

设置问题：在"抢打气球"的实验中子弹和气球发生了碰撞，两个物体发生碰撞时，彼此间会受到力的作用，那么一个物体动量的变化和它所受的力有怎样的关系呢？

教学意图：从学生的生活经验出发设计学习路径，深入挖掘疑问点和矛盾点，引发思维冲突与深度思考，为学生后续学习奠定结实的生长基础。

2. 创建模型，构建概念

问题情境：如图 3 所示，一个质量为 m 的物体在光滑水平面上受到恒力 F 的作用。初速度为 v_1，初动量 $p_1=mv_1$，经过一段时间 t，它的速度变为 v_2，末动量 $p_2=mv_2$。该物体动量的变化和它所受的力有怎样的关系呢？

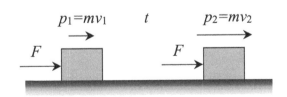

$$p_1=mv_1 \qquad t \qquad p_2=mv_2$$

$$F \qquad\qquad F$$

图 3　物体受恒力作用的模型情境

推导：物体在这段时间内的加速度 $a=\dfrac{v_2-v_1}{t}$。

由牛顿第二定律 $F=ma$，可得

$F = m\dfrac{v_2-v_1}{t} = \dfrac{mv_2-mv_1}{t} = \dfrac{p_2-p_1}{t} = \dfrac{\Delta p}{t}$，即物体动量的变化率等于它所受到

的力。

整理得 $Ft=\Delta p$。

论证：由 $Ft=\Delta p$ 可知，当力越大、力的作用时间越长时，物体动量变化就越多。看来"Ft"这个物理量反映了力的作用对时间的累积效应，具有特殊意义。物理学中就把力与力的作用时间的乘积叫作力的冲量。

师生共同归纳，深度学习冲量概念。

（1）定义：力与力的作用时间的乘积。

（2）表达式：$I=Ft$。

（3）冲量是过程量。

（4）冲量是矢量。

教学意图：创设物体受恒力作用的模型情境，进行理论探究，论证得出力与力的作用时间的乘积具有特殊意义，从而建立冲量概念。同时，引导学生全面、准确掌握冲量概念，达到对科学知识的深度建构。

3.联想类比，学习规律

师：大家有没有发现"$Ft=\Delta p$"这个等式与我们之前学过的某个定理非常相似呢？

生：动能定理。

师：动能定理的内容是什么？

生：力在一个过程中对物体做的功等于物体在这个过程中动能的变化量。

师：类比动能定理，"$Ft=\Delta p$"这个等式该如何表述呢？

生：物体在一个过程中所受力的冲量等于它在这个过程中动量的变化量。

师：这就是动量定理。

（1）内容：物体在一个过程中所受力的冲量等于它在这个过程中动量的变化量。

（2）表达式：$Ft=\Delta p$ 或 $I_{合}=\Delta p$。

（3）理解：①表达式的左边是合力的冲量，也可以是物体所受各个力冲量的矢量合。②动量定理表达式是一个矢量式，这意味着：物体所受合力冲量的方向始终与它在这一过程中动量改变量的方向一致。③动量定理揭示了物体动量变化的本质原因，即合力的冲量是物体动量变化的原因。

设置问题：从表达式、运动量度描述和蕴含的因果关系等方面对动量定理、动能定理和牛顿第二定律进行比较，完成表格（表1）。

表1　动量定理、动能定理和牛顿第二定律的比较

物理规律	表达式	运动量度描述	蕴含的因果关系
动量定理			
动能定理			
牛顿第二定律			

教学意图：以联想的方式进行学习，并构建新的知识网络是深度学习的重要特征。教师引导学生联想、类比"动能定理"，建构、学习"动量定理"，并准确领会、掌握"动量定理"的符号意义、逻辑意义；让学生感受"运动量度"的研究可以从多个角度、多个方面进行，培养学生思维的全面性和深刻性；通过类比学习，让学生自主构建起关于"运动量度"研究的完整知识体系。

4.实验探究，深度内化

设置问题1：实际上，物体在碰撞过程中受到的作用力往往不是恒力，物体不做匀变速运动。在类似的情况下，动量定理还成立吗？

教师利用自制教具（图4）进行演示实验。打开 DIS 系统，建立 F-t 图像，将力传感器校准，把系统的工作时间设置为 5s、采集数据的时间间隔设置为 1.25ms，之后启动 DIS，并把钩码拿到悬挂处 O 点静止释放。DIS 系统实时采集数据，并绘制拉力随时间变化的 F-t 图线，将细线首次被拉直的瞬间作为研究初态，将钩码速度第一次减小为 0 的瞬间作为研究末态，如图5所示。

基于上述实验，教师提出问题：

（1）从初态到末态经历多长时间？

（2）如何计算这一过程中钩码动量的改变量？

（3）这一过程中钩码受到哪些力？这些力是恒力还是变力？该过程钩码所受合力的冲量是多少？

经教师引导及小组合作学习，最终分析如下。

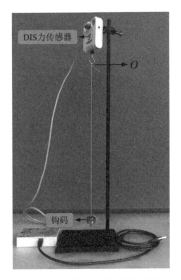

图4　动量定理实验演示仪

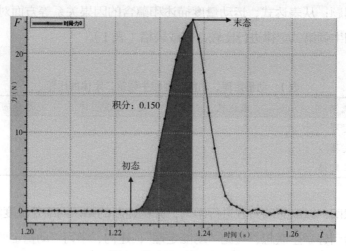

图5 拉力随时间的图像

（1）从初态到末态共经历了 11 个时间间隔，故研究过程经历的时间 $t=11×1.25ms=13.75ms$。

（2）设钩码的质量为 m，细线长为 x，则研究过程中钩码动量的改变量 $\Delta p=m\sqrt{2gx}$。

（3）研究过程中钩码受到重力和拉力作用，重力是恒力，拉力是变力。类比 v–t 图线与横轴所围面积表示位移，可知 F–t 图线与横轴所围的面积表示力的冲量，实验中拉力的冲量 I_F 可由 DIS 的积分功能求出。研究过程中钩码所受合力的冲量 $I_合=I_F-mgt$。

在讨论交流的基础上，学生完成表 2，并得出结论：动量定理适用于变力的情形。

表2 验证变力作用下动量定理的实验数据

钩码与挂钩的总质量 m	细线长度 x	作用时间 t	拉力的冲量 I_F	钩码所受合力的冲量 $I_合$	钩码动量的改变量 Δp
0.0514kg	0.400m	13.75ms	0.150N·s	0.143N·s	0.144N·s

教师点拨：在变力作用下动量定理仍然成立，正因为如此，动量定理在解决碰撞、打击等问题时很方便、很有用。

教学意图：引导学生灵活运用实验法和图像法来研究变力情形下的动量定理；借助 DIS 实验，锻炼学生运用 DIS 系统学习知识、获取信息、解决问题的能力，形成良好的研究品质。

设置问题 2：物体在碰撞过程中受到的作用力往往不是恒力，那么碰撞过程中的力是怎样变化的呢？在有缓冲物的情况下，碰撞力的大小及其作用时间会发生怎样的变化呢？

教师出示实验器材（图 6），引导学生设计实验方案，探究缓冲物对碰撞力的影响。

学生交流讨论后形成如下方案：让小车以相同的动量与固定的力传感器碰撞，第一次实验时小车前端没有粘贴泡沫，第二次实验时小车前端粘贴泡沫。通过对比实验即可得出探究结论。

碰撞力随时间变化的 F-t 图像如图 7（有缓冲物）、图 8（无缓冲物）所示，实验数据如表 3。对比实验数据发现：一是

图 6　碰撞对比实验的器材

碰撞力为变力；二是在有缓冲物的情况下，碰撞时间明显延长，碰撞力的最大值和平均值要小得多。

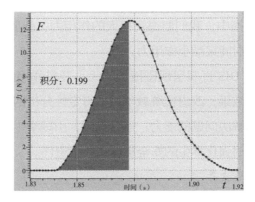

图 7　有缓冲物时的 F-t 图像

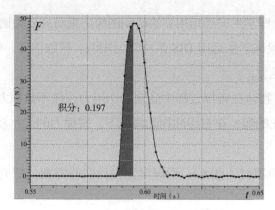

图 8 无缓冲物时的 F-t 图像

表 3 碰撞对比实验的数据

	碰撞力的积分值	作用时间	碰撞力的最大值	平均碰撞力
有缓冲物	12.799N	32.5ms	0.199N·s	6.1N
无缓冲物	48.444N	7.5ms	0.197N·s	26.3N

在实验的基础上教师追问：

（1）怎样理解安全气囊的保护作用？我们在驾车时应该注意什么？

（2）在"枪打气球"的实验中，用枪顶着打气球，气球也没有被打破，这是为什么呢？生活中有很多类似的例子，同学们能说一些吗？

（3）钉钉子为什么要用铁锤而不用橡皮锤？

师生总结：在碰撞中，我们要得到很大的作用力，就要缩短力的作用时间，而有时需要延长作用时间来减小作用力。

教学意图：借助 DIS 直观呈现碰撞力的大小及其作用时间，基于对比实验定量探究泡沫的缓冲效果，改进传统教学只进行定性分析的不足，并培养学生利用数字化资源与工具解决问题的能力；通过追问，引导学生迁移新知识分析新情况，解决新问题，同时强化学生的安全意识和社会责任。

5.应用反馈，发展素养

情境问题：高空抛物存在极大的安全隐患，即使从楼上落下一枚小小的鸡蛋，也可能把路上的行人砸伤。假设鸡蛋撞击地面的持续时间约为 0.005s，估算一枚由7楼自由下落的鸡蛋对地面的平均冲击力有多大?

这是一道实际生活问题，目的是让学生构建碰撞模型，选择动量定理，并进行赋值运算。

学生赋值：1枚鸡蛋的质量m约为0.06kg。一般住宅楼的层高约为3m，则鸡蛋下落的高度h约为18m。

最终分析如下：设鸡蛋触地前的速度为v，根据自由落体规律可知$v^2=2gh$。触地过程中，鸡蛋受力如图9所示。取竖直向上为正方向，以鸡蛋为研究对象，由动量定理可得$(F-G)\Delta t=0-(-mv)$。代入数据解得$F=228.6$N。根据牛顿第三定律可知，鸡蛋落地时对地面平均冲击力的大小也是228.6N。

图9　鸡蛋与地面碰撞时鸡蛋的受力情况

之后教师出示图片"一个鸡蛋的威力"（图10）。

图10　一个鸡蛋的威力

师：这对你有何启示呢？

生：高空坠物竟有这么大的杀伤力，我们一定要注意高空坠物，更不能高空抛物！

师：哲学家罗素就说"智慧不足和道德缺陷是人类灾难的两大根源"。通过学习我们更应该懂得哪些事该做，哪些事坚决不做！

教学意图：精选生活情境问题，让学生经历模型建构、规律选择、赋值运算、反思批判等思维过程，锻炼学生的问题解决能力，并强化解题的科学性和规范性；基于对"高空坠物"问题的分析，引导学生形成正确的价值观念和道德素养。

三、教学反思

1.新课标教学理念应用反思

在研读课标、教材并弄清学情的基础上，本课基于 DIS 设计了验证动量定理的实验，依托 DIS 模拟了汽车碰撞过程，这些 DIS 实验贴近学生"最近发展区"，可以帮助学生更好地认识物理过程、物理现象，将抽象的物理知识具象化，降低分析理解难度，并为学生创设数字化学习环境，在激发学生学习内驱力、突破教学难点、促进学生学科核心素养达成的同时，实现信息技术与物理课程的深度融合。

2.数字技术应用反思

（1）借助 DIS 验证动量定理。借助 DIS 的"实时实验"功能快速、准确地验证了动量定理，创新了"动量定理"课堂教学，使学生对动量定理的认识更深刻、更全面，实现了基于深度理解的知识内化，为学生在今后的学习中运用动量定理分析、解决综合性问题奠定了基础。

（2）依托 DIS 进行 STSE 教育。依托 DIS 模拟"汽车碰撞试验"，在形成结论的基础上迁移运用知识解释"安全气囊的保护作用""安全驾车"及"枪打气球实验"等问题，引导学生体会科学的本质，感受 STSE 教育。

（3）基于 DIS 推进信息化教学。以 DIS 实验为载体，创设适合学生认知水平的 DIS 实验，引导学生将科学探究、知识建构、技能培养融入运用数字化工具解决问题的过程中，发展学生的学科核心素养、信息素养及数字化学习与创新能力，推进了信息化教学。

3.课堂教学效果反思

（1）利用 DIS 验证变力作用下的动量定理。借助 DIS 的积分功能直接计算出变力的冲量，从而验证了动量定理适用于变力的情形，该实验弥补了传统教学只进行理论推导的不足，突破了动量定理理解和应用的难点。

（2）利用 DIS 呈现暂态过程。使用力传感器，并借助 DIS 系统的图像显示功能就能即时地呈现出碰撞力及其作用时间，让物理现象直观、定量地呈现出来，为研究暂态现象提供了新的解决方案，锻炼了学生的创新思维与研究品质。

（3）通过对比实验展示缓冲物对碰撞力的影响。传统教学中，凭人的直觉来判断物体碰在柔软物上作用时间长而作用力小，仅此定性分析，有些牵强。该实验证明了"在物体动量改变量相同的情况下，力的作用时间越长而力会越小"的规律，为学生运用动量定理解释相关现象奠定了坚实的实验基础，创新了课堂教学。

学习任务单

一、学习目标

1. 能在恒力情况下进行理论推导，得出动量定理及其表达式。

2. 知道冲量概念，知道动量定理及其表达式的物理意义。

3. 知道动量定理适用于变力情形。

4. 会用动量定理解释有关现象和解决实际问题。

二、课前学习任务

1. 阅读人教版普通高中教科书物理选择性必修第一册课本第一章第 2 节《动量定理》。

问题：易碎物品运输时要用柔软材料包装，跳高时运动员要落在软垫上，有怎样的道理？

2. 学习国家中小学智慧教育平台课程，网址为 https://jpk.basic.smartedu.cn/year QualityCourse?courseId=8ae7e49c-7c96-5de3-017c-98b95ead067b&courseType=elite_lesson&classHourId=lesson_1

三、课上学习任务

【学习任务一】力的冲量

1. 运用牛顿第二定律和运动学公式推导力与动量变化的关系。

2. 什么是力的冲量？

【学习任务二】动量定理

1. 动量定理的内容是什么？

2. 写出动量定理的表达式。

3. 如何理解动量定理表达式的矢量性及其因果关系？

4. "利用 DIS 验证变力作用下的动量定理"实验的原理是什么？实验的结论

是什么?

5.F-t 图线与时间轴所围的面积表示什么?

【学习任务三】动量定理的应用

1. 通过碰撞对比实验,你得到的结论是什么?

2. 如何用动量定理解释汽车安全气囊的保护作用?

3. 钉钉子时为什么要用铁锤,而不用橡皮锤?

4. 建构物理模型,估算从 7 楼下落的鸡蛋对地面的平均冲击力。

四、推荐的学习资源

《DIS,上海创造——数字化实验系统研发纪实》(冯容士,李鼎著)。

后　记

　　信息技术赋能物理深度教学，既是教育信息化的时代要求，也是落实课程标准的有益尝试。本书是基于多年的教育实践探索和系统的理论研究撰写而成，试图廓清信息技术赋能物理深度教学的理论框架，阐述信息技术支持下物理课程资源的开发与应用，以期勾勒出信息技术与物理融合教学的应然样态。

　　本书共八章内容，约 30 万字，由本人独立撰写完成。希冀本书的出版能够对信息化与物理课程深度融合教学产生抛砖引玉的作用，也希望有更多的教育工作者能够持续关注并深入研究信息化教学，促进信息技术与教育教学深度融合创新发展。

　　本书得以出版，要特别感谢人民教育出版社高中物理教材主编梁旭老师、全国中文核心期刊《物理教学》主编程亚老师和中国教育学会高中新课程"领航专家"李友安老师的启迪与指导，以及教育届同仁的鼓励和支持。由于本人水平所限，书中难免存在不妥之处，敬请读者批评指正。

金伟

2025 年 2 月